全祖望集彙校集注

一

【清】全祖望 撰

朱鑄禹 彙校集注

上海古籍出版社

第五屆國家圖書獎提名獎

首屆向全國推薦優秀古籍整理圖書

全祖望像（據《清代學者像傳》）

出版説明

全祖望（一七〇五——一七五五），字紹衣，號謝山，浙江鄞縣人，清代浙東學派代表人物，傑出的史學家，素以氣節自勵，著作等身，尤悉南明史事。其主要著作有鮚埼亭集内外編、詩集、句餘土音、經史問答、漢書地理志稽疑等多種；他從四十二歲起續修黄宗羲宋元學案，四十五歲起曾七校水經注，三箋困學紀聞，均爲我國文化學術史上之重要文獻。

全祖望集彙校集注包括鮚埼亭文集、詩集、經史問答等八種，始其事者爲現代著名版本學家、明史專家謝國楨剛主先生。謝先生自四十年代中即着手搜集資料，然而解放後不久，即因事輟作，轉邀其至友朱鑄禹鼎榮先生繼續其事。朱先生任職南開大學，治明清史，精究簿録之學，且勤奮校閲整理古籍，樂于承擔全氏著作之彙校集注工作。經過數年努力，終于基本完成彙校集注全稿（缺漢書地理志稽疑），交付中華書局上海編輯所審閲。編輯部未及處理，旋逢十年動亂，出版停頓，書稿擱置，幾于毁棄。四兇就逮，文化重光，彙校集注之出版問題才又提出。全稿復經朱先生校閲修改，謝國楨先生、蔣天樞先生撰寫書序，顧廷龍先生染翰題簽，所缺漢書地理志稽疑六卷，亦由李劍雄同志校點補齊，全書整理工作終告完成，斯亦學界之一盛事歟！然全稿付印之日，謝、朱、蔣、顧諸先生均已作古，令人遺憾。所幸歷經劫難，此書終于問世，對于諸位先生，亦足資紀念云。

上海古籍出版社
一九九九年九月

全祖望集彙校集注出版後十餘年間，屢有好評，曾獲『第五屆國家圖書獎提名獎』，並列入『首屆向全國推薦優秀古籍整理圖書』。然誠如鑄禹先生序例中所云，校書『有「如掃落葉」之感』，舛誤有所難免，幸讀者不吝指正。此次重版，除修訂部分文字標點訛誤外，附録集外文部分之讀易別録用知不足齋叢書本重排，冀爲學界提供更加精審之全祖望集，亦告慰鑄禹先生等前輩。

上海古籍出版社
二〇一八年二月

總　目

第一册

第二册

第三册

鮚埼亭集外編（卷一—卷二十七）

第四册

鮚埼亭集外編（卷二十八—卷五十）

第五册

經史問答

鮚埼亭詩集

第六册

句餘土音

第一册目録

卷二　賦一

卷三　賦二

卷四　語

卷五　辭

卷六　碑銘一

卷七　碑銘二

卷八　碑銘三

卷九　碑銘四

卷十　碑銘五

〔一〕原本内編目録後有識語云：『謝山先生鮚埼亭集，嘉慶癸亥八月，夢蛟在杭州紫陽書院從沈松門大令得之。』案：蔣樗菴學鏞云：沈松門，『松』應作『崧』，崧門爲松吹弟子。杭易簀後，沈偏搜遺稿，而參選御史策稿無存，則全集必得之杭身後。見沈輔之退庵隨筆。『松門得之杭堇浦編修，云是謝山手定本，間綴評點，乃堇浦筆也。校先生文集者，高弟董小鈍、蔣樗菴。小鈍譔年譜，言：先生臨歿，以集五十卷寄揚州馬氏叢書樓，後歸堇浦，索之不可得見；又言：先生集共一百二十卷，自四十卷至四十九卷爲經史問答。是本雖出杭氏，然止三十八卷，合之經史問答，以較五十卷已闕二卷；先生尚有外集五十卷，詩集十卷，統計亦不足百二十卷之數；疑傳鈔多所佚闕，松門遽歸道山，不能問其詳也。先生文久繫寓内企望，是本出自手定，尤可寶貴，急付剞劂，並購得經史問答板，合印以廣其傳。中有蠹簡脱字，悉仍其舊，不敢妄補，他日訪得樗菴校本，當覆加審定。外集、詩集力未能刊，是所望於同志者。嘉慶甲子十一月朔日，餘姚後學史夢蛟謹識。』案：馮貞羣孟顓注（以下簡稱馮注）：史夢蛟，字作霖，餘姚廩貢生。嘉慶癸酉以林清案優敘，歷官至山西太原知府，翕然有能吏稱，著借樹山房詩稿。又，嚴修能元照校本，此處有蕭敬孚穆跋二首，見附録。

序

謝國楨

浙東是我國傳統的素負盛名的文化之邦。宋代，一個與理學相對立的浙東學派曾在那裏誕生。到清初，在那裏又興起了一個以黄宗羲、萬斯大、萬斯同等爲代表的新的浙東學派，主張鑽研史籍，通經致用，在史學上取得了顯著的成就。全祖望是新的浙東學派中稍後的代表人物。他素負民族氣節，慷慨激昂，不畏强禦；在雍正、乾隆嚴酷統治、文網日密、文字獄不斷發生的條件下，他勇敢地寫作宋末和南明志士的歷史，以其進步的學術思想給後代留下了一筆豐富的文化遺産。

全祖望字紹衣，號謝山，學者稱謝山先生，浙江鄞縣人。他生于康熙四十四年（一七〇五年），卒于乾隆二十年（一七五五年）。他成長爲清代卓越的史學家，并不是偶然的。他有很深的家學淵源，自己又勤奮努力。鄉賢、浙東學派老一輩的代表人物黄宗羲、萬斯同等給了他很大的影響。他自幼就仰慕他們的學識，長大後積極從事宋明歷史和進步學術思想的研究。他在乾隆元年（一七三六年）考中進士，點了翰林，任翰林院庶吉士之職，很有才名。當時的學者方苞、李紱都很器重他。在清朝，翰林院的體制是每隔三年朝考一次，考優等的就可以『開坊』或者去作各省的鄉試主考官，考劣等的在散館後去做各省的州縣官吏。全氏因爲恃才傲物，得罪了大學士張英，就連他的主考老師李紱也愛莫能助，被降爲最劣等，散館後去做知縣。祖望一怒而回了故鄉，想終老田園。他在後半生生活中，曾當過寧波蕺山書院和廣東端溪書院山長。當時，一班富商大賈往往喜歡交結儒林，豢養名流，以附庸風雅，粧飾門面，而寒士們也靠此獲得廣厦之庇。祖望和他的好友厲鶚、杭世駿等也未能例外。他在經濟困難的時候，就到揚州大鹽商馬曰璐的玲瓏山館作客，詩酒留連，扢揚風雅，并幫助馬曰璐編校書籍。厲鶚則在天津大鹽商查爲仁的水西莊，替查爲仁編注了一部宋周密選的絶妙好詞箋。乾隆六年（一七四一年），李紱任江南主考官的時候，祖望曾到南京去謁見他。他曾有勸祖望出山的意思。祖望回答以詩，有『自分不求五鼎食，何妨平揖大將軍』的句子〔一〕，婉言謝絶了老師的盛意。從此以後，他除了到過揚州和廣東外，以家居之日爲多。他爲了研究明史，網羅舊聞，就到在明嘉靖年間范欽所建立的天一閣閱讀圖書，還檢點天一閣所藏碑帖目録。又爲了搜集鄉邦文獻，續輯李嗣鄴所編的甬上耆舊詩，就遷居到當時李嗣鄴選詩的胡文學的適可軒中，改名爲雙韭山房，以爲藏書和著書的所在。

知識分子的思想有時是動摇的，甚至是矛盾的。全氏初登翰院時期，也並不是不想飛黄騰達，青

〔一〕鮚埼亭詩集第一卷祥琴集臨川先生病中猶商古人出處之義漫呈絶句五首兼柬胡撫軍復齋。

雲直上。他也想以『頌聖之作』取功名；可是統治者喜怒無常，獻諛恭維的文字稍不中意，反而『動輒得咎』。全祖望就是這樣，他作皇雅頌，其中有大討賊一篇，忌妒他的人就說他詩句中有『不忘有明，雖頌昭代開國之功，實稱揚思宗之德，有煽惑人民不忘故主之意』。全氏幾遭不測，賴大學士某救之得免〔一〕。這個大學士某就是李紱。全氏經過這番折磨和鍛煉之後，更堅定了他的志節，決心終身鑽研宋明兩代的忠貞事蹟，表彰民族氣節，年僅過五十即完成了這項艱巨的、有意義的學術事業。

全祖望爲什麼會有這種不忘故明的思想、能够發揚浙東學派的優良傳統、堅持民族氣節呢？當時傳說，全祖望年十六七歲時，聽過他母親張氏的一些晚明史的話。張氏是清順治十六年（一六五九年）與鄭成功聯師北伐直抵南京的明末忠節之士張煌言的女兒，他從張氏那裏聽到很多明末抗清志士忠憤動人的事跡，這些事跡激發了他的民族感情，因之他就蓄志寫作有明一代的歷史，尤其是要寫南明魯王以海的歷史。同時他中年喪偶之後，在北京續娶了滿洲學士春臺的女兒〔二〕，這樣的婚姻關係似乎又給他在政治上提供了一張護符。但是，如果認爲春臺的『保護』造就了全祖望，使他勇敢和直言不諱，那就不對了。我認爲，最主要的是明末清初暴風驟雨般的抗清鬬爭，給了他深刻的教育，而祖望在實踐中，在一生經歷過

〔一〕徐珂清稗類抄獄訟類。

〔二〕楊鍾羲雪橋詩話卷五。

程中，又遇見了志同道合的師友爲之倡導，彼此切磋，沆瀣一氣，獲得真知灼見的認識，從而形成了立身行事的主導思想，表現于他的著述裏面。我們不妨考察他的一生行事和接觸的師友人物，舉出幾個例子。

第一是當他二十八歲，到北京去應北闈鄉試的時候，他的房考老師是上海曹一士，很賞識他的文章，爲之『傾倒特甚』。曹一士後來在雍正、乾隆期，由翰林歷任御史，轉工科給事中，是一位賦性骾直的言官。在清朝皇帝淫威積壓之下，發生了許多次的文字獄，士大夫們噤若寒蟬，不敢説話。可是曹一士看見雍正朝殺戮年羹堯，並株連其黨羽，又興起查嗣庭出『維民所止』試題和汪景祺著西征隨筆等文字獄。他就給乾隆皇帝上了請查寬比附妖言之獄兼禁挾仇誣告詩文的奏摺。他説：『比年以來，閭巷細人……往往挾睚眦之怨，借影響之詞，攻訐私書，指摘字句。有司見事生風，多方窮鞫；或致波累師生，株連親族，破家亡命，甚可憫也。』〔一〕並説，若不即時停止執行，那麽明太祖嚴治高啓、魏觀之罪和胡、藍之獄將重見于今日。這樣觸犯清朝政府的尊嚴，很可能得到殺頭之罪，可是曹一士以廉直見稱，儘管没有能得到高官厚禄，一生貧寒，卻也徼幸免被殺頭，而他偏獨賞識了全祖望。他給全祖望的信上説：『所示論明史三書甚佳，宜録出與吴、方諸前輩一閲』〔二〕。這就鼓勵了全祖望不怕權貴，伉直敢言的意志。

〔一〕曹一士四焉齋文集卷二。
〔二〕曹一士四焉齋文集卷六與全生紹衣。

第二是全祖望點翰林的主考，又是他的恩師的李紱。李紱素來信服陸象山、王陽明知行合一之教，在雍正、乾隆朝，曾做過御史，歷任至廣西巡撫，是一位正直的人士，也可說是清官。他反對雍正的親信河南巡撫田文鏡，又諫争直隸總督蔡珽非貪污之臣，因之得罪了雍正皇帝。雍正帝就命議政大臣們羅織了李紱二十一款大罪狀，立即綁到柴市口的法場處斬，白刃擱在脖子上時，問他：『田文鏡好否？』他面不改色地說：『臣愚，雖死不知田文鏡的好處。』雍正帝面對他這種至死不屈的態度，也就無可奈何地赦免了他的死罪〔一〕。李紱的活生生的事蹟，更啟發了全祖望寫宋末、明末忠臣義士的決心。

第三是在清乾隆朝殘酷統治下，就是王公大臣也難免不測的罪名。例如滿洲貴族納蘭常安，任浙江巡撫，知道全祖望的才名；祖望雖不與他親近，但納蘭常安卻禮遇之甚厚。納蘭雖然是個大官僚，爲人卻不庸俗，喜好親自訪問各地的風土人情。他歷官湖廣、雲貴各地方時，曾著有受宜室宦遊筆記；督理北路糧餉駐鄂爾昆時，著有瀚海前後集，其中有行國風土記二卷，記載由承德到蒙古草地的風土、物産、人民生活和經濟情況，極爲詳盡，是研究邊區地志的一部好書。還有遊瀋陽時所寫的瀋水三春集。可是他官浙江巡撫時，因進貢物品不中乾隆帝之意，遭到部下官吏的反噬，逮赴西曹論斬。全祖望聽到了這個消息，非常憤慨，寄之以詩說：『當君開府日，我最罕經過。爲避豬肝累，兼之箕口

〔一〕李元度國朝先正事略卷十四名臣。

多。高牙今已矣，舊雨近如何？賸有山中客，神傷春夢婆。』〔一〕以寄其同情惋惜之意，更看出清乾隆時政治貪污腐朽、直道不行的狀況。全氏既對像納蘭常安這樣禮賢下士、關心民情的比較好的官員竟被屬吏們枉告下獄論死十分感慨，也引起了他對自己懷才被抑的遭遇，加深他對當時社會現實的不滿，就更致力于宋、明歷史的研究，藉以發抒其憤懣而激礪民族的氣節。

總之，全氏的爲人，光明磊落，胸懷坦率；好與人爲善而嫉惡如仇。每見人有錯誤，遇事規勸，對方有時不能相諒，甚至反脣相譏。例如杭世駿是他的好友，盛稱他的學問：『貫串史事，爲余畏友，以是相質，而不以爲非〔二〕。』可是終于凶終隙末，發生不愉快的事情。無論反對者如何批評，可是全祖望的博學多聞，考究羣書，實事求是，辨是非而有他的一貫主張，是駁不倒的。因爲他治學問的方法和特點，就是能採取衆長，融爲己有，堅定不移地發揮祖國文化優良傳統，表彰民族氣節；博徵往事，所以鑑古而知今，不尚空談而爲有用的學問，以爲淑世寧人之準則。我們從他所著的各種書裏，都可以看到他這種著書立説的旨趣。他的學識，主要是繼承了黄宗羲、萬斯同的學術思想，而表現于各方面，來完成他們未完成的遺志，甚至往前推進了一步。

〔一〕鮚埼亭詩集第八卷望歲集寄訊故撫軍常履坦時方遷秋于西曹。

〔二〕杭世駿諸史然疑自序。

黄宗羲曾著明儒學案，同時想作宋元學案而没有完成。黄氏著明儒學案是有他的宗旨和目標的，是以陽明學派爲宗，而以他所親炙的蕺山學案作爲傳道、解惑的依據，對于其他諸家，撮其要旨並加批判評騭，做出了各家學案。到了全祖望續纂宋元學案，以其時代來説，當然是以程朱之學爲宗了，可是南雷一派是尊本陸、王，而對于程、朱持有不同意見的。因之全氏就對客觀情況和具體事實作具體的分析，從這個角度，平列分述各種學派的事實和學術思想，還編製了各種學派源流表格。其中儘管也有些調和朱熹、陸象山學術的論調，仍不免多少存在着門户之見，但是在纂修學案的方法上能比較客觀地進行論述，畢竟是往前進展了一步。

其次是他在北京翰林院時專治酈道元水經注，用力甚勤，一直到回到家鄉時，仍繼續這項工作。因之他在北京的時間較短，與李紱合抄永樂大典，輯出來許多佚書，但是他未能查到永樂大典水字韻，因之未能發現水經注的原文。後來趙一清和戴震同時研究水經注，到底是誰抄誰的稿本已成爲疑案；但是他們都參考了全氏精校本的著述。全氏研治水經注，是爲了疏通溝渠，發展江浙的水利事業。他晚年回到家鄉，仍在那裏孜孜不倦地考勘水經注，至于七校，仍未能完成。但他箋注水經是把經和注提行分開，注中的小注再加以劃分，因之卓有成績，給讀者提供了不少便利。可是他的遺稿終于失散不全，清光緒間薛福成所刻的全校水經注是經過王梓材等人的增補，已非全氏的原本。因爲全氏費終身之力，校治水經，曾經七校，不止一種稿本，他的高材弟子董秉純也來不及爲之整理，聞其七校一部分稿本現藏于天津圖書館，其餘已散佚，尚未有所發現。

再其次，王應麟和胡三省同是生于南宋末年，同是負有國家興亡感、扶持清議、發揚民族氣節的志士。陳垣先生著通鑑胡注表微，説明了胡三省著書的微尚之旨，舉出了一些隱諱而不易使人發現的例子。王應麟著困學紀聞二十卷，與胡三省注通鑑有異曲同工之妙。這部書的内容，表面上是談經史，談歷代的典章制度和文學藝術作品，其實他書中包含着熱愛祖國、發揚民族氣節的無限深義。清代的閻若璩、何焯均爲之作注，全祖望也煞費心力爲之作了三箋。他著的序上説：『潛邱……力攻古文尚書，乃其平日得意之作，顧何必嘵嘵攙入此箋之内？』『義門……晚年妄思論學，遂謂此書尚不免詞科人習氣。』『予客江都寓寮，無事，取二本合訂之，冗者删簡，而未盡者則申其説，其未及考索者補之，而駁正其紕繆者，又得三百餘條，江西萬丈孺廬見之歎賞，以爲在二家之上。〔一〕』所謂在二家以上者，就是全氏獨出心裁，標誌出來著者提倡民族氣節的深意。王應麟説：『清議廢，風俗壞，則有毁宗澤而譽張邦昌者，有貶張浚而褒秦檜者，觀民風設教，盡賢德善俗，可不謹哉！』又説：『東都之季，清議扶之而有餘；强秦之末，壯士守之而不足。』又説：『劉行簡曰：「天下之治，衆君子成之而不足，一小人敗之而有餘」，皆至論也。〔二〕』從這些論據裏

〔一〕鮚埼亭集外編卷二十五困學紀聞三箋序。

〔二〕王應麟困學紀聞商務印書館一九五九年版，上册總三三三——三四頁、下册總一四五三頁、總一一八七頁。

面，可以看出，明末黃宗羲、顧炎武的學術思想，就是從這裏面發展起來的，因之全祖望著書立説有了理論的根據，裒輯叢殘，網羅遺聞，寫出了明末文史學家的傳記和他們進步的學術思想。

最後我要談的是他一生所寫的文章，纂輯成爲鮚埼亭集内外編的宗旨。他仿效明末遺民編選自撰的文集分爲内外編的意思，是收集無關緊要應酬的文章爲内編；有關于家國痛，月湖、汐社遺事，觸犯清朝忌諱的文章，則爲外編。他費了一生的精力裒集了大量的資料，辨別其真僞，審核其内容，用詳實而生動的筆墨，寫出了明代進步的學術思想家黃宗羲、顧炎武、傅山諸大名家以及明末忠臣義士張煌言、錢肅樂、『五君子』、『六狂生』諸家的英勇事跡，甚至于民族志士僧弘儲，以及不得意而被以惡名的志士吴鉏，也爲之樹碑立傳。對于壞人兩面派如明末謝三賓、清初李光地、毛奇齡之流，則不惜筆墨揭發其陰險不可告人的隱情，暴露其罪行于光天化日之下，使人人得而唾棄之。還有他志同道合要好的朋友姚薏田、鮑軫等的逸事，也賴之以傳。我初步體會全氏著鮚埼亭集；寫這種名人傳記文章的企圖，有三種設想：首先是爲了保存我國的學術思想，保持民族氣節，對于學者、忠臣、義士的事跡，必須發潛彰幽，發揚而光大之，寫爲傳記，使之照耀于人間，著書立説以爲百世之師，其次，人是健忘的，昨日或前日的事情，就會忘掉。所以明末學者、忠臣、義士的英勇事跡，久而久之，就會湮没而不彰了。在全祖望所生的時代，離明末尚不甚遠，尚有老人可以詢問，有書籍遺跡可以尋訪，搜集文獻資料，還算來得及。最後，搜輯資料也不是一件容易的事情，必須腿勤、手勤、筆勤而具有識力，才能搜輯到大量的資料，尤其是必須加以整理和鑑别，那個是真？那個是僞？那個是傳聞之誤？費了審查鑑定的力量，準確如實地把它反映出來，寫成了文章，才能信今而傳于後世。謝山先生所撰述的文章，對此是當之而無愧的。昔陳援庵垣先生治史之暇，最喜歡讀顧炎武日知録和全祖望鮚埼亭集，因爲謝山先生選輯資料的矜慎，寫出文章來徵引事實的詳確，清代學者是再没有人能及到他的。因之陳援庵先生在輔仁大學的時候，開了一門功課，叫做『史源學』。我初步的認識是：研究歷史，提出正確的理論觀點來，發人深思，解決了新的課題固然重要，然如實地反映史實，整理資料，部署編排，如將兵式地整理得井井有條，絲毫不亂，又何嘗不是一門社會科學？若是認爲追求實際的圖書館學、版本目録和史部目録學不算是科學，那真是荒乎其唐的説法。全謝山先生用大量無可置疑的事實，用雄偉的姿態和描寫事物栩栩如生的筆墨寫出來英雄人物可歌可泣的文章。當他生前所寫的文章既經問世以後，許多人想要明瞭明清之際交替的事跡，所以他的文章人人愛讀，已經是家弦而户誦了。並世的文人沈彤讀了鮚埼亭集，感慨地説：『能令人傲，亦能令人壯。』〔一〕謝山生前的好友，稱道謝山史學之精，後來反目的杭世駿，給他做鮚埼亭集序説：『謝山全氏，有其鄉前輩浚儀、慈溪兩先生之學，而才足以振其滯，口能道其胸之所記，手能疏其口

〔一〕楊鍾羲雪橋詩話二集卷四。

之所宣，牢籠穿穴，糅雜萬有，其勿可及也已。』所評騭謝山的文章是恰當的。但是序文後來又説謝山的文章『侈言無驗，華言而不實，多言而燥』，則純粹是誣蔑謝山之辭。這篇序文，杭世駿置在家中，刻于他著的道古堂集内，終于没有叫謝山看見。

謝山一生致力于學術事業，晚年由廣東端溪書院回來，生活益形潦倒，貧病相加，又喪其幼子韭兒，在悲痛之餘寫了韭兒埋銘，不到幾天即行故去，幾無以爲殮。他的學生董秉純、蔣學鏞、張炳等求助于揚州馬曰琯家，得到餽贈白金百兩，作爲補償醫藥之費。但是殯殮安葬之費，尚無着落，就把全氏的雙韭山房的遺書，讓給了門人盧鎬的族人，得了白金二百兩，才得以安葬。全氏這些遺書就成爲盧氏抱經樓的藏書。在謝山的生前就手定其鮚埼亭集内編的稿件五十卷，由董秉純、蔣學鏞等商定送交揚州馬氏小玲瓏山館，請求其助資刊行；而請謝山最相契的朋友杭世駿爲之校訂作序，以永其傳。可是在這個時間裏就發生了枝節。謝山是以直道待人的，謝山與杭世駿同在廣東任書院山長時，謝山是以清廉自守的；可是以『名士杭大宗』著稱的杭世駿卻買了大批的湖筆徽墨，餽送當道的官吏，甚至賺了一大筆錢，實于清望有關。謝山當面規勸他，他不聽。謝山到揚州時，就把這件事告訴給玲瓏山館馬氏兄弟，因而請馬氏兄弟規勸杭氏。我們須要知道，馬氏兄弟是杭世駿的財東，真是叫杭大宗這位大名士下不了臺，因之就惱羞成怒，反口相噬了。他就以喜怒笑罵譏誚的筆墨寫了一篇序文，結果也没有交給謝山的學生，而且把謝山的文集的稿子也積壓起來了。同時還竄改謝山之文作爲己作不下六七篇之多〔一〕。我感覺得杭世駿以才華見長，而研治史學的功力遠非謝山之比。道古堂集都是些詩古文辭考證之作，而涉及明史的文章較少，則可見未必竊取謝山之作以爲己作；可是爲了遷怒于謝山，把他文稿積壓起來是會有的。謝山的原稿五十卷雖然失去，或是尚在人間，不得而知；但是謝山親炙的學生董秉純、蔣學鏞，仍保存有副本，和謝山未整理的遺稿一大簍子，由董秉純認真地整理，先編成鮚埼亭集三十八卷，附以鄞縣萬氏前所刻的經史問答十卷，有清嘉慶九年（一八〇四年）餘姚史夢蛟刻本。董秉純在清乾隆四十年（一七七五年）官廣西那地州州判時，費盡心血整理其遺稿成鮚埼亭集外編五十卷，有嘉慶間杭州汪繼培刻本；鮚埼亭詩集十卷，有清光緒間慈溪童氏大酈山館刻本。謝山著的講甬上風土的詩句餘土音一卷，有清道光間刻本。于是謝山所著的詩文集，都流傳于世了。謝山先生一生的心血，終不至于埋没了。

下面我要談鮚埼亭集的版本問題。我想分爲鮚埼亭集的版刻和鈔校批注本這兩類的版本來談。現在先談刊本和傳鈔本，再談批注本。

（一）自全祖望鮚埼亭集問世以後，人們都要明瞭明末清初的史事，這本書就不脛而走，有許多鈔本流傳。我就有黄永年先生贈送我的鮚埼亭集外編五十卷舊鈔本，比刻本多孔門弟子考等篇，已刻于

〔一〕徐時棟烟嶼樓文集記杭堇浦事。

知不足齋叢書之内，爲汪繼培刻外編時所删。

謝山著述的來源，應當以董秉純、蔣學鏞所整理者爲主，而董氏爬梳整理纂輯之力尤勤。以我所知道的述之如後：

一、鮚埼亭集二十二卷　鄞全祖望謝山撰，爲慈溪馮貞羣伏跗室舊藏鈔本。是書在刻本之前，卷數與刻本不同。

二、鮚埼亭集前四卷　是書爲乾隆三十七年（一七七二年）董秉純首先刻前四卷。封面題『全謝山太史著鮚埼亭集，春雨樓藏』。是書流傳甚罕，爲馮貞羣所藏，今已歸天一閣。

三、鮚埼亭集三十八卷　清董秉純編，首列年譜及世譜。清嘉慶九年（一八〇四年）餘姚史夢蛟刻本。

四、經史答問十卷　清乾隆三十年（一七六五年）鄞萬近蓬編，刻于杭州，冠以董秉純所撰世譜，後有董秉純跋。史夢蛟刻鮚埼亭集時，即附之于後。

五、鮚埼集外編五十卷　清董秉純在那地州時所編，清嘉慶十六年（一八一一年）蕭山汪因可繼培刻之于杭州。因爲是表揚遺民，恐觸犯清朝文網，不敢署名，後始知爲汪繼培所刻。

六、鮚埼亭集外編稿本殘存三册　爲馮貞羣所藏。内有明禮尚書仍兼通政使武進吴公事狀，爲他本所無。

七、湖語注　稿本，爲鮚埼亭集文中之一篇，述東湖之掌故。

八、鮚埼亭詩集十卷，又殘存五卷本　均爲馮貞羣所藏。十卷本，有『道光十三年（一八三三年）仲秋臨海馮登府曾閱』一行。有清光緒間慈溪童氏大鄮山館刻本。

按鮚埼亭集内外篇，雖爲謝山高弟董秉純所編，經後人傳刻，其中缺漏之處，仍復不少。如史刻本鮚埼亭集卷二十一董永昌傳缺後篇凡二百四十四字；卷二十七李貞愍傳中脱六十九字，卷二十八李元仲别傳全缺。其他脱字、錯簡、次序顛倒，不一而足。要研究謝山之學，則有賴于舊鈔和校勘本了。

（二）批注本多種。謝山的學術本身成爲後來學者研究的對象，這些批注本皆彌足珍貴。現舉我所知的如後：

一、嚴元照評校本鮚埼亭集内外編　嚴氏批校此書，其旨在于補寫其遺文，發明其文義，校正其筆誤；而以做古文之法，來衡量謝山的文章，仍有歸震川、方望溪評點古文的習氣，對于謝山之學實未爲深知，然可爲校訂文集之一助。原稿現藏于上海圖書館，傳鈔本甚夥，我獲有陳乃乾先生的移録本。

二、楊鳳苞評注鮚埼亭集三十八卷，内編稿本　楊鳳苞，字秋室，湖州吴興人，熟于明清之際史事，著有南疆逸史十三跋，久已聞名于世。他尤欽佩謝山之學。此書經秋室評注，密書小字，布滿于書眉之上，幾無隙地。有正謝山之失者，如湖語載宋樓鑰之孫爲樓枎，非樓扶之類；有補謝山對于史事之闕者，如集中所記祁班孫、魏耕、張煌言、孫儲諸人的事蹟，皆能旁徵博引，聞所未聞，誠謝山之諍友，亦可以爲後人研究謝山史學的良師。原稿本爲葉揆初先生所得，現藏于上海圖書館。楊秋室校本，係批校于清乾隆間龍尾山農舊鈔本之上，凡六厚册。龍尾山農爲江都汪雪礓，精于碑版目録之學，藏有唐搨武梁祠畫像，即讓與黄小松（易）者。此書底本爲汪雪礓鈔藏之本，在祖國文物上，亦堪珍貴。

三、蔣學鏞校外編本　蔣學鏞爲謝山之中表兄弟，而受業於其門的。謝山素來志高氣盛，不自檢點，他幼年時代曾與他的舅父蔣蓼崖在酒筵間争辯過學問，同席有他的好友張韞山笑着説：『天下豈有以舅氏而與外甥争名者耶？』『通席爲之軒渠〔一〕。』又謝山給他舅父著穿中柱文，稱他舅父甚有才名，考試時，曾爲人做過幾次槍替的文章，這都是應有分寸不該説的話。可是蓼崖故後，學鏞向謝山學習甚勤，有些文章，謝山寫的時候都是他親眼見的。因之學鏞批校謝山的文章，有時説明他的環境，有時糾正他的錯誤，對于研究謝山的行實是可貴的資料。馮貞羣先生得學鏞外集過録于嚴元照批本之上。旋又得學鏞批校内集本，又獲謝山手稿外編，殘存卷六至卷十五，馮君匯録在一起，真可算苦心孤詣地搜集其鄉先輩的遺作了。

〔一〕全祖望鮚埼亭集外編卷七，碑銘四，張丈韞山墓表銘。

四、李慈銘手校本鮚埼亭集外編　此書現藏于北京圖書館，對于謝山之文亦頗有增訂。

五、平步青羣書斠識中鮚埼亭集校本　平氏素喜治其鄉先輩之學。此書據蔣學鏞及其他諸本詳校，並多謝山自序及杭世駿序。是亦有功于謝山之學者。

一九五六年冬，我由天津到寧波訪問我的舊友馮貞羣先生，承他盛情款待，出示其鄞架上所藏批校本鮚埼亭集多種，我費了半月之力，鈔録于我藏的鮚埼亭集内外編之上。一九五七年底，我由天津到京，又在北京圖書館閱讀李慈銘、平步青批校之書，同鈔録所藏各本之上。方擬加以整理，乃是時患病初愈，又以人事匆匆，未能伏案。適至友朱鑄禹先生來南大治明清史，且亦愛好全謝山文字，于是將所得的資料交付，由其進行排比、彙校、集注並加以標點。鑄禹悉心從事，致力甚勤，未久即告完成。一九七八年十月我訪書江浙，重登寧波之天一閣，時馮貞羣先生已歸道山，而所藏的善本佳槧已收藏于天一閣，馮君保存鄉邦文獻之功可以無憾。一九七九年春回到北京，鑄禹先生函告接到上海古籍出版社通知將要出版此書，並囑楨作一緣起，愧楨不文，又學業荒廢，少不努力，皓首無成，此所以良可嘆者矣。重以至友之命，爰綴此篇，借以就正于讀者。

一九七九年六月十七日識于北京

序

蔣天樞

全謝山鮚埼亭集，在清代是部有聲有色的著作。謝山爲人光明磊落，這種生活態度也表現在他的集子裏。此集刊本流傳稀少，即四部叢刊景印本也不易得。而且刊本魯魚亥豕，缺誤甚多。近上海古籍出版社擬將彙校本鮚埼亭集刊行問世，以便廣大讀者，實是件可喜的事。這裏有些問題需先説明，分别述如後。玆贅數言于卷首。

一、前人對謝山的看法和對鮚埼亭集的評價

昔時對一個學者常從他的學術成就全面來衡量。清阮元在全謝山先生經史問答序裏説：『經學、史才、詞科三者得一足以傳，而鄞縣全謝山先生兼之……萬、全之學，出于梨洲而變之，如百尺樓臺，實從地起，其功非積年工力不成。噫！此本朝四明學術所以校昔人不憚迂遠

也。』〔二〕此序不知作于何時，揅經室集刊於嘉慶四年，有可能那時阮氏已看到抄本的鮚埼亭集。（阮元卒道光二十九年）舊時學者、文學家無不以通達經史諸子爲其治學方針；唐代的韓愈，其讀諸子文章，簡括深刻。答劉秀論史書表現出對史學的淹貫。進學解中借弟子的話講他自己：『先生口不絕吟于六藝之文，手不停披于百家之編，紀事者必提其要，纂言者必鉤其玄，貪多務得，細大不捐。』他寫柳子厚墓志銘，也稱子厚『議論證據今古，出入經史百子，踔厲風發』。這種『出入經史百子』的學風，是歷史上每個文學家必備條件。作爲一個文學研究者，如其沒有多方面基本知識對集部中任何大作家都是無法搞通的。

清平步青樵隱昔寱卷十四鮚埼亭文集跋尾云：『聽松廬文鈔：謝山先生博洽淹通，勤于搜討，鄉邦文獻尤所究心。鮚埼亭集中，每遇忠臣義士名卿碩儒，其行文頓挫激昂，自有不可磨滅不可遏抑之氣。先生之意，實亦存其人之面目，故縱筆所如，寧詳勿略。統觀所撰，謂之史才何愧焉。所著經史問答、困學紀聞三箋、七校水經注，皆足見先生汲古之深。而余所服膺，尤在文集。按國朝儒家別集林立，當以先生爲第一。』按聽松廬文鈔作者張維屏，一字南山，有張南山全集，廣東番禺人。道光二年進士，晚年退老，林則徐曾以禁烟事諮訪之。他認爲鮚埼亭集是清代集部第一。平步青特引用他的話，

〔二〕 揅經室二集卷七。

是同意他的看法的。（平步青生道光十二年，卒光緒二十一年）這是舊社會對鮚埼亭集的評價。

二、謝山家世生平

全祖望字紹衣，號謝山。清浙江寧波府鄞縣人。鄞縣建縣最早，漢書地理志上『會稽郡鄞縣』下班固自注云：『有鮚埼亭。』（注：『師古曰：鮚音結，蚌也。埼，曲岸也。其中多鮚，故以名亭。』）謝山常自署鮚埼亭長，因而以鮚埼亭名其集。又自署雙韭山民。韭山在象山縣境外海中，謝山則在舟山與大陸之間的海中，他取二山作別號，應有他的寓意吧？

謝山曾祖父全大程，曾參豫錢肅樂幕府。官太常寺丞。事敗，避地東錢湖童嶴。祖父吾騏，少從父居幕府中，後亦侍父避地東錢湖。晚年返城居，參與里中詩社，窮困不屈其志。父名書，字吟園，少周旋于諸遺民間，所得故國軼聞遺事甚多。鄞縣是明季抗清復明的主要根據地，參預復明運動的亦鄞人爲多。謝山生在這樣的環境和這樣的家庭中，所以他雖生活在清朝隆盛時代，他的喜愛論述晚明史事的思想卻是從幼小時家庭薰陶中得來的。

謝山生于清康熙四十四年，卒乾隆二十年（一七〇五至一七五五）年僅五十一歲。他的生，上距黃梨洲之卒十一年，萬季野之卒僅三年。（李二曲卒于謝山生年）幼甚慧，父吟園親課之。年十四，（康熙五十七年，一七一八）補諸生。謁學宮，至鄉賢名宦祠，見謝三賓（晚明官至東閣大學士，後降清。）木主，怒曰：『此反覆賣主之賊，奈何污宮牆！』捶碎投之泮池。從這事可見他幼小時的內心生活。集中所稱『夫己氏』、『降紳夫己氏』、『謝昌元』（宋末人，降元，後寓鄞。）皆指謝三賓。文集中時常揭露『夫己氏』讒害忠良事。謝山二十五歲時，『充選貢入成均』（到北京國子監學習）；又過了三年，他在京舉順天鄉試。次年，又有人薦舉他應博學鴻詞科。但因他在乾隆元年已成進士，受時相張某排斥，特奏：『凡成進士者，不得再預鴻博試。』這事使謝山異常憤慨，集中用鴻博試題五六天地之中合賦擬作卷，出與試諸人上，實是他負氣之作。當事者因此更恨他。他在成進士後已被薦入詞館（翰林院），但在張所把持的散館考試中名列二等。本來二等也可仍留詞館，（參考樗菴存稿卷三先考蓼厓府君行略）張卻令二等外補（出外作知縣等）。謝山遂一怒南歸。從此再沒出來做過官。這是他短短政治生活中所受到上層官僚政治的傾軋和排擠。他的後半生便一直過着極窮困的生活。

謝山三十一歲那年春天（雍正十三年，一七三五），續娶曹孺人于京師。曹係滿洲學士春臺女，正黃旗人。後來謝山還結識了不少滿洲朋友，他一生沒遭受到文字之禍，或與這婚事有着複雜的人事關係。康雍乾間文字獄不斷發生，謝山是幸免于禍的。

三、鮚埼亭集的編纂和刊刻

雍正十三年、乾隆元年（一七三五、一七三六）間，謝山三十一二歲，在京，曾開始編次舊作爲三十二卷。外編卷四十六答姚薏田書云：『日者捃摭陳作，定爲三十二卷。因憶盱江（宋李覯）之言，謂天將假我以年與，必有所進也；如其不然，亦足藉手以見古人。僕文豈敢求古人而見之，而懼其不復有進，聊復存之，以充異日覆瓿之用而已。』此文勸薏田應鴻博試，且盼其來京攻己之闕，其文當在雍正十三年或乾隆元年。謝山和萬孺廬詩自注：『孺廬許爲予序拙集』，即指此時所編集。又謝山嘗舉沈果堂的話説，『讀鮚埼亭集能令人傲，亦能令人壯，得失相半』。果堂卒乾隆十七年，所見亦爲早年所編集。

世傳鮚埼亭集，據董秉純編謝山年譜：『乾隆二十年，先生五十一歲。正月，手定文稿，删其十七，得五十卷。命純暨同學張炳、盧鎬、全藻、蔣學鏞抄録。五月，文稿録成。十月，所抄文集五十卷，命移交維揚馬氏叢書樓。……所遺馬氏文集十册，亦歸堇浦，索之再三而終不應。』此是謝山卒前所編文集。其後董又別鈔副本。這是現存内集的編纂經過。所謂文集五十卷，似詩集十卷在内。故董氏屢云『文集』不及經史答問。

董秉純鮚埼亭外編題詞：『謝山先生易簀時，以詩文稿付純藏弆，手定凡六十卷。（此似又並經史答問十卷計之。）先生喪畢，細爲搜檢，粘連補綴，又彙爲七十卷。其中與正集重複及别見於他作者幾十之四。擬重删定，以多先生手書，不忍塗乙，思更謄寫……故是集雖删定爲五十卷，而去取仍未定……嗟乎！先生著述不下三十餘種，今存者惟詩文正集、集外一百十五卷。』（内集外集合共百卷，益以經史答問十卷，亦不及百十五卷數。其他五卷不知何指，疑併附録言之。）據董所記，正集五十卷爲謝山所手定，外集則董從『叢殘舊稿』中先輯録爲七十卷，後又删併爲五十卷。由此可見外編爲謝山編餘之作。中有重複，董已自言之。這是外編五十卷編纂的經過。今刊本外集已非董編之舊。

世傳鮚埼亭集三十八卷，清嘉慶間餘姚史夢蛟刊。前無序，目録後有夢蛟識語，末署嘉慶甲子（嘉慶九年，一八〇四）十一月。上距移交維揚馬氏叢書樓之時已三十八年。是年謝山門下蔣學鏞樗菴已八十歲，（樗菴嘉慶十七年壬申尚存。）識語僅言『他日訪得樗菴校本，當覆加審定』，不知刻集事何以不謀之樗菴？識語云：『謝山先生鮚埼亭集，嘉慶癸亥（一八〇三）八月，夢蛟在杭州紫陽書院從沈松門大令得之。松門得之杭堇浦編修，云是謝山手定本。間綴評點，乃堇浦筆也……是本雖出杭氏，然止三十八卷，合之經史問答，以較五十卷，已缺一卷……疑傳鈔多所佚闕，松門遽歸道山，不能評也。』經史問答十卷，杭州萬福刊。史氏得其板，增刊『餘姚夢蛟重校』字樣而以附于三十八卷之後者。北京圖書館善本書室藏『鮚埼亭集三十八卷、全謝山先生世譜一卷、年譜一卷，清鈔本，八册』。又一鈔本無卷數，殘存卷一至三十。亦清鈔本，十二册。清陳勱校跋。上海圖書館亦藏兩清鈔本，皆三十八卷。其一爲乾隆五十五年龍尾山農鈔本，六册。另一舊鈔本六册，楊秋室手校。將來如能發現董鈔内集五十卷副本，將可核校與刊本三十八卷有何異同，和缺少哪些文章。

嘉慶十六年，蕭山汪繼培刊鮚埼亭集外編五十卷。内外集刊刻時間實相去不遠。據嚴脩能外集題記，汪生乾隆三十九年，卒嘉慶二十年。是刊外編後不久，汪即去世。惟汪所刊外集，並非董秉純所編原貌。外編目録後記云：『全謝山先生鮚埼亭集外編五十卷，門人董小鈍手鈔於那地州判官署。小鈍既殁，同門蔣樗菴重加審定，更正篇卷，較有條理，惟辭句删潤過多，間有失其本意者。今所校録，一以董本爲主；序則從蔣本。其董本所無，補以蔣本者，注於目録之下。董本以讀易別録、孔子弟子姓名表別爲附録一卷。蔣本則編入第五十卷。』此言董本蔣本異同之大略，而刊本則董本蔣本之混合。北京圖書館藏『鮚埼亭外集五十卷附讀易別録三卷孔門弟子姓名表』注：『清全祖望撰，董秉純編。抄本。』此本從前曾借閲過，惜未核校它和刊本的異同。

鮚埼亭詩集十卷，道光十四年慈谿鄭爾齡箋經閣刊本。光緒十六年，慈谿童佐宸又爲重刊。往年商務景印鮚埼亭集時，詩集用無錫孫氏藏鈔本景印。（此鈔本後歸北京圖書館。）鈔本與鄭刊本微有不同。北京圖書館藏有鄭刊李慈銘校跋本，昔年曾假閲之。李跋有云：『先生之詩，大抵直抒胸臆，語必有本，質實之過，亦傷蕪塞。然其大者多足以補史乘，徵文獻，發潛闡幽，聞者興起。其次賦物考典，亦可助雅詁，資韻談。即題序小注，皆非苟作，不當以字句工拙間求之也。』李跋在光緒六年，其時童賡年覆刊本尚未付刊。以上是謝山集編纂刊刻的經過。

四、鮚埼亭集的特點

謝山作品雖多至千篇以上，其寫作時間可知者僅小部分，無以考見其發展演變之跡。清錢林文獻徵存録：『祖望詳於史及江南文獻，明成祖靖難、魏忠賢璫禍、東林儒學、唐桂二王事尤核。』錢綜括謝山所長甚是。總之，集中最突出者，爲表彰晚明節義及紀述明清間佚聞軼事，所謂滄桑文獻者，佔集中大部分。謝山生長浙東，熟聞滄海間抗清復明史事。他搜羅資料尤爲勤苦。門下蔣學鏞續耆舊集題辭：『先生念自明迄今又百餘年，不亟爲搜訪，必盡泯没，乃徧求之里中故家及諸人後嗣；或閟不肯出者，至爲之長跪以請。其餘片紙隻字得之織筐塵壁之間者，編次收拾，儼成足本。』又書全謝山先生年譜後：『歸里，窮甚。求管道復詩不得，一日其後人攜殘稿來售，索四金。是時鏞適侍側，日已午，先生尚未舉火，徬徨無以應，忽武林龔明水書至，贈金符其數，立以付其後人。謂鏞曰：此天緣也。鏞笑曰：昔朱新仲作信天緣堂記，（謝山詩自注：『雪窗張武子，灊山朱新仲，南宋詩人之雄，皆僑于甬上。』朱新仲名翌，南宋初人。）謂魚過其下則食之。今先生復以之售詩，得無終日餓耶？先生亦大笑』。這種搜羅晚明史料的精神是其他清人集中所看不到的。

試列舉謝山作品中尤爲特出之作爲例：明故兵部尚書兼東閣大學士贈太保吏部尚書謚忠介錢公神道第二碑銘，實際上是一篇詳明的錢忠介傳。通篇運用堂堂之師，布局森嚴。尤善扼述局勢發展中人事的錯綜變化。忠介爲内地起兵的倡始者，文章一開始即特著：『閏月，（清順治二年，明福王弘光元年，是年閏六月。五月，南京陷落。）明刑部員外郎錢肅樂起兵于鄞。』文中寫起兵時的艱苦，寫奉請魯王（朱以海）監國的經過，寫錢在政治上受迫擠，在軍事上不得抒發己志，終于『江上師破』，流離逃閩。繼又寫他在閩東邊海地區爲僧、授徒的苦難生活。那時張名振、鄭彩等也扈從魯王逃到厦門，他于那年六月又和魯王會合。時唐王已被執死，鄭成功仍稱隆武三年，以『寓公』待魯王。于是肅樂『頒明年戊子監國三年曆』。魯王接受肅樂建議，先後在閩東收復了福清、連江、羅源、莆田等大片土地。但肅樂受鄭彩的欺壓，這位掛名宰相，在魯監國三年六月，憂鬱死于琅江。（琅江，實際指琅琦島。忠介死葬島上，後遷葬福建古田之黄蘗山。）自起兵至死國，首尾僅四年。後來（魯監國五年）魯王北歸，定居翁洲，已是華亭張肯堂和張名振接替他的事業了。謝山寫定忠介碑銘在他四十歲那年，正是他精力旺盛的時候。所以文章特感慨幽咽，激昂動人。內外集中有關忠介之作還有多篇。又如明故兵部尚書兼翰林院侍講學士鄞張公神道碑銘（卷九）敘寫張煌言會同鄭成功進軍長江，（事在永曆十三年，順治十六年，公元一六五九年。）成功不聽張言，招致失敗的具體情況。寫張軍至蕪湖後，『父老争出，持牛酒犒師，扶杖炷香，望見衣冠（明人服裝），涕泗交下，以爲十五年來所未見』等場面，都很出色。後來張雖散軍遯居懸嶴，終爲浙江提督張傑（駐守寧波）用計擒獲，殉國于杭。文中寫張之被執，及斥浙江總督誘降，賦詩從容就義等節，尤爲動人。

謝山具有描繪各方面、各種人物的技巧，所有碑志傳狀，各種文體中都有。如梨洲先生神道表（卷十一）、祁六公子墓碣銘（卷十三）、陽曲傅先生事略（卷廿六）、沈太僕（居臺灣及見延平三世盛衰）傳（卷二十七）、明錦衣徐公墓柱銘、明管江杜秀才窆石志、明處士四岑張先生墓幢文（均内集卷八）、前侍郎李公研齋行狀（外編卷九）、屠董二君子合狀（外編卷十）、吴職方傳、徐都御使傳（均外編十二）等，所有各文中一些人，不論他們在歷史上有無地位，他們的民族氣節，經過謝山摹繪，都可泣可歌，栩栩如生。總之，謝山文章具有多種特點，多種情調，筆端盈溢着濃厚的思想感情，紆徐委曲，引人入勝。在寫他生平好友文中，尤其如此，如周穆門墓志銘、鮑辛浦墓志銘（均卷十九）兩文，情切語摯，幽咽感人。辛浦旗人，穆門杭人，都是謝山摯友。又如王立甫壙志銘、姚薏田壙志銘（均卷二十）兩文，以悲憤情懷，寫懷才不遇、窮困而死的摯友；兩人都是奇才，境遇既阨塞，又都一貧如洗，文章寫得淋漓嗚咽，悲切感人。這類文章，在謝山集中甚多，若沈果堂墓版文（卷二十）、史雪汀墓版文（卷二十二）皆是。至於厲太鴻湖船録序（外編卷二十六）、冬心居士寫鐙記（外編卷二十二），一則風物與史事雜陳，一則標舉畸人奇技，皆別具情調。此外，集中有關學術史之作，有關浙東文獻之作，篇幅既多，各成體系，這裏就不多及了。

鮚埼亭集還有須附帶談及的小問題。北京藏鈔本董秉純所編外編，目録中有采蕺齋課藝序而集中無其文，可能是後來又删去。至于内集，老友謝剛主説：『武林葉氏所藏龍尾山農鈔本三十八卷，多李元仲别傳及題三山語録二編。』又，乾隆十五年春，曾爲滿人舒瞻蘭藻堂集作序，序文載刊本蘭藻堂集，今所見内外集均不載。向見王欣夫先生藏謝山致趙東潛札，當寫于乾隆十九年春季，中有『尊公墓志稿本，弟處已失，幸寄我』語，可見今存謝山集篇數雖多，佚者亦不少。

謝山生長城市，家庭雖不富裕，卻是封建社會世世代代的知識分子。他的思想根源于儒家。他又喜歡表彰晚明節義，所作明莊烈帝論（内集二十九）、跋明崇禎十七年進士録、跋彭仲謀流寇志（外編卷二十九）等文，對明末農民起義深致不滿，此則時代及出身所局限，讀者當分别觀之。梁任公先生中國近三百年學術史第八章論鮚埼亭集時説：『若問我對于古今人文集最愛讀某家，我必舉鮚埼亭爲第一。所作南明諸賢之碑誌記傳等，真可謂「情深文明」。其文能曲折盡情，使讀者會起同感，所以晚清革命家受他暗示的不少。』清末出版的全謝山文鈔十六卷（一九一〇年國學扶輪社鉛印本），即在革命形勢的需要下選印的。

和鮚埼亭集有密切關連的還有續甬上耆舊集一書，是謝山花了多年工夫所編成。書中的小傳，有些較集中文章所敘述的爲詳，有的可互相參證。尤其是晚明、清初人，既在鮚埼亭集中瞭解到他的事跡，更參閲些他的作品，是有益的。這書世傳有兩本：一爲清末國學保存會鉛字印百四十卷本，印刷劣而訛字多；一爲一九一七年鄞縣四明文獻社鉛字排印百二十卷本，是經過多人校勘才印行的。北京圖書館藏甬上續耆舊集一百四十卷，清鈔本，十六册，未見。

五、結語

鮚埼亭集刊刻時，遇忌諱處多用方框代之，並且有缺脱多至二百餘字及整篇者。上圖藏舊鈔本内集三十八卷，爲楊秋室手校，闕疑多已訂補。我生平僅見過楊秋室校内集及嚴脩能校内、外集。據秋室校語，他生于乾隆十九年（一七五四）二月十五日，那時謝山方從肇慶北歸家居，不期秋室後來竟成謝山身後諍友。嚴脩能和秋室都是歸安人，但嚴比秋室小十九歲。脩能在校語中提到過秋室，兩人當有商討機會。據識語，脩能校在嘉慶二十年，秋室校則在嘉慶八年。秋室卒嘉慶二十一年，次年脩能也去世了。聞傳世鮚埼亭集還有蔣學鏞校本和董沛校本，已故陳援菴先生也曾校過此集，我都没見到過。

朱鑄禹先生整理的全祖望集，將鮚埼亭内外編、詩集、經史問答、句餘土音等合編，並匯集各種評校文字，可説是現今最好的讀本。出版社因我喜讀謝山的文集，約我寫序言，實則我于謝山『無能爲役』，不敢言序也。

一九七九年十一月寫於復旦寓舍

序例

朱鑄禹

全謝山先生祖望，生值有清雍乾文網禁密之世，而搜輯明季遺聞軼事，表章民族志士，奮筆直書，無所顧忌，足補史乘之闕。又七校水經注，三箋困學紀聞，皆篤實致用之學，論者以龔自珍、戴望一派由先生啓之，蓋有以也。余每誦鮚埼亭集詩文，輒不忍釋手。一九五六年謝國楨先生主講南開大學，方治南明史，相與研討，語及全氏，共惜其著作等身，未及親自刊定，致多散佚。文集内外編雖經手定，而付託非人，幾致湮没。今讀杭堇浦所爲序，吞吐抑揚，委宛隱約，或疑其爲郭象，未免近誣，是殆堇浦身既被譴，懼爲方望溪之續耳。洎全氏弟子董小鈍據舊稿重鈔，謀刊全集，既以同門於編纂體例意見分歧，復以知交舉忌諱勸沮，小鈍雖寓書明志，而不無内怯於懷，以故乾隆壬辰（三十年）董氏春雨樓刻本，僅及内編前四卷而止。至嘉慶八年，餘姚史夢蛟稱得謝山先生手定本内編三十八卷，付諸剞劂。越八年，蕭山汪繼培始，刻外編五十卷，時距謝山之殁已逾五十年，然尚怵於禁網，不敢署名，斯亦足以窺清代封建統治者對於文化摧殘之酷烈矣。然則史汪兩刻，其中文字能否悉存全氏之舊良可置疑。

觀於知永昌董公墓志及貞隱李先生別傳之闕文，與夫李元仲別傳之删削，思過半矣。

國楨先生於是慨然欲廣搜博采，輯佚鈎沉，先從杭縣葉氏假得龍尾山農及楊鳳苞兩舊鈔本，校其異同；復見春雨樓原刻之首卷及謝山手稿外編六至十卷於鄞縣馮氏；又假得陳乃乾先生過録之嚴元照批校内外編，並黄永年先生所藏外編舊鈔本，而嘉慶甲戌初刻之句餘土音及甬上族望表、舊鈔本孔門弟子表亦陸續訪得。一九五八年方擬從事校讎，既以病後體弱，復爲事牽，遂以整理校勘之責託之於余。荏苒至今，粗能就緒，爰述梗概，兼敘簡例於次：

一、内編三十八卷以姚江史氏借樹山房刻本爲底本。會校所據各本：

甲、春雨樓刻本年譜世譜卷一（簡稱春雨本）原馮孟顓先生藏，現藏寧波市文物保管會。

乙、龍尾山農鈔本（簡稱龍尾本）原葉景葵先生藏，現藏上海圖書館。

丙、楊鳳苞藏鈔本（簡稱楊本）同上。

丁、嚴元照校本（簡稱嚴校本）上海圖書館藏。謝國楨先生藏陳乃乾先生過録本。南開大學圖書館藏丁國鈞過録本。

一、外編五十卷以蕭山汪氏刻本爲底本。

甲、手稿殘本六至十卷（簡稱手稿本）據馮孟顓先生手校本過録。馮本現藏寧波市文物保管會。

乙、蔣學鏞鈔本（簡稱蔣本）同上。

丙、嚴元照校本（簡稱嚴校本）同前。

乙、黄永年先生藏舊鈔本（簡稱黄本）。

一、詩集十卷以慈谿童氏刻本爲底本，據四部叢刊影印盧氏抱經樓鈔本（簡稱鈔本）校。

一、詩文見於其他文獻者，如道古堂集、詞科餘話、韓江雅集、甬縣志等，亦取以校勘，分見各卷，不具列。

一、會注會評所採各家

蔣樗菴學鏞　據馮校本。

楊秋室鳳苞　據葉藏楊本。

嚴修能元照　據丁國鈞及陳乃乾先生過録本。

盧召弓文弨

勞權平甫、巽夫

顧惟康廣譽

平步青景孫

莫楚生棠

車守謙

沈子封曾桐
宗耿吾舜生　以上據葉藏楊本。
丁秉衡國鈞　據南開大學藏丁國鈞本。
李㤅伯慈銘
繆筱珊荃孫
董孟如沛
馮貞羣孟顓　以上據馮校本。

一、校、注、評，均依次列於本文下，其注評字數過多者，爲免隔斷本文計，移於文後。總評附記，均列文後。

一、底本中訛奪之字，注明從某本改，至顯明誤字、避諱字以及古體、別體字則逕予改正，或改作通行今體。

一、增補文字均注明出處。

一、附録中間有校注，亦依此例。

本書校勘所涉，略如上述。惟學識淺陋，定多乖舛，敬請讀者指正。

一九六二年於天津

此十六年前彙校、集注、標點本書之舊稿，中經十載浩劫，此區區微績，已分沉淪。

方今國運日臻，全國正在實現四個現代化號召下，爲建設社會主義强國而努力奮鬥，而此書亦將在上海古籍出版社排印問世，于是以此因緣，得更事覆校，補罅拾遺，稍彌前此之失誤，惟誠有『如掃落葉』之感，尚祈讀者不吝指正。

一九七九年十月補記

鲒埼亭集内编

卷首〔一〕

全氏世譜

全氏出自周官『泉府』之後，以官爲氏，其後以同音通于全。據國語隗姓之分，亦有潞、洛、泉、余、滿五氏，然全氏之所出，非隗也。或曰『全之本姓爲王，漢元后之族屬，以避「新都之亂」，易姓如輔果』；或曰『殷王高宗之後爲全』：二説皆無據。

全氏之著名於舊史者，自東漢桂陽太守柔始，其子大司馬錢唐侯琮以勛伐起孫吴，尚主。於是江左戚里，莫如全氏：大司馬兄子衛將軍永平侯尚以王舅、諸子鎮北將軍都亭侯緒以東關破魏功，臨湘侯懌以襲父業，都鄉侯吴以國甥；其餘如端〔楊校〕『端』在『紀』下。如翩、如緝、如靖、如禕、如儀、如紀、如

〔一〕本書底本用姚江借樹山房刻本。每卷首有『餘姚史夢蛟竹房校』一行。春雨本作『受業董秉純述』。

熙，皆以侍郎、都尉典兵宿衛。既而孫琳擅政，壽春失援，臨湘與諸弟、諸子〔楊校〕一作「諸弟子」。入魏，永平誅權臣不克，遇禍，全氏始衰。至劉宋而光禄大夫孝寧侯景文繼之。至陳而水部郎援繼之。孝寧以前多用功業起家，水部始以經術爲易、詩宗。臨湘之入魏也，諸弟、子皆封爵，故河北全氏不下江左。其後，高齊有黄門侍郎元起；唐末有雄武節度使中書令師朗，王蜀之勛臣也；又有金州防禦使師郁，仕孟氏，世爲商洛豪宗。今全氏舊譜指北史諸泉泉企父子爲臨湘之後，謂其改姓，不知全氏之由泉而改，非泉氏之由全也。

入宋，而商洛之族阻兵被夷，而江左全氏復盛。太平興國中，有諱權者，累官侍御史，知青州，以母憂不出，奉其父由錢唐遷居鄞之桓谿，則謝山先生之始祖也，上泝桂陽，其世二十有七。侍御生二子：長鼎，次俎。而鼎爲明州學録，故侍御來鄞，其卒也，葬于谿上之沙渚。其時侍御弟興亦遷越之東浦，無子，以俎爲後。越六世，爲宋理宗之母家，追封曾祖以下，則有若：太保唐公安民，唐公子〔校〕春雨本作「唐公之子」。爲太傅越王份，越王子爲太師申王大中、太師徐公大節。徐公即宋史所稱「保長」者也。申王子爲太師和王昭孫，是爲度宗元舅。徐公子爲少傅節度使周公純夫、少師節度使清夫。和王子爲太尉參政〔元〕〔允〕堅從春雨本及下文改。〔嚴注〕「元堅」應作「允堅」，據錢竹汀宋史考異八宰輔「德祐二年正月己卯，全允堅加太尉，除參知政事。」。周公子爲太府卿槐卿。而福王之妃亦出於全。方理宗之潛龍也，學于余魯公天錫之家，因訪外氏于谿上，嘗飲食焉，既而即位，推恩並賜官爵。而桓谿諸全不欲攀外戚之寵，以邀恩澤，相約不出。朝議高之，乃選其中二人曰汝梅、汝霖尚縣主，而爲樹雙闕于碶上，顔之曰『鵲巢』以表焉。

是後，桓谿族姓分爲八派：曰前宅、後宅、東宅、西宅、中宅、田宅，皆侍御五世孫琚之後也；曰南宅、北宅，皆侍御五世孫禮之後也。其既於今，歷年八百有餘，孫枝二十六〔校〕據祠堂碑應作『四』。葉，而谿上之居未散，代有顯者，吾鄉言世家，未有若此之永者也。

而謝山之世，則自禮而下皆有名號、生卒可按，自政而下始得詳其行實。禮生宗顯，〔校〕春雨本作『顯宗』，下同。宗顯生得信，得信生昌世，昌世生明五府君，明五府君生巳一府君，巳一府君生惟一府君，惟一府君生南十二府君，四世皆佚其名。南十二府君生旻，旻生乾，乾生倫，倫生文瑜，文瑜遷于城中之湖上，上距遷桓谿之世爲十六傳。文瑜生政，以篤學懿行稱人師，起家明經，司教常熟，以子侍郎元立貴，封檢討，侍郎則謝山先生之六世祖也，以碩德大節在永陵講筵。已而，以不肯草西内青詞，外遷陪都，又以忤分宜相乞身。侍郎生和州同知少微，以慈惠之政著，南畿稱循吏。和州生應山知縣天授，文學淵奥，牽絲作吏，未報最，遽卒。應山伯子諱大和，字介石，號他山，國子監生；叔子諱大程，字襄孫，號式公，府學生。他山府君無子，以式公府君子爲之後，先生之王〔校〕龍尾本作『皇』。父也，諱吾騏，字聿青，號北空。他山兄弟當明之季，用錢忠介公薦，一以大理寺左評事徵，一以太常寺博士徵，俱不受。丙戌以後，甬句東之人，遠在天末，尚煩多士多方之訓，成化最晚，其在世禄家子弟，尤爲〔校〕春雨本作『爲尤』。甚焉，而全氏一日棄諸生籍者二十四人。他山府君議以東錢湖之童嶴，萬山荒僻，人跡罕至，欲避地焉。時北空府君年十六，他山府君問曰：『汝能絶意人世乎？』北空曰：『謹受命。』即披野服，隨二父入山，一門共修汐社，力耕之餘。清吟而已。高武部隱學嘗嘆曰：『謝皋羽棄其子，行遯終身，不相聞問，鄭所南則無子，未若全氏之駢聚也！』北空府君生贈公，諱書，字吟園，以經術詩詞教授里中，最精〔校〕龍尾本作『善』。考索，重修全氏世〔校〕龍尾本作『家』。譜。山陰一支舊附見鄞譜中，贈公爲據宋史以正其官爵之譌謬：舊譜稱：『始祖侍御公之父仕周世宗朝，官中書令』，贈公曰：『殆吴越宰相耶？十國板蕩，中朝阻隔，鮮有越國而仕者。』又稱『侍御公出青州爲同知。』贈公曰『宋無同知州事之官，蓋知州也。』萬九沙太史嘗問曰：『孤山遯初子之詩在月泉吟社中，于先世遠近若何？』贈公曰：『此吾侍御十世孫也，太師申王大中之從子，和王昭孫之兄，太尉參政允堅之世父，宋亡後，僑寓孤山，結社以老者也。』蓋亦劉道原之流亞〔校〕楊本無『亞』字。也，以先生貴，贈如官。

謝山先生，諱祖望，字紹衣，號謝山，贈公之仲子也。贈公二子，長祖謙，生而慧甚，四歲入家塾，一年即能略通諸經章句。蔣蓼厓〔楊注〕名拭之。先生嘆曰：『是聖童也！』一日戲以小刀剪紙傷其指，感風而病，臨危於案上大題『鯉也死』三字，而破之曰：『聖人之不得有其子，聖人之不幸也。』時年六歲。自侍御至先生，爲世凡二十四云。

先生文集，手自編次，命純繕寫甫畢，而先生謝世。純致書錢唐〔校〕楊本無此二字。杭堇浦先生，求序其端，且請作志狀。堇浦以書來，命述先生世系，〔校〕楊本作『問世系』。純因述全氏世譜冠於集端。〔校〕楊本無。下文作『倣胡助刻潛溪集』。昔胡助述宋氏世譜以冠潛谿集，萬斯大倣之，述黄氏世譜以冠南雷集，今亦此例也。門弟子董秉純敬述。〔校〕春雨本無末一句，作『及歲在乙酉，萬三福與純謀刻先生經史問答，即并刻世譜。至壬辰純居京師，偕同志謀刻全集，復與純舊歲所輯年譜，並列于篇首云』。

全謝山年譜

世系、名字詳世譜。

康熙四十四年乙酉，正月初五日亥時，先生生於鄞縣白壇里月湖之西岸先世宫詹公故宅。

先生有兄祖謙，慧甚，六歲而殤，太夫人哭之哀，忽張目曰：『勿哀，吾當再來補之。』後十年生先生，亦慧甚，故小字曰『補』。又有傳先生爲錢忠介公轉生者，其詳未之聞。集中有五月十三舉子詩三首，其第二首曰：『釋子語輪迴，聞之輒加嗔。有客妄附會，謂我具宿根：琅江老督相，于我乃前身。一笑妄應之，燕説漫云云。昨聞正氣堂，豫告將雛辰，在我終弗信，傳之頗驚人，聊以充談助，用語湯餅賓。』按先生年三十九始得子昭德，方舉，忠介後人芍庭〔楊注〕名中盛。先生入賀。

先生曰：『何知之神也？』芍庭曰：『夜來寒家影堂中，不知何人揚言曰：「謝山得子，可喜可喜。」故來訊耳。』亦一奇也。

四十七年戊子，先生四歲，始就塾。

太公吟園先生親課以四子書、諸經，便能粗解章句。吟園先生曰：『是子雖不逮其兄，然亦可兒也。』

五十一年壬辰，先生八歲。

諸經之外兼讀通鑑、通考諸書。秋社過樓外，極管弦燈火之盛，不一顧也。

五十七年戊戌，先生十四歲，補博士弟子。

從里中董次歐〔楊注〕名正國。先生讀書三餘草堂張氏。〔校〕楊本『張氏』二字在『草堂』二字上。次歐先生最持崖岸，弟子無敢輒前者，獨先生與争論經史，曰：『此吾門俊人也。惜吾老矣，不及見其大成也。』始游庠，謁學宫，至鄉賢、名宦諸祠，見謝太僕、〔楊注〕名三賓。張軍門〔楊注〕名杰。主，曰：『此反覆賣主之亂賊，奈何汙宫牆也！』取捶碎之，投諸頖池。

五十八年己亥，先生十五歲。

里中耆英多與先生談藝。一日，慈谿鄭南溪先生過吟園曰：『吾今日特訪陳羣而來。』

五十九年庚子，先生十六歲，始應鄉試。

至行省，以古文謁查初白先生。初白謂萬九沙先生曰：『此劉原父之儔也。』

六十年辛丑，先生十七歲。

六十一年壬寅，先生十八歲。

先生有族母，爲冰槎尚書女，居黄巖，是年返寧，年八十餘矣。先生從之問遺事，取姚江黄先生之志，楊徵士遴之紀，吴農祥之傳，參互質證，多有補訂，後卒成尚書神道第二碑。〖楊注〗外集定西侯碑云：『予家先族母爲蒼水尚書女，先族父以是避地居黄巖。康熙庚子先族母以展墓歸，予時年十六，從之問舊事。』此繫之壬寅，誤也。然其誤亦有自，張督師畫像記云：『予時年十八。』傳鈔本譌六爲八，年譜誤據之耳。

雍正元年癸卯，先生十九歲。

先生嘗再登天一閣借書，當始於是時。又楊誠齋易傳鈔之天賜園謝氏，草廬春秋纂言鈔之雲在樓陳氏，皆在是年，皆通志堂未刻之本，世所希有者。

二年甲辰，先生二十歲。

是年當娶前孺人張氏。自昨年再過武林，盡交樊榭、堇浦、薌林、勾山、谷林、意林、薏田、立甫諸先生，討論經史，證明掌故，尊酒郵筒，殆無虚日。而簡帖、題跋，多不署歲月，不敢附會。惟與樊榭論蘇若蘭回文詩札，確係此年。

三年乙巳，先生二十一歲。

是年當在童嶴授徒。先是先生曾王父、王父皆避兵於是，先生感之，益參考舊聞，成滄田録。

四年丙午，先生二十二歲。

是年有荆公鄞女志跋，而古今通史年表大約作于此時。

五年丁未，先生二十三歲。
武威孙公詔來守寧，訪士於萬九沙太史，太史力推先生，孫公甚重之，先生因上尊經閣祀典議。及孫公觀察三郡，凡再上修南宋六陵及祠祭冬青義士帖子。其後修郡志，孫公招先生入局，辭之。而總裁爲九沙太史，移書問遺事，糾繆凡數十條，先生詳答之。孫公將薦先生于朝，先生上書力辭，因欲先生自署門生，先生自後遂不復往。及孫公按察江西，旋卒，先生感念高誼，爲之誄，今載集外。

六年戊申，先生二十四歲。〔馮注〕據萬九沙童亦韓壽序，先生是年館東鄉童畧童氏。
督學交河王公將以賢良薦，先生以兩尊人年高，獨子，鮮侍養者，上書辭之。其後有司以萬先生承動應，先生於萬先生中表後輩也，先生以名不易副，頗有規切。萬先生曰：『後於吾而生，先乎吾而聞道者，子也。』〇夏患齒痛。張孺人以先生性伉直，多因事相規，笑曰：『是雌黄人物之報也。』先生賦詩解嘲。是年得高隱學先生雪交亭集於陸氏。

七年己酉，先生二十五歲，充選貢。
王公以先生充貢，先生又辭，王公不許。太夫人曰：『歐陽詹求有得而歸，以爲親榮。夫但言有得，尚不過世俗之榮；倘能有得而又有聞焉，是則吾所望於汝也。汝其行矣。』遂以明年春治裝北上。

八年庚戌，先生二十六歲，入京。

春，北上，時新例許赴選人之籍，入對闕下，先生但投牒成均而已。山東學使羅竹園先生邀佐文衡，赴之。○浙江方修通志，先生謂翁洲六大忠臣當立傳，乃作武進吳尚書、〔楊注〕名鍾巒。上海朱尚書、〔楊注〕名永佑。鍾祥李尚書〔楊注〕名向中。三狀，張相國、〔楊注〕名肯堂。劉安洋、〔楊注〕名世勛。董給事〔楊注〕名志寧。三志移之。初入京，即上書方靈皋先生，論喪禮或問，靈皋大異之，由是聲譽騰起〔一〕。

〔一〕〔馮注〕：蔡顯閒漁閒閒録卷九：全祖望膺選拔入京，載書數櫃，蘆溝橋發其裝，皆經史子集也，吏恚曰：『我老矣，從未見此書猷。』停車摒擋逾日，至京，依其叔醫者全蓉寓。寓屋狹小，堆書積棟。四方知名士慕其能古文，造訪者，設一長櫈延之。壬子秋，爲上海曹黄門所得士。○據蔡説則先生拔貢入都，依其叔蓉，與集外編卷八先仲父博士府君權厝志云『雍正庚戌，祖望入京，仲父見之喜甚，更呼酒飲之』頗合。第志云『諱馥，字子脩』，不名蓉；『以薦授博士，受任歲餘引疾』，則似非醫者。蔡號閒漁，華亭人，□□舉人，乾隆丁卯卒，年七十一，則當生於康熙丁丑，庚戌年三十四，或其時計偕留都，知先生微時事，而録之。其書世鮮傳本，申報館排印本入屑玉叢譚四集中。○謝國楨案：蔡顯閒漁閒閒録曾罹文字獄，其書流傳甚罕，近嘉業堂劉氏有刊本。

九年辛亥，先生二十七歲。春、夏游山左，秋南歸。

自舊秋至是夏，在羅竹園幕，遂遍遊三齊諸勝，皆有紀志題咏。爲蓬萊王孝子立傳，應黃崑圃先生之命也。〔楊注〕傳云：『山左學使者羅君竹園示余蓬萊孝子事跡，奇之甚，大之甚。君曰：「曷爲文發之。」』則似昨應崑圃之命也。秋七月，自歷下南歸省親。

十年壬子，先生二十八歲，舉北京〔楊注〕當作『順天』。**鄉試。**

春，吟園先生七十壽。初夏，以太夫人命復北上。八月，張孺人產一女，甫七日，孺人殞，女亦不久而殤。先生魁北闈，方撒〔嚴校〕作『撤』。棘房考曹公一士逕過寓齋，傾倒特甚。而臨川李穆堂先生見先生行卷曰：『此深寧、東發以後一人也。』招之同寓，遂偕〔校〕楊本有『南昌』二字。萬孺廬先生唱和於紫藤軒。一時名下俱願納交先生，然先生所心契，李、萬之外，惟靈皋先生、坦齋王侍郎、濟寰曹給事、謝石林侍御、鄭篔谷侍講數人而已。而時相之門雖屢招之，不赴，卒以此深嫉之，至於放黜。

十一年癸丑，先生二十九歲，春闈下第，仍居京師。

榜後始聞張孺人之赴，將歸省，有詞科之命，工部尚書仁和趙公以先生薦，遂爲吏部所留，不得歸，仍居紫藤軒，與臨川先生論陸氏學案，凡四上書。

十二年甲寅，先生三十歲，續娶曹孺人於京師。

移寓藤軒之東，長安米貴，以行篋書二萬卷，質於仁和黄監倉，有春明行篋當書記。

十三年乙卯，先生三十一歲，居京師。

與穆堂、孺廬爲重四之集，有詩，和者至百餘家。時大科諸公，尚未盡集，李公以問，先生爲奏記四十餘人，各列所長。李公歎曰：『使廟堂復前代通榜之例，君亦奚慚韓退之哉！』其後四十餘人者，李公多展轉道地，登之啟事。同時詞科舉主，以臨川、靈皋爲眉目。士之欲見二公者，率藉先生道引。於是應召二百餘人，多半與先生通縞紵。先生因得盡其人之文章學術，乃彙爲詞科摭言一書，而先之以康熙己未百八十六徵士，仿高允徵士頌之例詳書之，而接以今科，則廣采同譜諸公所著入之。其書甚博，已成大半，會先生放歸，未卒業，僅得前後姓名及舉主及試録三卷。

乾隆元年丙辰，先生三十二歲，成進士，入庶常館。

先生本以薦舉鴻博留部，至是先成進士，入詞館，而時相方忌先生中大科，遂特奏：凡經保舉而已成進士入詞林者，不必再與鴻博之試；識者已知先生不能久於館中矣。是年，與臨川先生共借永樂大典讀之。大典共二萬二千七百七十七卷，取所流傳於世者置之，即近世所無而不關大義者亦不録，但取欲見而不可得者，分其例爲五：一經、二史、三志乘、四氏族、五藝文，每日各盡二十卷。而以所簽分令人鈔之，顧臨川與先生皆力薄，不能多畜寫官。至次年，先生遽罷官歸，遂未卒業。然先生所鈔高氏〔楊注〕高元之。春秋義宗，荆公周禮新義，曹放齋〔楊注〕名粹中。詩説，劉公是〔楊注〕名敞。文鈔，唐説齋〔楊注〕名仲友。文鈔，史真隱〔楊注〕名誥。尚書、周禮、論語解，二袁先生文鈔，袁正獻、正肅。〔楊注〕袁燮、袁甫。永樂寧波府志，皆世所絶無，而僅見之大典者也。時方開明史館，先生爲書六通移之：其第一、第二專論『藝文』一門，見先生不輕讀古人書；又謂『本代之書必略及其大意，始有係于一代事故、典則、風會，而不僅書目』，其論尤偉。第三、第四專論『表』，而於外蕃、屬國變亂，瞭如指掌，真經國之才也。第五、第六專言『隱逸』、『忠義』兩列傳，所以培世教養人心，而扶宇宙之元氣，不但史法之精也。初，見江陰楊文定公，公稱之曰『博』，而勉以爲有用之學。先生謙言：『以東萊、止齋〔楊注〕陳傅良。之學，朱子尚議之，何敢言博。』公曰：『但見及此，則進矣。』

二年丁巳，先生三十三歲，左遷外補，遂南歸。

四月泰陵配天禮成，獻大禮賦。靈皋先生曰：『筆力弗逮杜公，然語語本經術，典核矜重，則杜公微媿拉雜矣。』五月散館，竟列下等，左遷外補，而先生舅氏蔣季眉〔楊注〕名拭之。先生亦同被黜。或曰當事者惡先生，因及蔣公。先生以兩尊人年高多病，亟欲歸，靈皋先生猶欲薦先生入三禮館，辭之，而薦吴君廷華。九月出都，冬抵浙，便道過姚江孫忠襄公墓，拜而爲之銘。至家，適太公得足疾，悉力治之。

三年戊午，先生三十四歲，侍兩尊人家居。冬，丁太公艱。

先生既歸侍庭闈，有閒，益廣修〔校〕楊本作搜。枌社掌故，并桑海遺聞，著作日富。重登天一閣，搜括金石舊搨，編爲天一閣碑目，又爲之記；又鈔黄南山〔楊注〕名潤玉。儀禮戴記附注四卷，王端毅公〔楊注〕名恕。石渠意見，皆閣中祕本，世所僅見者。又編曹遠思葬楊氏忠烈録。至臘月，太公吟園先生忽得疾不起。

四年己未，先生三十五歲，葬吟園先生。冬，接丁蔣太夫人艱。

春三月，葬吟園先生于光溪木峯之南，一切附身、附棺之禮，皆竭力從厚。冬，蔣太夫人卒。

是年，始修全氏宗譜。

五年庚申，先生三十六歲，合葬太夫人于木皐峯阡。

讀禮之餘，博考全氏掌故，作桓溪全氏祠堂碑、東浦全氏祠堂碑、桓溪舊宅碑、鵲巢碶記、全氏義田記、響巖先塋地脈記、崇讓里記，凡數十篇。是年始遷居青石橋胡氏適可軒，後所稱雙韭山房者也。

六年辛酉，先生三十七歲。秋至白下，歲暮而歸。

聞臨川先生主試江南，秋至金陵，投止承恩寺，遍游朝天宮、報恩寺、燕子磯、舊院諸迹，皆有詩。自戊午、己未接丁外、内艱，至再近大祥，從不作吟咏聲，始爲破戒，因題曰祥琴集以志過。及撤闈而臨川病，送之舟中，爲先生商古人出處之義，先生呈截句五首，其次章曰：『申轅報罷董生黜，更復誰同汲直羣。自分不求五鼎食，何妨平揖大將軍。』末章曰：『生平坐笑陶彭澤，豈有牽絲百里才。秫未成醪身早去，先幾何待督郵來。』自是，先生遂無出山之意矣。歸經揚州，止宿馬氏畬經堂，成困學紀聞三箋，萬孺廬先生適見之，以爲在閻百詩、何義門二家之上。

七年壬戌，先生三十八歲，居里中。

三月除服，吏部催赴選，有司以爲請。先生謂二喪並及，當服五十四月，今雖遵例除服，而心喪有未盡，辭之，有心喪劄子答鄞令，其實先生本無意出山也。四月，糾同邑陳先生南皋、〔楊注〕名汝登。錢先生芍庭、〔楊注〕名中盛。李先生甘谷、〔楊注〕名世法。胡先生君山、〔楊注〕名銘嶧。先君鈍軒先生〔楊注〕董弦。爲真率社，重舉重四之會，壺觴一旬再舉，至十月，得詩三百餘篇，皆枌社掌故，題曰句餘土音，後删定爲句餘唱和集。

八年癸亥，先生三十九歲。

先生以乙酉正月五日生，而是年立春在初十日者，例作甲申年庚，則癸亥爲四十年矣。朋好有稱祝者，先生作詩謝之，而詩集亦遂題曰虬骨，用東坡語也。五月十三，始舉子昭德。九月出游，有杪秋江行集。十月至維揚，有七峯草堂唱和集。

九年甲子，先生四十歲。

自題詩稿曰五甲集。以同年施蘗齋令餘姚來招，赴之，適杭先生堇浦亦在署，同游龍山諸勝，皆有詩，復同渡江至湖上。夏，還寧。是年，先君始率仲兄秉緼暨純受業先生門下。先君方修寒家宗譜，請先生鑒定凡例，先生爲之序，并撰先世志、傳、碑、贊，凡三十餘篇。○選定李杲堂先生内稿及西漢節義傳及昭武先生殘集，皆爲之序。於是有意耆舊詩之續，遍搜諸老遺集，而楊氏四忠雙烈合狀、華氏忠烈合狀、屠董二君子合狀、王評事狀，皆成於是年。秋，之浮石周氏，訪三和尚及立之、石公諸集，又得林評事〔楊注〕林時躍。朋鶴草堂集、正氣録二書，爲之狂喜，作詩以志。

十年乙丑，先生四十一歲，續選甬上耆舊詩集。

杲堂先生耆舊集，縉紳終於萬曆，先生續之，并及本朝，凡百六十卷，分任同社諸公及門下諸子鈔録，人爲立傳，視杲堂加詳焉。於是桑海之變徵，太平之雅集，凡爲鄉黨所恭敬而光芒有未闡者畢出，真大有功於名教者也。是年之詩，即題曰鈔詩集。○夏，寧守魏某縱一奴子入泮宫，且陳夏楚以恫〔校〕龍尾本作『嗬』。喝廪保，先生憤甚，移書詰之。守怒，偕巡道葉某以細事羅織先生，力求撫院興獄，并及堇浦先生。撫軍常公不可，旋以受宜堂文集令鄞令求先生作序，其事始解。○前京兆陳句山先生再以書速先生出山，先生答詩三首，有曰：『寸長尺短誰相量，北馬南輳我弗任。』又曰：『苦不自知吾豈敢，敢將一擲試微軀。』蓋先生於出處之際籌之熟矣。○詩集有送錢二池〔楊注〕名濬恭。之黄蘗山省墓之作，合之文集諸錢碑版，則知忠介神道第二碑、葬録、年譜以及侍御、職方、推官〔楊注〕肅圖、肅遴、肅典。諸志，忠介大全集、侍御東村集諸序，畫像、降神諸記凡數十種，皆成於是年。

十一年丙寅，先生四十二歲，仍録耆舊詩，兼修南雷黄氏宋儒學案。

春杪至湖上，適堇浦先生以閏重三日爲禊事之會，太守鄂鈍夫而下，至者四十二人，先生與焉。遂自苕上至吳門，寓陸氏〔楊注〕錫疇。水木明瑟園，有詩曰吳船集。舟中取南雷黄氏宋儒學案未成之本編次序目，重爲增定。遇彭侍郎芝庭先生，曰：『吾觀同館諸公〔校〕楊本作『君』。蕉萃太甚，安得如謝山之春容自便。』先生有感于其言，作詩謝之。夏過維揚，再館馬氏畬經堂，編纂學案，有韓江唱和第二集。

十二年丁卯，先生四十三歲。

正月，撰萊陽姜忠肅公祠堂神弦曲，應象山姜炳璋之請也。二月至湖上，上巳後，重過水木明瑟園，謀刻宋儒學案。遂至金陵，訪靈皋先生於湄園。靈皋年八十，方七治儀禮，戒先生不當爲汗漫之游。先生呈詩四章，其卒章有曰：『廿年荷陶鑄，十年惜別離，六年遭荼苦，餘年〔校〕楊本作『生』。患阻飢。以此成慚負，著書杳無期。猶喜素絲在，未爲緇所移。』靈皋之規切，先生之持守，均可見矣，古人哉。夏，返武林，修宋儒學案。秋盡，復過維揚，歲暮歸。是年詩有偷兒棄餘集、吳山消夏集、漫興集。

十三年戊辰，先生四十四歲。秋，主蕺山講席。

二月之武林，太守鹿田先生問曰：『先生不出之意，何其決也？』先生答以詩曰：『野人家住鄞江上，但見山清而水寒。一行作吏少佳趣，十年讀書多古歡。也識敵貧如敵寇，其奈愛睡不愛官；況復頭顱早頒白，那堪逐隊争金幱。』紹守杜公，先生故人也，來招，遂適越，重定黃氏遺〔校〕龍尾本作『留』。書。姚總制之孫述祖，求撰總制神道第二碑。秋，渡錢唐，病，方撰顧寧人先生神道表，力疾成之。先生自丁卯冬，有不寐之疾，醫者謂是虐用其心之過，當静攝以養之。先生未能用其言，至是遂大病，中秋乃痊。己巳居杭，復病。庚午大病。九月，杜守請主蕺山講席，始設〔校〕龍尾本作『釋』。奠於子劉子影堂，議定從祀諸弟子。初課諸生以經義，繼以策問、詩古文，條約既嚴，甲乙無少貸。越人始而大譁，繼而帖然，一月之後，從者雲集，學舍至不能容。復與杜守議立故太守湯公篤菴之主於書院，以其有大功於越，而專祠久廢也。又欲推其例於陳卧子先生，及明故相膠州高公，皆已定議，以先生去，不果。而冬青義士祠祭議，凡與杜公三復焉。是年詩，曰漫興二集，曰望歲〔集、曰〕二字從楊本補。采蕺集。

十四年己巳，先生四十五歲，校水經注。

杜守仍請主蕺山，先生固辭，蓋舊冬主人微失禮也。於是蕭、上、諸、餘之士，争先入學舍者幾滿，合之山、會，共得五百餘人，旅食以待；而諸生蔡紹基、沈有聲、姚世治率十餘輩，抵寧面請，杜守亦密懇觀察使者侯公速駕，先生終不赴。秋，諸生以舊秋所課請改定，留越三月，得文百餘篇刻之。是歲有詩三集：曰西笑，以大金川平定也；四月後曰雙韭山房夏課；九月至歲底曰帖經餘事集。而水經注一書，先生晚年精力所注，用功最勤，實始於是夏。

秉純按：先生自辛酉以後極貧，饔飧或至不給，冬仲尚衣袷衣，賴維揚詩社歲上庖廩，然典琴書，數券齒，日皇皇也。蕺山之俸，頗得中人之産數家，竟以避色不赴。他日山長之陋劣，苞苴公行，羔雁充積，先生力戒諸生，雖薏苡不得入。及蔡生來寧，知先生以杜守故，請曰：『今學舍中滿五百人，請先生弗受太守之餽，但一過講堂，五百人者以六錙爲贄，千金可立致，豈傷先生之廉乎？』先生呵之曰：『是何言歟？夫吾之不往，以太守之失禮也。禮豈千金所可貨乎？且譬之爾家，太守爾祖也，祖所不能致之師友，其孫出而任之曰：「我有私財，無勞乃祖共給。」爲之師者，竟居之不疑，可也不可也？』蔡生唯唯而退。純時在坐，心服先生之言，而終憂先生之貧。然是時選部之檄歲至，友朋之車乘頻催，先生不爲貧窶動心久矣，區區千金，腐鼠耳，而以之嚇先生，是則蔡君與予之陋也矣。

十五年庚午，先生四十六歲，仍校水經注。

春，病甚，一目忽眚，舌間無故涌血，頭髮作酸痛，心氣忽忽若欲盡。先是，姚薏田先生謂先生：『子病在不善持志。理會古人事不了，又理會今人事，安得不病。』按先生有病目集，當在是年。然有蓮宇先生再入政府詩，及入吳舟中柬薌林【校】『入吳』二字，楊本作『八赤』。之作，曰『天子親裁錫類詩』，則當在辛未，大抵此二年以多病不作詩，無事迹可考。

十六年辛未，先生四十七歲，皇雅成。

天子始巡幸江浙，浙中士大夫俱赴吴門迎駕，多有録用及賞賚者，獨先生與堇浦先生寂然，説者謂𣊫〔校〕楊本、龍尾本均作『軏』。臣未嘗上達也。先生柬薌林少師詩四首，其次章曰：『木雁遭逢豈可班，羞居材與不材閒。故人爲我關情處，莫學瓊山强定山。』蓋少師欲薦先生，而先生辭之也。是歲浙中大旱，禾稼無顆粒收，先生索食維揚，歲暮始歸。自己巳始撰皇雅，凡四十二篇，屢有修飾，至是勒爲定本，皇皇鐘吕之音，足與柳儀曹、姜白石接跡矣。

十七年壬申，先生四十八歲，適廣東。

三月，東粵制府以端溪書院山長相邀，遂度嶺。五月，至端州，釋奠禮成，祀白沙以下二十有一人，從前未有之典也。有示諸生詩。九月，故疾復動，然少閒必與諸生講説學統之流派，考訂地望故蹟。薄游光孝寺、寶月壇，登閲江樓、七星巖，皆有詩。又爲諸生改定課藝百篇，刻之。又取博陵尹公所刻吕語集粹，序而梓之院中，以廣其傳。而朝夕不倦者，則水經注，蓋已七校矣。

十八年癸酉，先生四十九歲，自粵中歸于家。

病日甚，決意辭歸，而大吏及諸生尚苦留不已。新會令張惕庵曰：『先生必不死，以生平所藴，尚未盡暴于世也。』于是復留數月，訪肇慶故宫、天湖、慶雲寺，登白沙岡，訪桃椰亭，皆有詩。又過滙川，訪海月先生故居；至江門謁陳文恭公祠，訪其服玩遺器，各賦詩一首。至七月，乃歸家養痾，猶以水經注未卒業，時時檢閲。而刻于粤中之詩，曰度嶺集。

十九年甲戌，先生五十歲，居揚州。

正月，病漸痊。春盡，維揚故人以書招往養痾，且云有善醫者，乃赴之，仍居畬經堂，病亦未有所增減也。仍治水經，兼補學案。十一月乃歸。是年戒不作詩，其得之藥裹之餘者，寥寥數十首，未删定，不成集也。

二十年乙亥，先生五十一歲，卒〔于家〕。從楊本補。

正月手定文稿，删其十七，得五十卷，命純暨同學張炳、盧鎬、全藻、蔣學鏞鈔録，然病亦無所增減也。至三月，而嗣子昭德病，十日竟殞，先生爲之一慟，遂不可支，成哭子詩十首、埋銘一首，遂絶筆。而删定詩稿，自辛酉以前盡去之，辛酉以後收其十之六，得十卷，頽唐病筆，尚有改塗者。五月，文稿録成，先生已不能偏閲，命純隅坐琅〔嚴校〕作『朗』。誦，先生聽之，遇有錯譌，猶爲指畫。然病日甚，曹孺人含淚欲進參而無力，純乃以耆舊詩稿本質之有力者，得參半兩進之，神氣稍振。

于是議爲後者，本支實無其人，乃立宫詹公之七世孫孫桐爲孫，時年七歲，告于祖廟，命純執筆同撰祭文，即以當繼券，尚扶掖主祭，六月初十日也。自此卧榻不復出户。又十日，呼純至榻前，命盡檢所著述，總爲一大篋，顧純曰：『好藏之。』而所鈔文集五十卷，命移交維揚馬氏叢書樓。又十日，不復能言，日夜作鼾聲如睡。又兩日，聲漸微，乃逝，七月二日寅也〔一〕。衣衾匠木，先一日纔備具，時方酷熱，即于午後入殮，皆純所治，然無以償直。又十日，乃遣元隨賴高齎赴及遺書，告之維揚，而馬嶰谷先生亦適于前十日逝世，幸哲弟半查敦古誼，告之同社，共得百金爲賻，然僅足償參苓及附身之費，而葬具猶未備，不得已，盡出所藏書萬餘卷，歸之盧鎬族人，得白金二百金。于是即張孺人〔校〕楊本下有『先生』二字。所葬高祖和州公大墓傍，營立三穴，其右略後即〔校〕楊本下有『爲』字。昭德附葬所，皆先修治。而以十一月□日治喪禮，受親知之來弔者，□日祖奠，□日奉柩入槨，朋舊、親戚、宗族、弟子送葬者，尚數百人。明年五月廿六日，曹孺人亦卒，時純方出門適京師，孫桐穉弱，其生父愿甚，〔校〕龍尾本作『其』，屬下句。一切喪葬，賴高之力居多，葬畢，賴去。不十年，桐之父盡失所遺房屋，墓之傍僅有田十二畝，亦失去，寒食、中元，幾無一奠。而純所匄堇浦之

〔一〕《嚴修能元照注》：先生實於粤中染惡疾而死，年譜諱之耳。杭堇浦詩云：『采采傷芣苢，亡之命也夫。』用韓詩說：『芣苢，傷夫有惡疾也。』

志竟不報，并所遺馬氏文集十册，亦歸董浦，索之再三，而終不應，是則可爲長慟者矣。乾隆乙酉，純在杭，萬三福〔馮注〕萬福，原名承烈，字近蓬，諸生，九沙少子。以守墓定居於杭，受業杭世駿之門，有玉倉詩鈔。謀刻先生文集，請吴丈鷗亭、馬丈半查協力，純率同鄉後進助之，先得經史問目十卷。歲在庚寅，純居安州，次年至京師，取所遺先生叢殘舊稿，按手定之目重鈔之，既得大半，乃據所聞見及詩文中可考者，作爲年譜一卷，惜行篋不能盡攜先生遺書，而同鄉者舊無一居京師，多有闕疑，不能詳盡，姑存之，以俟後日之增補。嗚呼！予今年亦四十有八矣，去先生易簀之歲三年耳，倘不亟爲校録考訂，〔校〕龍尾本作『考録校訂』。一旦填溝壑，有負藏弆之命，何以見先生于地下。且先生雖年僅及艾，所藴不盡暴于世，然千秋之業，確然不朽，若純之荒落，非附青雲之末，即百年終同腐草耳，則此役也，謂純之不負先生哉？亦先生之神光大澤，呵護沾溉于純而已矣。受業董秉純編輯。

〔案〕蔣學鏞有書全謝山先生年譜後一文，見本書附録。

鮚埼亭集卷第一

頌

皇雅

聖清戎樂詞一十六篇 有序

三祖二宗之豐功，非筆札所能盡其揚扢。【校】楊本無以下至『備者』二十六字。自來館閣諸臣，大都隨一時一事而述之，而未有兼綜五朝之備者。今條其節目之大者一十有六，括爲鐃歌，以視唐柳宗元、宋謝翱，不足爲役，故未敢以上之太常焉。

長白雲 志受命也。

長白山，雲茫茫，飛席結岱宗，萬古表東方。長白爲岱山所導原，説見聖祖御製文集，于此悟古人青、營二州合一之旨。朱果之祥自昊蒼，篤生聖人，六十三姓附以昌。會明政，漸不綱，至孝大復讎，義師何堂堂。事見太祖實録。撫順一鼓崩角降，桓桓杜與劉，老羆未可當，竟不支，喋血成濠骨成岡，遂日闢百里，關門烽火昕夕忙。中原黨禍正披猖，『大東』、『小東』國論狂，誰知帝星朗，〔校〕楊本多一『朗』字。乃在大東荒。時有『大、小東』之説，『大東』，神廟東宫也，『小東』，東林也。未幾東事起。况自隳長城，前熊後袁横被戕，日益潰裂無完疆。聖人念民力，欲以和媾罷戎行。嗟明尚自大，往復徒譸張，欲仍『龍虎』節，而臣視興皇。事見太宗實録。命則不受，謀則不臧，重圍困，四度致，長驅直達淮之陽，援兵十八萬，逡巡晉州旁。事見明史。〔楊注〕孫承宗傳。始歎天所興，莫能攖其鋩。太史曰『可矣』，猶然謙讓謂未遑，還軍長白下，有待始垂裳。

俘插部 志西略也。即實録之察哈爾國。

彼插漢，蒙古餘，因緣避俺荅，來傍薊西居，羈縻在明代，幾度勞翦除，叛服靡常，其心頻渝。既明衰，爲所愚，欲仗其力，以捍東隅。豈知不足恃，翻令多所需，玉帛貨賄動兼車。餓狼饑豹有挾趨，叩關而索紛莫驅，飽則颺去，曷嘗奉簡書。乃知三孃子，末世所無，哂督撫，真虛拘。謂王尚書象乾。東帝正當塗，天下之力，莫能支吾，彼插漢，胡爲乎？插始猶大言，謂我水濱漁獵徒，插初致書太祖，自稱『四十萬衆蒙古國主』，而稱我爲『水濱三萬國主』，太祖斥之，見實録。欲爭廣寧，恫嚇夸誣。既遠保河西，所部日齟齬，乃詭東附，亦復懷次且，希反覆，恣所如。〔校〕楊本無此注。帝曰：『吁，有是夫！』陰陽向背多狡圖，大師西徂抵兀蘇，前援天矛後天弧，瓦剌諸部，稽首來乎。插震而逋，四十萬衆，淵魚叢爵赴上都，鵶鳩亦復來哺雛，玉璽動地出，貢其貞符。事見太宗實録。

按：其時有北察哈，有南察哈。所謂林丹汗者，乃北察哈，正蒙古大宗也。南察哈不見于諸書，但見于太祖實録，蓋北察哈之分國。

宥朝鮮　志東征也。

朝鮮父師後，尚有禮教遺。昔在明中葉，日本恣侵欺。神宗用大師，爲之振式微。以此恤附庸，效忠亦其宜。真人起建州，所至凜天威。下國昧時務，不知早自歸。區區小草力，欲以挽落暉。毛鎮因之起，犄角成連雞。天子嘻其笑，是亦何能爲；獨念卧榻旁，不容小腆窺。初猶薄問罪，諭以擇木栖；終不悛眷戀，崦嵫情依依。整軍下平壤，如山壓卵風捲灰。國王竄江渚，世子遭囚羈。應痛李氏殄，彈指悔莫追。誰料如天德，貳則有討服舍之。原汝心，未爲非，但願汝事我，亦如事明無猜攜。宥汝罪，不汝隳。〔校〕龍尾本作『疑』。高麗事明之忠，耿耿可感，聖祖亦嘗稱之。朝鮮臣民感涕洟，生死肉骨古所稀。大朝存我，敢不革心備藩籬。亦足以謝明，皮島援絶空噓唏。至今高麗葠，連車貢彤墀。

太祖削平諸部，始于哈達、輝發、吴喇、葉赫，所謂扈倫四國，即明所謂南關、北關也。乃以次臣服諸蒙古，至太宗時，凡十六國四十九貝勒畢歸，然後收服朝鮮，而塞外無不臣者矣。此用兵之次第也。按太宗實録蒙古十六國部落，分爲四十九貝勒，曰科爾沁，曰札賴特，〔校〕春雨本『賴』作『魯』。曰杜爾伯特，曰郭爾羅斯，曰敖漢，曰奈曼，曰巴林，曰土嘿特，曰札魯特，曰察哈爾，曰阿魯，曰翁牛忒，曰車里克，曰喀喇沁，曰吴喇忒，而以察哈爾故太子冠之，亦爲一國，蓋是時分察哈爾爲二也。

大討賊　志取北都也。

天下喪亂、將以啟聖人。謂予不信，試觀諸甲申：殘明烈帝非荒君，十七載，何憂勤！其奈生逢陽九辰，五十揆席多賊臣，馴令米脂賊，塗炭遍斯民，赤者眉，黄者巾，遂汙神器遭鬼嗔。先皇赫斯怒，慼茲雲雷屯，前箸曰『叔父』，爲我討賊清乾坤。嗤賊狃累勝，豈識天兵如天神；望風不戰走，封狐十丈化遊魂。燕人望師如拯焚，一朝快復讎，壺漿夾道出九門；東來迎天子，驚見沖齡未十春；累朝創業，未之或聞。負扆委裘，皇皇懋親，翦商已再世，一朝唾手志竟申。奠九鼎，定八垠，非天私我，曰惟積功與累仁。

〔案〕徐珂清稗類鈔第八册獄訟上云，全氏幾以此詩獲咎。詳見本書附録。

飛渡江　志定南國也。

半壁塹江東，雖小亦足王。辛苦諸遺臣，立君非孟浪。晉宋有前車，負荷良所望。大朝隆繼絶，或亦邀保障。天之棄明如嗇夫，重以彼昏速淪喪。『蝦蟆敕』自結綺來，『蝗蝻獄』自同文上。三案紛如，六宫淫放；賊不討，君誰葬？耆老翩翩盡拂衣，但聞南斗亦北向。戾園讞，由佞相；晉陽甲，由悍將；烈皇恭王旁午來，妖人百輩從天降。時有自稱莊烈帝者，亦有自稱福恭王者，皆絶怪事。〔校〕楊本無兩『自』字。相傳福世子，舊是黎丘鬼所誑，匆匆冒龍種，負乘應無狀。吾當救此一方，豈可姑容釀板蕩。天兵飛渡江，蔣山王氣黯惆悵；青蓋來板磯，孝陵淚逐江流漲。吴頭楚尾盈甲帳，賢王受降閲軍仗。

七閩來　志鄭芝龍之降也。

赧王禽，唐始紹，無諸都，冀自保。莫陋兹蛇鄉，揚越河山尚不小。王頗諳文詞，登極三篇出手草。朝之右，多故老，大布冠衣志矯矯，其如幹略則已少。天教魁枋在盜臣，莫化鴟鴞爲鳳鳥；蒲黄遺種别有傳，生來不道忠貞好。有兵長嬉，有餉浪飽。〔校〕楊本作『有兵强，有食飽』。首鼠幾徘徊，重關之備一夜掃。王旅既來臨，棄君入窮島。九龍五指雙迢迢，死耶生耶誰復曉。事見明唐王始末。爾亦自崩離，大小賜姓分飛杳。鄭宏逵有子稱『小賜姓』，亦隨成功逃去。天子薄降鑾，羈縶〔校〕龍尾本作『縻』。來京枉潦倒。事見世祖實録。七閩地，如振槁，共看扶桑日出早；言采清人茶，薦之九廟馨祖考。

再平魯 志張名振之走也。

鯉魚飛，讖在魯。斷吴山，畫越浦；六家軍，鳴戍鼓。謂孫、熊、錢、沈、于、鄭六家。〔校〕楊本無此注。龍尾本作『謂孫嘉績、熊汝霖、錢肅樂、沈震荃、于穎、鄭遵謙六家』。士各爲其主，斯志亦良苦。奈與閩，自齟齬，輔車乖，竟何補？王益孱，困不武，馬阮伏戎，莫敢膏斧；方王養疽，莫能禦侮。六月潮枯馬無阻，列營星散如避虎。此丙戌事。乘桴往，無寸土，三年飄泊得翁洲，此己丑以後事。〔校〕龍尾本作『己酉』。重憑黑子安軍伍。波臣驕，窺樓櫓，謂天險，聊安處，但内訌，忘外堵。忽然反風兼迷霧，螺頭門外聞招撫。震霆臨，壓其户，急揚帆，落棠嶴〔校〕龍尾本作『落堂嶴』。田空臕臕。乃知皇眷殷，鮫人蜑兒皆歸我天府。浙之東，永篤祜。

檄緬人 志孫、李之交攻以自亡也。

西充殪長蛇，巴蜀見天日，如何剩遺，尚存逆孽？曰明固未亡，從之求湔祓。桂世子在西粵，雖處流離，頗叶雲物；瞿、何、章、堵，〔校〕楊本作『流落諸遺臣』。盡瘁扶累蹶，湘澧雖亡，滇竹未失。自受降，反增疾，未收銅馬功，先流青犢血。秦兄晉弟力則均，曠林之戈分隊出，誰順誰逆紛衡決。坐看二鼠鬭一穴，牂江洱海並愁絶。大兵乘之，各瓦解以裂。歷劫火，同澌滅。三宣六慰競來歸，投命緬人希苟活。天所廢，疇能脱。明亡一十有七年，四王之起〔校〕龍尾本作『氣』。亦飄忽，景炎祥興所未及。到頭莫與新命争，衹合黼扆臣周室。

三孽〔校〕龍尾本作『逆』。除 志諸逆之殪也。

溯甲申之役，明有塞上臣。國難既震，家禍復因。稽首我先皇，感之爲酸辛。七日倚牆，雖非其人；以扶大義，豈惜袍澤勤。功成來歸，帶礪策勳，賜券禮視宗王親；有兒尚主侍期門，倘非木石諒感恩。何期天狼終不馴，負心賣故主，思踞滇海長子孫。時三桂用其固山楊坤之策，以興緬甸之役，詳見南天筆記。猶以蒙、段爲未足，直登衡嶽窺漢津。蠢兹二禆王，從之偕狺狺；更有叛將起三秦，碧雞一旦遭妖氛，南天如沸重紛紜。天吏不嗜殺，醢彭摐布非樂聞。置逆雛，猶望爾更新。乃怙終，無赦在鬼神。天兵動地至，祝融爲犒乘。韋殷賊致死，紫蓋飛沙褫其魂。始日蹙，負嵎守餘屯，如蛇倒退縮不申。老雄死，豎子安辭頭足分。保寧解網，革心歸命及苗民。事見聖祖御集。二禆王，久矣輔敗無完唇。五華山宮祝萬壽，蒟醬百甕貢至尊。

逆吴之難，耿精忠〔校〕楊本有『首』字。附之，蒙古察哈爾國應之。已而平涼王輔臣應之，臺灣應之。于是尚之信亦應之，甚至安南莫氏亦應之。他如河北帥蔡禄輩亦謀應之。吴氏最費翦除，而耿鄭之合，大有騷動，王輔臣亦梟雄，〔校〕楊本作『桀』。非聖朝之得天，一時不能底定也。

六旬克　志殲布爾尼也。

太宗西討日，青吉思部幾無遺。即插酋。頗憐其允，尚以貴主嗣藩維。位冠四十九貝勒，屬國誰與齊。天聰十年，蒙古四十九貝勒勸進，以察哈太子爲之長。又不禄，再續絶世寵爵之。斯恩斯德寧有涯，豈期一傳，驕不自持。謂阿布奈。詔書錮之北，更立汝兒，時安置盛京，以布爾尼襲。將以待改行，帶礪固不移。乃踵逆，思奮飛，中原有亂臣，不過英布與陳豨。孰克長世，孰克乘時，汝乃不擇音，烏合相因依。召之不至，畔奂遼西。嗟汝亡國餘，妄思抗天威。孤恩背德，上帝不宥神不綏。皇皇禁旅，如虎如羆。六旬飲至告清夷，渠魁就殄，脅從罔治；猶聞以禮葬林丹，泉下感且唏。〔校〕龍尾本作『啼』。

長鯨歸　志入臺也。

東寧在南海，邃古所未通。及明爲盜窟，澎湖如挂弓。鄭人〔校〕楊本、龍尾本均作『那肱』。此發跡，得稱絶嶠雄。晚節竟塗地，有子㪅不從。遥遥奉天祐，進取志則濃。一敗始改計，覓地圖養鋒。輕兵掩荷蘭，樵牧及雞籠。自謂欲待時，不學虬髯翁。此郎雅難制，未肯尸居終。填海雖不遂，餘部仍洶洶。

適乘逆籓難，覬收漁人功。動猶託故國，思以惑羣蒙。天子大一統，荒服何不容。得民豈加庶，得賦豈加充。所惡附名義，窺伺我提封。璽書下制府，刻日搗賊叢。七鯤身則險，八槳船〔校〕龍尾本作『舡』。自工。閒使時出没，吹散彼沙蟲。沙蟲駭以散，長鯨計斯〔校〕龍尾本作『始』。窮。天威廣無外，海潮送長風。自去延平爵，來朝未央宮。澶漫數千里，疆索昭大〔校〕龍尾本作『天』。同。

畫雅庫 志討俄羅斯也。

藐雅庫，極朔漠，層冰千尺經三伏，颱〔校〕龍尾本作『分』。鼠千斤穿絶谷。虎狼姿，兼以火器恣狂毒，四十年來未臣服。彼索倫，我之屬，歲貢貂，稱恭肅，乃遭吞噬一何酷。哲后嫌佳兵，累書戒迷復，充耳若不聞，始出輕兵到樺屋。敵〔校〕龍尾本作『賊』。援自水來，乘筏沿流速。五百撝刀飛入江，滾牌所至指可掬。不降且燎原，編菅秉杆〔校〕龍尾本作『杠』。各一束。賊乃鼠竄，輸其城郭，『大帽』凱歸不遺鏃。賊尚狡，戀殘局。幾林之屯更迭前，倔强安得保種族。自今朝黼座，船廠聲靈遠赫濯。〔校〕楊本末句作『四十八旂同約束』。

初，俄羅斯以順治十七年入貢，不知正朔，稱一千一百六十三年。其國最精火器，地大兵多，稱極北，地去斗極衹二十度耳。自古所未通，及築城于索倫之境，奪其貢貂，索倫告急，詔書累諭之，俄羅斯不奉命。康熙二十四年始征之，大將林興珠別領藤牌兵五百，敗其援兵于江中。俄羅斯未識藤牌，驚曰：『此大帽軍也。』興珠乘勝登陸，欲焚其城，俄羅斯棄城走。〔校〕楊本此下至『城』字缺二十一字。楊氏校補。師還，僅以病故損五人，稱奇捷。然次年俄羅斯復築城。詔黑龍江以北屯兵，更番前逼之。二十七年，復出師，而別遣使臣張鵬翮等諭之，俄羅斯奉命歸我侵地及城，始畫雅庫而守之。嗣是，遣使入朝矣。三十七年，厄魯特反，從之乞援，俄羅斯拒之，遂永爲不叛之臣。

瀚海清　志敗厄魯特也。

皇威正遠暢，一酋忽自迷。稱兵瀚海外，虔劉我屬夷。沙陀故穴，兼復附黃衣。按：厄魯特居金山，自言古沙陀之地。沙陀，唐之西突厥，本居靈鹽徼外，李氏父子始遷雲代之間，而其故部仍居西陲。遼志所云『阿保機破降吐谷渾、党項、沙陀諸部』是也。蓋今厄魯特之帳所在矣。用計亦頗狡，將以挑六師。謂當更番至，使我奔命疲。或得間，逞其私。聖人投袂起，此行誅窮奇。誰謂瀚海遠，平行枕席路不巇。飛龍所經過，百神護旌麾。漫天穹廬下，黃人捧日隨。賊出不意，膽碎而飛，欲確鬬，先狂馳。諸將分道截，雖令突去將安歸？乞援望已絕，乞降事已遲。部曲競前詈，逆天戚自貽；蒙面竟仰藥，投骨和死灰。沿邊各來賀，爭道聖人與天齊。勤三駕，綏七旂，七旂，謂喀爾喀部落也。初，喀爾喀雖作賓而未純臣禮，蓋故察哈之屬也。至是將爲厄魯特所滅，乃來歸。康熙三十五年，聖祖一幸克魯倫，是冬再幸鄂爾多斯，明年三幸狼居胥山，而西方定。〔校〕楊本作『而西方永定矣』。不然絕域父老安得望須眉。中有老胡公，其人善滑稽，彈箏侑大酺，以手指而嘻。

感歎神武誰能幾，所謂大丈夫，豈不當如斯！語見聖祖北征敕諭。

恢喇藏 志綏黄教也。

三危于我如内臣，雖宗黄教，曾從開國知聖人。事見聖祖御集。滇黔不逞，力能式遏靖狂氛。事見西陲紀略。年來效命，赤手誅〔校〕楊本作『殲』。妖髡。謂第巴。賊乃乘彼髦，結爲昏姻，一朝掩襲殘其民，耽耽土伯特，欲恣〔校〕楊本作『肆』。鯨吞。先皇存亡國，西顧而顰，打箭罏前誓六軍，長驅鷙擊無逡巡。誰言瘴雲黑，一朝化矞雲。洋洋三藏，〔校〕楊本作『青海』。前茅後勁如有神；左屠右翦，且勦且撫聲雷殷，『招招』之像重見唐時廟貌新。『招招』，華言『如來』也。大軍至土伯特界上，見唐公主嫁突厥所奉『招招』像尚存。嗣皇善繼志，使者下紫宸，築廬舍，相度勤。流泉夕陽生陽春，永爲藩衛，膜拜報恩。事在雍正七年。

澆河靖 志西寧之勝也。

固始種，居卑禾，密邇甘涼，番羌部落森星羅。漢之金城唐湟中，自古爲國藩屏多；有明置四衛，亦復不與甌脱科。天朝沛殊澤，〔校〕楊本作『仁朝沛澤』，龍尾本作『仁皇沛殊恩』。兄弟八王並峩峩，將以縻狼子，洮漓湟溫成恬波，俾之食德還飲和。皇恩浩蕩，賊乃乘間集么麽，揚氛祁連山，投鞭浩亹河，阿干寨〔楊校〕一作『塞』。下驟馬過，西王母神喚奈何。天子命虎臣，出塞奮琱戈。麾兵入賊巢，耄母乞命如蟲螺。凱旋數馘，後舞前歌，五花氈好被明駝。事見世宗平定青海碑。

疆有苗 志八萬古州之捷也。

有苗後，最回互，各稱洞主，莫肯内附。其人如猱，其毒如霧。莫輕小醜，頗能跋扈。岑楊奢安，迭出爲明蠹。及將亡，託國賦中露。大朝幾百年，荒服恩四布。禮樂所沾濡，洗心識王路。彼蠻兒，乃内妒，謂堯民，美無度，不須蒙鶩及相如，甘心自拔首輸賦。〔校〕楊本作『願自拔，甘輸賦』。突有黎平種，軒然獨負固。縣官敕大戎，驅我熊羆翦狐兔。神兵焚鬼方，宿莽咸驚怖，方知漢大天所祚。送降幡，陳計簿，傜僮伶仡，司徒分（北）〔比〕從楊本改。登名數。剗巖疆，成坦步。

三后聖德詩一十二〔校〕楊本作『四』。篇〔有序〕從楊本補〔一〕。

敬讀實録諸書，欲爲雅頌之音，形容盛美，而才力譾下，不足盡之。乃于鐃部之外，取其大事之目

〔一〕莫楚生棠注：三后聖德詩，此本（龍尾山農鈔本）祇十二篇，與刻本目録合。刻本目録十二，而多平賦、置恪兩篇，實十四篇。案年譜：『己巳始撰皇雅，凡四十二篇，屢有修飾，至辛未勒爲定本。』而未著明篇數。疑十二篇爲定本也，刻本目録未誤。

一十有二，〔校〕楊本作『四』。曰三后聖德詩。下里之辭，姑發其端，以俟能者推廣之。〔校〕楊本『之』下有『也』字。

不殺 志仁也。九章〔校〕據龍尾本分章，下各篇同。

上帝好生，有時當厄。粤若明之衰，喪亂尤亟。橫從羣盜，并爲二賊。一章

二賊尤無賴，荼毒遍中原。殺人以食，殺人以眠。茫茫九有，莫洗此冤。二章

上帝潸然，謂孑遺可念。乃命聖人，翦此僭濫。手持天漿，以消凶焰。三章

聖人潸然，恭承明命。是余之罪，方州在阱。願無血刃，指揮以定。四章

七萃所臨，窫窳崩剥。至仁無戰，坐消百惡。榑桑東升，欃槍夜落。五章

枯楊自生，野禾自稼。蜀中事。草木訢訢，向榮觀化。乃告上帝，燔柴肆赦。六章

在昔定天下，所嗜歸不殺。苟其違之，莫立莫達。上帝監觀，豈徒事撻伐。七章

於維我〔校〕楊本無此字。先皇，允矣大慈。佛所不能救，而克援之。遂持威斗，惠我嘉師。八章

豈勵及身，種之世世。文子文孫，守兹勿替。君子親賢，小人樂利。九章

古來受命之主，未有如世祖之仁慈者，故臣下多疑以爲佛之後身，宜其拱手而取中原也。聖祖克肖，嘗曰：『朕生平未嘗妄殺一人。』大哉斯言，〔校〕楊本無『言』字。乃祈天永命之〔校〕楊本有『根』字。本與？

愍亡 志厚德也。八章

古今興廢，何代蔑有。天之所棄，善者莫守。成敗論人，雷同百口。一章

明有烈帝，手鋤凶人。勵精明作，薄視漢唐曰未醇。薄海望治，胡竟不振？二章

上帝之眷，方臨東土。大厦將危，綢繆莫補。内奸外寇，乃崩裂以仆。三章

至竟臨難，猶復堂堂。國君死社稷，于古蔚有光。貞臣十九，攀髯旁皇。四章

聖人曰：『噫』！兹家遘陽九。于志則賁，于義不疚。莫爲表之，何以示厥後？五章

爰加誄謚，慰其瞑魂。爰降奎墨，碑其寢園。爰褒忠節，廟祀國門。六章

南渡荒王，雖遭天絶。亦有賢督相，報國無闕。廩其耄親，大義烈烈。七章

底須辨亡，定論嵯峨。誰稱廢陵，天子所呵。遺民感泣，没世不磨。八章

明思宗碑文出自世祖御製，力言其非亡國之君。又爲葬熹宗、張皇后，並致祭焉。既賜甲申諸忠廟祀，各給田七十畝于其家。又賜史閣部之母宅廩，以終其身。皆培養元氣之盛舉也。嘗有稱故明廢陵者，聖祖斥曰：『彼身爲天子，誰其廢之。』

平賦 志除厲政也。六章〔校〕楊本、春雨本均無此篇。

昔明增遼〔校〕龍尾本作『邊』。餉，驟至八百萬。未裕邊防，〔校〕龍尾本作『未壯士氣』。反成〔校〕龍尾本作『釀』。寇患。『暫累吾民』，豈知〔校〕龍尾本作適以。滋蔓。一章 『暫累吾民一年』，明季練餉〔校〕龍尾本作懷宗詔中語也。〔校〕龍尾本注『暫』字上有『明季以邊餉故，有司急於催科，民多爲盜，及流寇亟，又增剿餉練餉』二十六字。

乃有真天子，應期而生。十三戎甲，所向無堅城。曰『朕知天意，將以甦疲氓』。二章

章皇入關，授之元輔。首收圖籍，袪茲疾苦。惟正有舊章，以告太府。三章 謂范相國文程也，事見本傳。

民惟邦本，斯王政之先。所以受命，夫豈偶然。本支百世，何必更卜年。四章

東南重征，相承累代。史賈以來，繭絲爲害。烈烈憲皇，蠲除清汰。五章

世世有仁君，以覆我窮黎。三江五湖，草木盡酣嬉。前史食貨志，似此者希。六章

馭奄 志斷也。七章

曰廠曰衛，明政之慝。廠蝕膏肓，衛爲之翼。宮鄰金虎，逞其大逆。一章

烈帝甫臨朝，退黜一空。俄不自持，死灰復融。竟以致敗，論世有餘恫。二章

天子東來，大反罷政。妖鳥之巢，埽除必浄。廓然宮府，一體無競。三章

流落十常侍，尚有餘梟。累降不恥，曰故司禮曹。謂曹化淳由賊營來。希圖得間，列于新朝。四章

汝幸免誅夷，尚不自媿。更譎譎訿訿，其又奚爲？并彼〔校〕龍尾本作『被』。衛人，遊魂共棄。五章謂駱養性，初用爲津撫，未幾罷斥。

如聞滇王，尚寵王坤。不覆車之戒，而故轍之循。固宜爝火，不克自存。六章

至今奄寺，薄充灑埽。雖有巷伯，亦安枯槁。殿陛雍雍，親宦官之日少。七章世祖恤王承恩，聖祖亦稱慈有芳，則又不以人廢也。

大度 志有容也。八章

伯夷采薇，定不可臣。商容長往，式閭空勤。成周之世，遐哉逸民。一章

黃綺出山，終有慙德；良黨入朝，斯遭論劾。乃知冥鴻，大半避弋。二章

亦有謝生，死于燕山；亦有戴生，死于長干。興王之勢，抗之則難。〔校〕龍尾本作『艱』。三章

新朝大定，搜羅耆宿。良馬素絲，偏于空谷。謂宜翩然，風雲是逐。四章

何期石隱，自外陽春。題詩義熙，紀歷咸淳。長哦老婦，或被吏嗔。五章

天子莞爾，其無强起。士各有志，諒難羈縻。朕有外臣，亦朕所喜。六章

土室李生，風裁何峻。翹弓不出，屬車下問。少微護之，罔遭悔吝。七章
千仞德輝，在蠱之上。不有大度，誰成天曠。上堯下由，千古相望。八章
開國之初，遺臣盡登啟事，其不出者亦不强。聖祖再召陝布衣李顒，不至；及西巡，特賜存問。其餘不能盡舉也。

孝治 志孺慕也。八章

大孝惟舜，達孝惟武。誰其參之，曰我聖祖。睠懷至德，不分今古。一章
溯厥嗣統時，問年尚少。雖曰守文事，亦同締造。神器克艱，敬承有道。二章
克肖于天，天眷始深。先皇所未竟，彌高且壬。以此慰聖善，聖善愜心。三章
慈雲曈曈，孺慕融融。一日三朝，定省兩宫。萊衣之舞，乃在九重。四章
四方玉食，問膳已甘之。時巡所得，驛進〔校〕楊本作『道』。必兼之。曰加飧矣，斯樂且湛矣。五章
泫然念臣僚，亦懷毛裏。胡驅馳疆埸，而墨衰非禮。其令解官，廣孝之紀。六章
乃開明堂，嚴父配天。萬國懽心，薦之豆籩。陋彼石臺，書何足傳。七章
太歲在玄枵，甲子重遭。曰有懷先皇，朕心鬱陶。吁嗟孺慕，萬古爲昭。八章
康熙六十年，臣下請行慶典，諭曰：『是皇考賓天之歲也，其無慶。』前此以四川提臣何傅之請，特許武臣終喪。

郤貢 志不貴異物也。七章

惟帝之初載，西帥獻珍禽。雕籠熠然，貯以南金。請懸彤墀，用表媚茲心。一章

珍禽能言，兼之殊色。以寫閒情，未傷盛德。宮門聚觀，曰百鳥之特。二章

聖質不好弄，得之自天。底須師保，加以防閑。皇皇明旨，一何凜然。三章

諮爾虎臣，巖疆所倚毘。職在繕軍，以消烽燧。朕不貴異物，莫酧爾意。四章

百僚〔校〕楊本作『寮』。在列，聞之驚愕。鸞集于廷，鳳巢于閣。共卜太平，萬物其育。五章

漢文返馬，史傳令名。晉武焚裘，世曰矯情。何如吾皇，得之妙齡。六章

是後諸臣工，莫敢進奉。國有常司，地有常貢。六十餘年，不啟淫壅。七章

事在康熙二年。其後大西洋國亦曾貢異鳥，諭曰：『屬夷遠來，拒之則拂其意，其置之上林，非尚之也。』事見御集，于此見上之整躬柔遠，並行不悖。

觀天 志神算也。八章

哲后聰明，得之天授。洞幽察微，靡所不究。乃至奧學，一空前後。一章

『周髀』『宣夜』，自古紛然。周公不作，商高失傳。遂令曆象，仍世謬愆。二章

上國乏材，求之海外。蠔鏡僑夷，自稱津逮。高坐靈臺，五官下拜。三章

間有學者，思綜中西。所見則是，其力莫幾。三曆同異，孰〔校〕楊本作『勵』。窺藩籬？四章

哲后曰『吁，〔校〕龍尾本作『諮』。朕足了之。周商之學，西人竊勦之。假而不返，莫探討之。』五章 古今鐘律、聲韻之學，宿儒多所未通，聖祖皆有獨得，而曆其尤也。

『爰持璣衡，籌算春容。測圓割圓，以次折衷。二十八宿，捫于朕胸』。六章

則有布衣，召對宣室。所見與天同，奏其著述。益喜不孤，重黎歎絶。七章

布衣之老，〔校〕楊本作『叟』。誰受遺書。有孫茫然，哲后爲『吁』。『朕其授汝』，即侍石渠。八章 謂今吏部侍郎梅瑴成也。瑴成未諳其祖文鼎之學，聖祖召入南書房，一一授之。

尊經 志聖學也。九章

昔漢諸宗，石渠觥觥。博士在列，各有師承。猶參緯候，擇焉未精。一章

唐之貞觀，始作正義，孔賈尸之，釋文陸氏。或嫌專門，多所芟薙。二章

天水新學，出于荆舒。牽以字說，〔校〕龍尾本作『識』。附會有餘。以致楊陳，抨剥紛如。三章

降而大全，采摭荒隘。尊經不善，適以滋害。聖學興衰，上關運會。四章

聖皇在御，奎婁降祥。祖濂禰洛，宗朱社張。六經心得，豈徒表揚。五章

乃簡侍臣，大披甲部。薈萃菁華，爬梳錯互。雖主宋儒，所戒在固。六章

墨守既除，諸家便便。有所未決，質之帝前。析疑糾繆，其言粹然。七章

書成齋沐，虔告北〔校〕楊本作『星』。辰。以示南車，正學所遵。郢書放之，燕説焚之。八章

皇皇四編，兼車莫竟。其芒則寒，其色斯正。但留三禮，以需嗣聖。九章

聖祖推崇朱子至矣，而論經間有不同者。世宗亦然。

視河 志土功也。七章

誼辟愛斯民，首諮溝洫。河防在望，時蒿其目。支祈雖縶，疏瀹恐未足。一章

由宋以來，水道一變。合淮于黄，漕卒之便。所關在太倉，以粒我畿甸。二章

載稽明史，曰宋曰潘。大小清河，實賴以安。其誰嗣之，春流秋汛念狂瀾。三章

帝累南狩，豈以事遊豫。四瀆混三條，職思其懼：『朕將荒度，纂禹之緒。』四章

『昔我有臣輔，于兹宣勞。三犀未泯，祀以中牢。乃相度高下，庶遏狂滔。』五章

河臣瞿瞿，凜遵天語。隄斯隝斯，不濫不淤。帝頻臨之，二十餘年慶安處。六章

沮洳父老，感誦神功。豈若漢武帝，負薪歌匆匆。遂探禹穴，以觀浙東。七章

河臣張鵬翮也，皆禀聖訓，得以有功。詳見世宗所作聖德神功碑。

久道 志純也。八章〔校〕龍尾本作『六章』。

三百有一帝，享國誰久長。所虞歷年，或以耄荒。始終一德，曰惟仁皇。一章

謂六十年來，憂勤如一日。體元已久，便安莫即。聞之尚書，所其無逸。二章

謂始勤終替，功或一簣虧。鴻業所繫，燕游可危。菁華易竭，莫過時而萎。三章

謂兢業依然，不知老將至。前途之計，後世之寄。耿耿此心，明命是諟。四章

謂易遯六爻，罔及大君。乃知乘龍者，焦勞没身。遺世息肩，古所未聞。五章　三章皆組御製七詢之語，此章則本之遺詔。

仰瞻橋山，遺弓在望。聖謨洋洋，讀之增愴。懸知精爽，于昭陟降。六章

綜覈 志敕法也。八章

昭代鴻業，三葉加隆。章皇定之，仁皇充之。豐亨豫大，天下攸同。一章

萌牙之生，每于極盛。敦裕之餘，漸亦爲病。道在更弦，因時立政。二章

張而不弛，莫克久持；弛而不張，馴至陵遲。一張一弛，文武之歸。三章

泰陵曰：『都，整我天憲，虺潛蠹伏，朕所畢見。謂姑容之，且成魚爛。』四章

『監于前王，亦豈有偏。以殷之肅，濟周之寬。水火互乘，補救其間。』五章

欺妄〔校〕楊本作『罔』。除矣，奸宄懼矣。門户苞苴，漸以去矣。泰陵曰：『俞，宜加雨露矣。』六章

『惟辟作福，惟辟作威，威之所董，福即隨之。民亦有言，吾今始知。』七章

政之未協，得易之震。亦既澄清，有孚勿問。聖人陶陶，援琴解愠。八章

息兵 志平戎也。九章 〔校〕楊本作『七章』。

昔我先朝，興滅繼絶。間有翦除，仍容餘孽。是以噶酋，尚全其姪。一章 〔校〕楊本末二句作『共歎聖人，徧覆萬物』。又無以下二章。

定謂革心，來享來王。豈期易世，又復鴟張。擾我番藏，窺我甘涼。二章

帝乃徂征，用安邊鄙。豈曰佳兵，事非得已。四十九臺，防秋所倚。三章

歸化之捷，已褫胡魂。桓桓額附，爲我虎臣。方需後命，次于北門。四章

諸將連章，請犁胡寨。冒頓可梟，曩霄可械。勞師一紀，芟除不害。五章

帝心忽動：『胡亦吾民。大舉且盡，殊非同仁。欲乘其釁，示之自新。』六章

『前者奉天，以討逆命；今者樂天，以宥反正。朕無成心，其又奚病。』七章 事見今上所作泰陵聖德神功碑。〔校〕楊本無注。

西酋乞附，遂靖狼煙。陽關蕩蕩，玉門平平。胡馬不嘶，飽芻而眠。八章

明年元正，〔校〕楊本作『聖節』。胡使來賀。舞干泱泱，泥首謝過，慚媿犬羊，未知天大。九章

置恪 志典禮也。六章〔校〕楊本、春雨本無此篇。

三統之禮，發自遺經。以存三微，其義最精。況復前代，系譜所敬承。一章

聖祖晚歲，燕居咄咄。云：『明末置後，大典有闕。安得象賢，朕心嘉悅。』二章

惟十有三陵，昌平在望。彼宗支十萬，夷于里巷。亳社之靈，誰爲主鬯？三章

憲皇體此，亟頒命圭。咨爾禮臣，選定宗枝。璽書寵錫，故國之輝。四章

國有五等，皆由勳閥。禮所不臣，孰與侯埒。徵文徵獻，尚無滅没。五章

肅肅振鷺，貞白乃襟。侯其敬哉，嘉命是欽。以報天子，以慰祖考心。六章

蕃部樂詞五篇

科爾沁國諸王歸命篇

有元之初，盡平漠北，以及西夏，咸歸疆畫。乃命宗王，芋區瓜疇，分地駐帳，頗擬列侯。中原雖

失，諸蕃自如，根蟠葉布，莫克翦除。謂成吉思帝，貽我世守，我將窺上國，以規舊有。文皇鑒此，三出不辭，究之土木，其患猶滋。嗣是以還，控弦列峙，郭畢茫茫，恣其虎噬。聖朝拓國，肇基大東，首先慕義，執轡以從。謂是真主，願輸死力，四十九酋長，叶于一德。遂平遼瀋，遂扈入關，遂盡東南，遠屆八蠻。沙漠無邊，歸我戎索，爰班命圭，列于封爵。〔楊注〕有王，有貝勒，有貝子，有公，其爵略與宗室等。帝曰：『休哉！故國之遺，孰如元大，而皆我歸。功在載書，恩羞賜券，永爲舅甥，以充屏翰。』〔校〕龍尾本作『藩』。

時巡篇

興安控北門，諸蕃仰都府，時聞我官家，輕行來避暑。地當四十八部道路〔校〕楊本作『里』。之中，古甌脱也。聖祖歲〔校〕楊本下有『嘗』字。駐蹕焉。豈徒謀避暑，即以當省方。大渠聞駕近，踊躍争來王。巍巍天可汗，不識狀何似？于我爲丈人，敢忽牧圉事。何以進行幄，挏酒兼黄羊，貴主親上酪，一一含笑嘗。何以充潔供，有花亦異姿，其名『長十八』，父老乞御詩。何以奉土音，敕勒歌嘹亮，用取備騎吹，其容良激壯。詔命大合圍，遠祖古蒐苗，和風護豹尾，天亦爲之高。莽莽白龍堆，牛羊漫川谷，屬以〔校〕龍尾本作『豈夷』。夸富强，即此徵茂育。暑退擬回鑾，諸蕃依戀多，天子曰：『往哉，朕其再來過。』

來朝篇

荒服如近圻，振古所未有，每當來朝期，分道入諸口。古北口、獨石口、喜峰口、張家口，皆所必由。理藩有大卿，早已命候人，沿途置供頓，直至蘆溝濱。官家正崇儉，不須諸方物，玄狐少爲貴，黑貂或數襲。敕曰：『天潢中，是多爾婚媾，其應爲主人，燕私昭親厚。』敕曰：『勳侍中，亦有爾種落，其應尋宗盟，相於互醻酢。』朝宁觀威儀，上林觀臺池，太常奏諸樂，以次觀百嬉。有時集郊關，大閱陳我武，方知禁軍雄，有力盡如虎。諸蕃稽首去，何幸見長安，長安如日近，祝天子萬年。

大護法篇

諸蕃之俗，黃教最尊，活佛出世，咳吐俱珍。天子從俗，亦稱護法，即以化之，勝殘去殺。活佛有言：『天降〔校〕龍尾本作『教』。文殊，爲我天子，仁徧方隅。嗟爾諸蕃，爲國門户，尚其一心，如子事父。』由來文殊，欲見則難，豈期今日，高坐九闕。活佛有言：『昔我本師，早知大朝，天命臨之。于今果信，相期千載，長荷聲靈。』闡教溥海，興州之東，招提嶙峋，諸蕃誦經，曰以溥仁。亦有彙宗，年年賜裓，諸蕃奉之，風雨和會。溥仁乃諸蕃所建，以祝聖祖者。彙宗乃聖祖所建，以集諸蕃者。〔校〕楊本無此注。春雨本注在篇尾。有善必録，達賴所以蒙褒嘉；有罪必誅，喇藏所以殲第巴；按第巴即諦巴也。活佛教忠，用報天子，方知法王，功在梵史。〔校〕楊本無『有善必録』至此八句。作『天子之仁，諸蕃所宗，活佛感之，亦復教忠』四句。

河套諸酋歸命篇

五原建置自主父，秦漢因之成沃土。三城卜築始韓公，唐世猶推保障雄。五代以還稍割裂，尚屬中原仗旄節。振武、天德屬沙陀，拓跋西分銀夏多。有明堡東勝，所得故城三之一，乃西受降城地。俄而棄不守，〔校〕楊本作『收』。籌〔校〕楊本作『防』。邊良以拙。堂堂余與王，于時號虎臣，乃祖葉盛言，内徙榆林屯。一朝棄地二千里，坐失嚴疆禍之始。搗巢搜套自此勞，關中歲歲成繹騷。一從夏曾議被絀，〔校〕楊本作『屈』，注一作『絀』。龍尾本作『黜』。天險遂爲諸酋窟。晚年畏插，〔校〕楊本作『晚年困察哈』。稍復來〔校〕龍尾本作『求』，注一作『來』。歸命，頗思報國，其如大運已不競。李自成入榆林，套酋思勤王而不克。聖朝萬國正朝宗：火篩、吉囊、俺答孫子各從戎；古禄王，長藩封，六『掌撒』，俱虔恭；東征西討，帖帖輸忠；月給俸錢，與諸鎮〔校〕楊本、龍尾本均作『吏』。同；花馬池頭，遊牧春容。套酋部落二十，分爲六『掌撒』，猶言六營也。

諸曲〔校〕龍尾本作『雜曲』。〔楊鳳苞注〕以上俱己巳，先生年四十五。

大佛牙曲

大佛牙，貯盤山，沙門所珍重，永以光禪關。天子聞之一軒渠：朕不惑茲腐朽餘，鍾離道上骨專車，子駟門外頭亦殊。怪民本沴氣，流傳則已誣。在昔聞尼父，所重非眉須，祇應持此誇侏儒。緬維萬幾暇，有時不廢貝葉書，閒情久已悟真如，究之經世嫌〔校〕龍尾本作『厭』。虛無。況茲荒誕物，譸張何足儲，嗤彼唐主殆至愚，鳳翔迎請同璠璵，謂堪獲福寧有諸！王言大，扶聖教，勒之三盤顛，萬古足有曜。御製講筵緒論有云：『釋道之書，皆嘗流覽，深知其虛幻，〔校〕楊本作『誕』。無益于政治。』又云：『釋道生生理絶，且使三才有時而窮。』

蔣山曲

神烈遺髯久寂寥，衛官〔校〕龍尾本作『君』。老死衛户彫，曲阿王氣黯然消，衣冠縱出遊，但有秋風號。頻聞降新詔，羣牧無許來山椒。阿誰凶謬希温韜，賢太守，一劍梟，珠襦玉匣幸不摇。時有倡開煤之説者，意在窺陵也。太守林公惡而殺之，見蜀人李長祥集。豈期故國遺，反容狶突恣焚燒，高皇嗔之跳而逃。己亥，海師至江寧，陵木爲一空，見魏禧集。中天六馭至，神光迓旌旆，盛德斯撝謙，旁行九頓不憚〔校〕龍尾本作『煩』。勞。睠茲弓劍地，穹碑奎墨何於昭，謂是賢主朕所豪，三百年祚非浪邀，忍令薪木蹔蕭條，咨史臣，〔校〕楊本無『咨』字，『史臣』二字屬下句。漫以深文嘲。熊相國進所撰史，于高皇有貶詞，聖祖非之。中山感歎開平泣，不獨秣陵父老戒采樵，吁嗟聖德如天高！

熱河湯泉曲

『捺鉢』消夏非徒然，因之講武兼行邊。苞符應運出醴泉，天心地靈一氣閒，陰火陽冰互節宣，曰涼斯涼暄斯暄。太平元化〔校〕楊本作『氣』。偏八埏，能令寒谷忘其寒，何況黼座所即安。金沙烝烝，玉液漣漣，以養和，以蠲煩，風生雲護神周旋。熱河初〔校〕楊本作『方』。築行宮，聖祖試泉，謂更得少暖則佳，俄而果暖，異事也。詳見御集。茲泉當絶塞，疇昔戈甲紛闐闐，清流如沸震不眠。時平中外爲一家，遂成名蹟侔驪山，華蓋臨之通層玄，天王燕坐日浴德，思深高誦湯盤篇。

射虎曲

帝合圍，發大黃，應弦洞雕虎，畢命中林旁。六日殪三虎，屬夷相告咋神武。昨西巡，射虎川名錫晉土，除民害，豈小補。帝曰『嘻，一夫之勇未足名，〔校〕龍尾本作『鳴』。偶然拾決朕不矜。昔踐阼，白額洶洶挾倀行，輔以豺狼當道横，吴耿鄭王俱猙獰，朕揮神臂，一一廓清。彼伏莽，寧驚情，惟夙志，在好生，五豝五縱雖充盈，所望騶虞爲休徵，庶物慈諒歸和平。』六十年，竟化成，馴虎來朝列四靈。

海運曲

天家六府八政正豐亨，箕風畢雨歲歲慶西成。東國忽告急，平壤諸道來乞糴。盛時一視還同仁，不惜星帆下析津。太倉之粟正紅朽，以拯阻飢亦何有。古于海運世有傳，用防災祲謀未然。有明末年亦及此，崇明奏議登舊史。見明史沈廷揚傳。是皆補救事匆匆，豈若于今力及海外之附庸。丸都城下風無阻，溳水梁水遼水程可數，九澴津口送歸櫓。澴水〔校〕楊本作『口』。見册府元龜，即陳壽志中之梁口也。誤音作過字〔校〕楊本無『字』字。實即過字。朝鮮王，椎牛祭父師，天子賜我明粢，孫孫子子世世報鴻慈。

永定河牐户曲

桑乾七輪承天池，比于朝那同神奇，遠從太原出馬邑，雲代百谷胥歸之。黄瓜阜北看夕照，㶟水來會何漣漪；飛狐關下清流好，潛龍出浦稱祁夷。笥溝東下合沽水，和會風雨環帝畿，湍流迅急良可畏，苟壅而潰非所宜。國家定鼎在燕薊，黄淮最爲漕運資；桑乾密邇注都會，疏導能無勞聖慈。先皇荒度功，瘖痳先河堤，時分黄淮憂，以奠桑乾基。六龍指示處，足爲秦冰梁豹師。『河底貴深河身直』，斯言千古無更移。永定河工，聖諭也。近郊已築柳坌險，上流還置石景祠。事見世宗御集。斯民歲歲謝河神，豈知天子溝洫勤，一陂一牐皆皇仁。

跳神曲

跳神東國俗，不載舊禮經；雖非祠部掌，要亦關獻徵。力能消災沴，道在凜神靈，是以主鬯者，卜日眂事必竭誠。堂堂白虎君，午夜來降庭，一尊湯子酒，釀比黄流清，飛石黑阿峯，粢餌有佳名。黏米糕也。糁以豆粉，蘸以蜜，如黄玉，其名甚新。見山陰楊賓柳邊紀略。女巫選宗婦，距躍擊鼓兼振鈴，餕餘期饜飫，即以飽明馨。禮自天子達，亦復親割牲。禮成還拜賜，福胙大充盈，篤祜我宫府，餘澤遍及公孤卿。每宫中跳神，必召三品以上大臣上殿，侍坐食肉，食畢，賜幣、賜果而退。

鮚埼亭集卷第二

〔楊注〕此卷賦四首皆擬應制者。

賦一

皇輿圖賦 有序

成周大司徒，掌建邦之土地之圖，周知九州廣輪之數，辨其山林川澤丘陵墳衍原隰之名物，土會土宜之法。而大司寇之屬職方，掌天下之圖，辨四夷八蠻之人，九州之國，使同其貫。大宗伯之屬保章，以星土辨九州之地，所封之域。大司馬之屬司險，掌建九州之圖，周知山林川澤之阻，達其道路。大宰之屬司書，又以地圖得知山川之數。經野之學，見於官禮者如此其多，然猶未溯其原也。在昔風后受圖，方州始定，蓋世遠莫得而傳。至若聖人作易，仰以觀天，因吉凶而得象；俯以察地，即圖書而作則。所謂圖者，山川險易，星土分合之圖是也。所謂書者，貢賦多寡，九等之書是也。圖之繫以河，書之繫以洛，則以天地之中，實在河洛之間。其中南北高深之故，聖人所則，猶之吉凶之象，聖人所法，蓋不離乎周官之載者近是。漢人雜於緯候，於是以馬毛之旋，龜文之折，浮河溯洛者當之。果爾，則吉凶之垂，亦當爲隕石之屬，而後可摹擬以入易乎？惟其爲典籍之最重者，故顧命與大訓並陳東序。宋人愈遠愈失，以繫辭五行生成之數列爲圖，以九宮數列爲書，無惑乎窮經之士之嘵嘵焉。且夫圖書歷有原委，穆王大朝黄山，披圖視典；而蕭何得秦圖書，以具知天下之要；孔安國爲博士，具見圖書以注遺經；即武皇亦據圖書以知河源，班固亦本圖書以成地志：蓋皆河洛之舊本也。典午以降，周秦祕書既絶，司空裴秀按漢人括地諸雜圖粗具形似，不爲精審，於是作禹貢地域圖一十八篇，其體有六：一曰分率，二曰準望，三曰道里，四曰高下，五曰方邪，六曰迂直。圖學之大概，略具於此，而以二寸爲千里。唐賈躭作海内華裔圖，縱三丈三尺，廣三丈，率以一寸折成百里。宋之祥符李宗諤亦嘗作圖。其後稅安禮亦作地域指掌圖。元則臨川道士朱思本作輿圖，參之梵人帝師之祕圖，與宋舊圖互譯而成，蓋用功十年，而自謂無憾。今世之所存者，勵有此本，而亦多爲明人轉相增竄，名以己圖，獨計程畫方之法猶遵其舊耳。明嘉靖中，山陰周繼志地圖，極爲世所稱，縱八尺，横二丈，每方百里，今已鮮足本。三古圖書之精意，誰克紹之？且夫圖學固難，而其中以星分合方域爲尤難。自古學失傳，康成謂堪輿所載，皆非周禮之法，而自漢志而後，有以十二分野配十二國者，有以二十八宿配諸國者，有以二十八宿配十二州者，有以北斗七星配七國者，有以二十八宿配禹貢二十八山者，有自邶鄘諸國而下皆配之者，其説之支離誕妄，莫可究詰。明初亦有清類天文分野之書，不過以舊説附會而已。孰若聖祖皇帝陋術數之妄傳，成函夏之通譜，上參夫萬五千里之升沈，下綜夫千八百國之廣袤，蓋先聖先王河洛之傳，由此代興。以臣所見，賦此圖者，大都侈張版章之四闢，而至於著作之精，則莫有能爲之發揚者。乃拜手稽首，而爲之辭：

蓋聞神禹敷土，功成四宅；厥有大章豎亥，以步八極；由來天壤之廣大，雖上聖不能以懸測；苟非目驗，無以登史官之籍也。然彼其察地而觀天，如芋區而瓜剖；既求合于寰海之綜羅，復取必于豪芒之備悉；斯則雖輶跡之徧周，〔校〕楊本作『滿』。或不能窮其界畫。古人日遠，精義難詳：分辰渺渺，分野茫茫；祝融顓頊之墟特其略，臺駘閼伯之籍且漸亡；禆竈梓慎之言不可究，費直劉向之説誰最長。而況乎窮騶生之瀛海，申郭璞之大荒。固宜南人則駭夫鼇足，北客則昧夫浦陽。是以後有作者，多走且僵。

神聖挺生，苞符有曜；蒼精孕靈，黄牙〔校〕龍尾本作『芽』。抉奥；上契昊穹，下諧富媪。九野三辰，捫胸可照；六狄五戎，梯航畢到。漢典唐經，藐不足道。乃以睿謨，而成鴻裁。本周髀之微言，通泰西之障礙。方田、方程之術雖遥，平方、立方之旨未晦。九章可乘，六岦不害。三隅所反，五曹已在。歷數既以肉貫弗，輿圖亦連珠入琲。隸首運籌，商高經界；桑欽郭璞測其原，闞駰酈元别其派；婆羅門通其郵，利瑪竇觀其會；張騫探源，玄(裝)〔奘〕從嚴校改。志概。以中西會通之算計地里，故雖窮鄉僻社無爽忒者，從古所未有。至掃除前人分野之説，但依度而推，則尤爲不刊。〔校〕楊本此注在下『地得水而載』句下。誰謂星遠？可算而備。誰謂津遠？可計而逮。量天則垣次立成，度地則疆理罔戾。既盡掃夫蒼帝、赤帝、白帝、黑帝之支分，遂遍歷夫深土、升土、成土、信土以行邁。中以爲輿，邊以爲蓋。乃益信夫天之乘風而浮，地之得水而載。

今夫暘明幽昧之度最不齊，山川原隰之區亦多隔；内衡、中衡、外衡之程各分，南洲、中洲、北洲之勢互易；或以順舒，或以逆闢；左寒而右涼者，天之所虚；右熱而左温者，地之所厄；兩遥而一近者，廣無可裁；兩近而一遥者，輪無可益；是皆良工之所臨卷而經營者也。

而乃方員肖其區，盈縮協其度；從横當其程，施受諧其勢；三百六十度爲大圜，三十有二篇爲分注；析之如碎金之各致其精，合之乃完璧之共成其聚。一鄉一亭之罔遺，一關一隘之有據。不須屑屑於五洲，底事區區於兩戒。三條之脈未該，九丘之文如遇。三十二圖，合之可爲一圖，分之雖一府亦可爲一圖。其細如繭絲，真神手也。天門更無上可尋，地户更無旁可覷。斯真曠千古而誰同，抑亦俟〔校〕楊本作『視』，注一作『俟』。百王而莫具。

且世亦烏知夫先皇觀察之神也耶？在昔萬機之暇，游心經苑。石渠燕御，折衷譌舛。太乙之藜，榮光高遠；汝羲朕虞，各秉斑管；敷言之出，彝訓所選；試舉一二，天驚石轉。彼夫堯典，分州以十二，而遼海羈管于東青。越海爲境，民莫能名；亦粤後王，分州曰營；有周并合，以幽同稱；兩漢而降，分州曰平；其于度屬之故，終弗能明也。不知導山有原，一氣煙煴。長白之峰，岱宗所因；旁皇乎舊都，斜出乎析津；乃飛渡於金復之島，膠萊之湑。帝出乎震，人生乎寅；惟彼大宗之自出，所以爲六嶽之君。斯其神悟，誰克敷陳。太山發自長白，斯上古青州之所以統轄三韓也。榕村李氏欲申明聖諭，而不得其説，不知原在舜典中有之。『出震、生寅』，御製東嶽廟對句也。

大江之出，舊曰岷山；或者疑之，莫配河源；乃指金沙諸水，以臆爲言；荒荒徼外，安所覽旃？不知出于河源之西，遠在諸番；〔校〕龍尾本作『蕃』。金沙諸水，次第歸焉。若其阨塞，乃在〔校〕龍尾本有『其』字。黄勝之關。即岷山。蓋自西師告捷，使節嘽嘽；古所未至，盡于極邊；而後探討，罔不了然。三危苗裔，諸説紛綸；昆明居延，人各有云。不知出乎甘肅，直接滇雲；瓜沙西峙，緬甸南分；當年吐番之建節，鐵橋所屯；三藏鼎足，以相爲鄰；斯即三危，得所未聞。三危即今西域之三藏，番僧實苗民之裔，聖諭兼取證于佛經，其博也。

乃若俄羅遠絶，奉我王路；始獻輿圖，古所未覩；其去北極，不過廿度；爰識鼢鼠，格物之助。是則因會同之閒情，參要荒之掌故；廓千古之見聞，而正昔人之譌誤者也。

于古鴻蒙蕩析，神禹甸之。于今海宇清晏，聖主闡之。皇皇是圖，精深簡練。斯爲寶書，二儀永奠。自古有作，輸兹盡善。聚米可觀，畫沙可踐。獨憐小臣，披圖易眩；俯察未能，揜卷三歎。以藏清廟，以陳明堂；以頒太史，以詔職方。又何藉乎馬毛，又何藉乎龜文；懸之河洛，上燭蒼旻。括地之象，推度〔校〕龍尾本作『地』。之占，方斯蔑矣，應自媿爲小言之詹詹也。

國書賦 有序

國書之作，超出于前代女真、蒙古諸種者，以其與等韻古法盡符，斯爲神籟。然不讀聖祖御製音韻諸論，不知也。同館多有習此者，相約賦之，媿其文不足稱也。

粵若陰陽立天，剛柔立地；一闢一翕而律以生，一唱一和而吕以比。或旋發而遽收，或先開而後閉；斯化育之神機，日流行而不滯。是以其音有七，其聲有四。聲以爲經，音以爲緯。經以縱行，緯以横綴。子母互權，各從其類。然而羣生蚩蚩，誰啟其祕？一生史皇，再生倉帝；雨粟扶雲，靈徵可紀。誰爲法苑，别傳職志；曰梵曰盧，有長有次；語近不經，事非所自。但其肇始，實分門例：右旋左旋岐其趨，下行旁行殊其勢；或就聲而借，或即音而備；任聲則字以多而始通，任音則字雖寡而可會；或正錯以成文，或偏纏以立體；文則極變蕃〔校〕龍尾本作『蕃變』。于點畫，體則分屈曲於比議；各擅專長，並臻精詣。豈知婆羅門之傳日以謬，反覺許叔重之徒有未逮；試觀三十六字之可循，遂屬一十四部所不廢。是以切韻之行，竟成象類之髓。斯則耳根目根之功德，或不能不參之西竺，以舉其大致，而通儒夾漈之徒，皆爲留意者也。然而屬國之風土不一，故其文亦不齊。不見夫鴻臚所掌，翰林所司；鐸袞信寧所共作，谷神合剌所分摛；八思巴所專造，畏兀兒所兼施；勃海所通隸，夏州所別垂；驢脣所肖，蓮葉所鼇；符篆所象，半隸所規；其種錯出，其狀紛披。試尋舊籍，以及殘碑；蓋王會圖中之變態，差足擬其奇也。揆之古法，非盡無稽；特其所至，有合有離。外蕃諸書，亦間有與古韻合者，世多弗知。知元符之所鍾，必有待于昌期；至我國書，始克應之。

在昔風雲初起，制作堂堂；赤文緑字，迭貢其祥。惟兩文成，不亞朱〔校〕龍尾本作『宋』。襄；一曰達海，一曰額爾德宜，皆榜式制字者。或作或述，接武擅場；治官察民，王廷以揚；直追古初，精意渾茫；如蟲如鳥，以發天光。時則長白之山兀兀，鴨緑之江泱泱；互嶒竑而鏜鎝，效神助而〔校〕楊本作『以』。呈寒芒。博討於〔校〕楊本作『乎』，注一作『于』。一合、再合、三合、四合之旨，上參夫二體、六體、八體、十體之長。汗流次仲，空傲嬴皇。雙翩匆匆，遁逃何方。其綱三十可舉，其目二百可張。爰布九垓，以訖遐邦；用書制誥，兼摹印章；極之奏疏幡信，無往不臧。乃命詞寮，部帙必良；以編日講，史則紫陽。更有文鑑，石渠之藏，設科取士，上儗漢唐。有如説文、字林，莫敢謬忘；館閣新進，亦復無荒。然而其中奥論，則欲家諭户曉而未遑也。

迨夫天語指示，直破玄關：謂喉音最初之五字，實爲聲氣之元；彼諸部之相生，皆於此乎發端。其四聲之諧此者，蓋亦至尊而莫干；諸韻之切，弗敢加焉；擬諸黃鐘之不役於他律，即以之定管而無難。彼千年之疑竇，遂解滯結於連環。即支齊微七韻無頭之説。更連音以紐切，又足定等於不刊。蓋聞詳等而略韻者，宋時康節之譜；詳韻而略等者，近人亭林之編。其功雖密，其法尚偏。孰若國書之獨擅，兼二者而俱完；較若置掌，洞如隔垣。三蒼雅之所未發，三菩提之所未宣；萬聲具舉，萬音可殫。彼鮑卿之雜朶目，蓋渺焉其抱殘。而後知天下之聲，出于喉以啟其籥，亦收于喉以握其閑。何以定母？即取其能生本音者而自叶；何以定韻？即擇其能收本均者而罔愆。緩讀之爲二字以互括，急讀之成一音而了然。清聲之字則本韻之影母所攬，濁聲之字則本韻之喻母所甄。是則合聲之法，所以爲和而無戾，簡而不繁者也。然向非神明之天縱，一一呈露其淵源；誰指示夫秩宗，以大闡其微言。謂尚書徐文靖公，其小學爲二文成公之後第一人，詳見所輯音韻闡微。

嗟彼穉蒙，未函雅故；干禄負慙，署名失措；既闕荄茲，旋差杕杜；馬不足一者喪其全，虎有蹄六者乖其數；二首六身之未通，一束兩縫之莫諭；舟二閒則失偏旁，門五日或迷推步；味緋衣之小兒，訝黄絹之幼婦；柳卯雖同，焉烏易誤；疊韻未解卑棲，雙聲致疑互〔校〕龍尾本作『回』。護；龍龕之鏡未諳，蠟頂之話誰〔校〕楊本作『難』，注一作『誰』。遡？有孤識字之名，何補同文之祚。方舌撟而目迷，安定居而分部。詎知菁華之不朽，遠軼乎先民之舊製，好古者罔疑，問奇者小悟。豈勵如拓跋之附解於史篇，直足令揚子之力窮於油素。

五六天地之中合賦 有序并跋 官限『敬授民時聖人所先』爲韻。〔一〕

〔案〕杭世駿詞科餘話載此文，兼據以校。又凡韻，於字旁作△識之。

『五六天地之中合』，當是古語，漢志、唐志並引之，而其解不同，亦各有失：漢志既以天五地六，各居其中而〔校〕楊本作『爲』。合，乃又引左氏之六氣五味，而證以國語〔校〕餘話作『別傳』。天六地五之文，其意乃以天五地六爲中，天六地五爲中之合，析中、合二字爲兩層。〔校〕餘話此下有注，作『注中但解第一層，而無第二層』。但考天六地五，其數見于素問，而素問在七略不載其目，頗疑晚出，未知其即國語所指與否？〔校〕上一句，餘話作『則志中所引，未知何據？』若以素問之六氣五運言，則以水、火、金、土各一，而火獨兼兩，〔校〕餘話作『火獨有二』。故曰六氣，其與左氏之陰、陽、風、雨、晦、明不同。要之，兩書所云皆別爲一義，無關五六中合之旨。天道固〔校〕龍尾本作『故』。下濟，而正不必以其數之偶合于地者當之；地道固〔校〕龍尾本作『故』。上行，而正不必以其數之偶合于天者當之。漢志强爲附會，似巧實支。深寧王氏困學記聞竟謂左氏之説，即素問之説，亦因漢志而誤也。唐

〔一〕〔馮注〕：此文杭世駿採入詞科餘話卷六，其前引言：『鄞縣全祖望撰詞科擬進帖子，援據精核，爲召試諸公所不能及。時全已官庶常，不與試。』楊注：丙辰年三十二。

志專主大衍，即以五六之中爲合，盡芟〔校〕餘話作『洗』。漢志枝葉之語，所見是已。而又〔校〕楊本作『夾』。餘話作『又』。用六日七分之術，謂一月中五卦即天策，六候即地策，則其謬也。總之，五六中合，本屬大衍生成之數，而五生音，六生律，曆家由此而出，更無可旁牽者。予因詞科出是題擬作進〔校〕楊本下有『呈』字，提行。卷，先據唐志以糾漢志，又代漢志荅唐志，得二首，而序以先之。

聞之凝績在于撫辰，授時必先居敬。順九紀以窺化工，審七衡而求元命。天效其景，地效其響，機緘出而理可推；天流其苞，地流其符，法象昭而數可定。一先一後，陽布德以乘權；有屈有申，陰含章而聽令。二始則曆本之所自生，二終則閏餘之所由剩。二微則尚蘊于蒙，二章則漸趨于盛。而要之自一而九，誰爲之樞？自二而十，誰爲之枋？是以參兩備而五位于焉錯行，兼兩成而六爻于焉互應。蓋十一而奇偶之數皆含，亦六十而參伍之機以竟。

爾其求天元，定蔀首。五十五位之用可循，四十九莖之策可授。磅礴縱觀，微茫細剖。五與五相守而音以分，六與六相同而律以就。音治陽，律治陰，五六各擅其〔校〕餘話下有『專』字。官；音司日，律司辰，五六各求其〔校〕餘話下有『配』字。偶。中宮則八十一分之積，窮極忽微；黃鐘則三寸九分之含，并包羣有。以音求律，莫非曆數之周分；以律審音，即爲曆家之統母。閼逢當夫乾位，甲而兼壬；星紀宅于坤維，子而居丑。蓋言乎五六之用，實貫始而徹終，亦縈左而拂右。是知數之紀三而變七者圓，而神惟五是衷；數之紀四而變八者方，而知惟六是紐。藏往于五，〔校〕餘話作『由五而逆溯之』。原其妙以

〔校〕餘話作『于』。兩化一神；知來于六，〔校〕餘話作『由六而遞推之』。極其變以〔校〕餘話作『于』。虛十盈九。雖音與律爲有常之用，總不外于下損而上增；日與辰爲至動之機，或不免于盈前而縮後。幾疑夫積分之易差，定時之難狃。要惟此中德之渾侖，常見其合符于永久。

粤稽古史，代有先民。謂夫律曆同原之祕，實即乾坤成化之門。挂象三而揲象四，其由始而中〔校〕餘話作『終』。者以合而備；蓍以七而挂以八，其由中而終者以合而神。立之爲度，秉之爲鈞。〔校〕餘話作『均』。律通于易，宫〔校〕餘話作『元』。聲所以周于一十二辟；曆通于易，策數所以遍于三百六旬。天地之心于此而見，人神之極于此而分。

是故天中之策以求卦，地中之策以定時。卦之周於六十有四者，如碁之布；時之運於七十有二者，如輪之馳。内卦之策爲貞，外卦之策爲悔，一貞一悔而節候定；中氣之前以增，中氣之後以減，一增一減而秒母〔校〕龍尾本、楊本均作『忽』。齊。卦十其六，而四爲餘，則分至啟閉爲之籥；時倍其五，而二爲寄，則東西南北補其維。蓋合二策而均於六百，即通全策而協于當期。

今夫運行之度見于天，幽贊之功歸諸聖。將以御大中之鈞，應春和之令。〔校〕餘話作『完保合之性』。則審音期于克諧，治曆要于各正。責太史之攸司，〔校〕龍尾本作『同』。戒四鄰其〔校〕餘話作『以』。汝聽。或以天之數合于地六，日辨而歲差齊；或以地之數合于天五，夜分而刻漏罄。〔校〕以上四句，餘話本無。彼三統而後，爭校短而角長；五紀以還，亦互負而更勝。是皆未操乎五六之宫，以求其中合之并。是以朓朒之易淆，疾徐之難靖。

若夫天或以六爲制，地或以五爲均。氣至六期而一備，運逢五歲而一巡。〔校〕以上四句，餘話作『彼夫天以六爲制，則氣至六期而一備；地以五爲節，則運逢五歲而一巡』。此乃素問變遷行度之序，而非大易生成相得之論。至若以六氣之發散，成五味之氤氳；則又左氏之偶紀，非軒皇之所陳。雖於陰陽化育之功，皆別有徵而可信；而于律曆循環之故，未免稍疏而不親。彼徒見其數之適合，遂以爲其説之可因；又烏知夫兩家之錯見，原無當于中合之互文。〔校〕以上四句，餘話作『蓋五音之所出，固同其脈；而六律之分紀，未得其因。豈容以五六之錯見，遂據爲中合之互文』。吾故謂漢志之言稍鑿，未若唐志之議有倫。彼折衷于長曆，尚無墨守夫〔校〕龍尾本作『于』。疇人。

方今皇上，正南面以繼離，奠北辰而居所。五事協而化育通，〔校〕餘話作『嘉祥歸』。六順成〔校〕餘話作『六峑諧』。而慾伏杜。反商下徵，俱本元氣以鼓文明；小素大林，皆合中聲以消惰窳。〔校〕以上四句，餘話作『五服五章本天産，以資文明；六德六情本地産，以消惰窳。』于以勤民之宜，于以篤天之祜。相風之烏和鳴，跳辰之龍就撫。

方且追蹤姚姒，接武羲軒。參悟于〔校〕餘話無此三字。先天、中天、後天之〔校〕餘話無『之』字，有『歸吾』二字。心畫，會通于〔校〕餘話無此三字。交朔、交望、交率之〔校〕餘話無『之』字，有『别有』二字。真傳。握五弦之遺徽，聲以神運；布六觚之妙算，意在法先。又何有于徑圍未合之説，與夫〔校〕餘話無此二字。中西未

右賦據唐志糾漢志

定之編。

溯夫精氣結而爲三辰，躔度昭而成七政。理乘乎氣，象數皆至道之紛綸，歲紀夫時，律曆本一元之合并。參天兩地，四象之策所生；十圖九書，八卦之爻以定。一、三、七、九主乎奇，五爲之宮；二、四、八、十主乎偶，六爲之柄。神行者五，鬼行者五，五位相得而清濁分；雄鳴者六，雌鳴者六，六管相乘而倡隨盛。蓋音生于甲，六十調迭用其剛柔；律生于辰，十二均互爲其動静。斯在若時者罔敢不欽，而敕天者其疾用敬。

今夫軒轅之世已遥，泠倫之書誰授？而驗〔校〕餘話作『問』。葭灰于河内，則節可坐而推；定〔校〕餘話作『驗』。秬黍于羊頭，則法可立而就。五兼二變而爲七，下宫上宫之無愆；六以三分而得八，正聲變聲之遞奏。至若五音各有倍，而減清聲之一者，〔校〕餘話作『而清聲少其一者』。用九之首所以虚；六律各有同，而增準弦之一者，〔校〕餘話作『而準弦多其一者』。歸奇之扐〔校〕龍尾本作『初』。所以侑。是故以審音者審運，五德各嬗其虧盈；以分野者分辰，六辟同徵其休咎。日以一十有五而轉者，五之以三而乘；時以二十有四而完者，六之以四而究。蓋〔校〕餘話作『彼其』二字。天中則譬之璣衡七宿，罔或畸東而畸西；地中則擬諸躔潤三塗，不須卜左而卜右。斯固極之元會運世而匪遥，抑亦質之度量權衡而不謬。

今夫一元資始，十日成旬。前茅以生數相比，後勁以成數相鄰。〔校〕以上四句，餘話作『今夫一二爲始，不過生數之相比；九十爲終，不過成數之相鄰」。若五乃于生數爲已屈，六乃于成數爲方伸。〔校〕餘話兩『乃』字皆作『則』字。生之已周，有資于庀材之力；成之伊始，未離乎毓産之因。一減一增，忽爲同位；或進或退，與爲互根。當其兩儀翕聚，一緘絪縕，錯行有道，交易有門。下降者非故爲貶，上騰者非妄自尊。睢睢盱盱，輪輪囷囷。蒼精見于九道，黄牙徧于八垠。哲王有作，丕示烝民。定爲音者以通乾，成爲律者以流坤。始于一，〔校〕餘話下有『而』字。終于九，〔校〕餘話下有『者』字。積之即重五之所出；始于二，〔校〕餘話下有『而』字。終于十，〔校〕餘話下有『者』字。積之即重六之所分。而于是合而求之，五行實兼乎六府，六事皆運于五辰。本天則二十五絲之各協，本地則三十六宮之皆春。〔校〕餘話無以上兩句。斯晷儀〔校〕餘話二字作『璣衡』。曆象所以起，而紀元章蔀所以神。〔校〕餘話作『尊』。

是故觀象則取其至著，備數則取其至齊。生于東而竟于冬，吹律必期其順序；明者孟而幽者幼，推策尤泯其參差。分七十二候以成期，昏中旦中之有度；通一十九章而置閏，大餘小餘之有時。苟稍滋其補湊，即不免于支離。

況夫五六之數本相調，〔校〕楊本、餘話均有『而』字。中合之幾無偏勝。五土之奠定，地合于天者罔差；六幕〔校〕龍尾本、餘話均作『宇』。之周流，天合于地者畢應。故氣之應日而盈者，于五稍過而非有餘；朔之應月而虛者，于六稍歉而非不競。本之真宰之運，所以上協夫太虛；著爲斯人之程，所以仰承于上聖。至理不假于旁求，要術不勞夫曲證者也。

若夫六日七分之術，一月五卦之文，京房首爲列算，揚雄于焉錯〔校〕楊本作『臚』。陳。卦之以五而周，既難辭于紛錯；候之以六而判，實難解于區分。然則唐志之取衷于大衍，雖已符乎舉正之旨；而其標示夫中策，尚未見其說易之醇。蓋自七緯之遺言，流傳莫辨；漸與四聖之奧旨，混沓同論。彼中孚之居首，漫皈依于大易；〔校〕餘話作『將序次之安行』。笑月令之改本，乃勒石于成均。斯乃八能之士〔校〕餘話無以上二字。所未盡究，九術之客〔校〕餘話無以上二字。所未盡甄。〔校〕龍尾本下有『而』字。其與互易夫五六之說者，總之無見于中合之真。彼司曆之附會，能無貽誤于後人。〔校〕以上兩句，餘話作『敢效忠於舊史，非妄訾夫前人』。

惟我皇上，知崇禮卑，周規折矩。〔校〕以上兩句，餘話作『知效崇而德效卑，圓象規而方象矩』。通八十四聲之妙，〔校〕餘話下有『理』字。不逾五節之循圜；合五十二家之遺，〔校〕餘話下有『言』字。以推六物之齟吾；猶復有嚴居心，無逸作所。迎寒、迎暑、迎日、迎月之祀，上符乎六氣之温涼；膏薌、膏羶、膏臊、膏鱻之宜，下調夫五味之茹吐。斗杓色正，玉燭芒寒。衡量自心，豫調濟〔校〕楊本作『劑』。於濁長清短；樞機在手，詎轇轕夫月後日先。皇極之時咸若，泰階之符畢宣。固宜其〔校〕餘話無此字。陋六甲之四十二軌，而黜五子之一十八篇。

右賦代漢志答唐志

予既撰二賦踰年，偶記漢史翼奉傳有以五性六情配律曆之說，因考之。其謂『六情配六合，五性配五行。觀性以曆，觀情以律』，又云『陽用其精，陰用其形。故五臧六體，分象天地』。翼奉爲齊詩，此乃轅固之説也。然亦並不以左傳、素問及卦氣之説參乎其間，乃益知漢唐二志之牽合，而予言之不妄云。五性六情，見于古本禮運。

鮚埼亭集卷第三

賦二

國子監石鼓賦 有序并跋

石鼓在唐以前弗著，其以爲宣王時者，始于張懷瓘。然張氏以爲諷宣王而作，未嘗以爲美也。使其果諷，恐其不可勒之石矣。韋應物以爲文王詩，而宣王勒之。夫詩中曰『天子』，曰『王』，果爾，則受命改元之説信矣，此又誕妄之甚者也。韓退之而下皆以爲美宣王。夫不問爲美爲刺，必不應雷同于車攻之篇。董彦遠、程泰之以爲成王，則因左傳、國語蒐岐一案而依附之。獨孫漢公不取此鼓，而未有所以暢其詞。歐陽兗公則疑之，而又以唐人之故不決。南渡以後，鄭夾漈以其合于秦斤、秦權，而以爲出于惠文王之後，始皇之前。鞏仲至又以爲獻公之前，襄公之後。但讀其詩，亦不類秦音。馬薺堂以爲北周所造，則研北雜志又辨之，蓋莫能有所折衷也。楊用脩初亦謂其僞，以其文類小篆，是已。乃其後反僞作東坡本，託言尚有完文，是則老而耄者歟？明末韓寄菴〔注〕名洽，字君望。始力詆之，其作石鼓歌有曰：『古人制書法有六，形聲象意非徒然。及觀此鼓殊不爾，文繁意晦徒支駢。是皆秦皇、漢武代，古籍焚滅成寒煙。謬書僞器旁午出，後人誤信何拘牽。』可謂獨掃一切。而顧亭林亦謂其詞淺近，不類二雅，有鋪張而無意味。萬季埜辨之尤力。此可以確然知非三后之物。而予更有進者，古者天子諸侯，有畋無漁。觀漁，非可歌咏之事，此尤不攻而破者也。萬氏主薺堂之説，予謂石鼓既僞，〔校〕楊本二字作『既不足重』。則亦不必深考其何人何代，因爲之賦。

我來日下，敬謁成均。乃從戟門之側，得窺石鼓之文。曾聞昔人之歌詠，以爲石墨之奇珍：或擬之虹紳結絡，或比之瓊樹紛綸；或歎爲斷釵覆釜，或賞爲切玉鈎銀。精氣旁孚，臼科所不能毀；寒芒夜朗，濟河所不能淪。上應黄姑之宿，不推記里之輪。列在三雍，猶是靈鼉之遺制；以臨多士，不須桐木之多聞。將尼父編詩之所失載，熹平刊石之所未甄。填兼金以矜貴，登内府而嶙峋。四百九十餘字，佛龕留其遺跡；二千七百餘載，藝苑滋其傳聞。然而僕竊有疑，未敢漫云。

蓋嘗摩挲斷簡，沈繹殘觚。不特文訝其未合，抑亦事誚其不符。彼其序將帥，導師徒。若華載路，叢棘攸除。左驂右驂，王用三驅。是謂大蒐，宜駕我車。若夫魴鯉稠疊，楊柳紆餘。泛新水，求嘉魚。

烹鮮作供，大陳菭菹。是謂遂事，由畋而漁。

夫度軌量而後講事，昭物采而後取材。一步一趨，史臣所紀；不軌不物，大君弗懷。是故三年而治兵，軍實以數；四時而講武，農事罔乖。以修三品之資，豆籩以備；以作六軍之氣，步伐以諧。斯狩獵所以不流于禽荒，而夏官之職所必該者也。山林川澤之需，委之下吏；斧斤罔罟之用，屬之輿臺。百金之材。雖可張而取；萬乘之駕，不可辱以來。斯固在不舉之列，而澤人之所獨裁者也。

今也水陸並馳，禽魚交踐。取材惟恐不多，〔校〕楊本作『宏』。盈庖惟恐不腆。其究也，乘馬以涉而漲可虞，並舟以歸而途又遠。幾好樂而或荒，迨流連而忘返。貽君子之深譏，違先王之令典。彼略地而觀魚，隱公尚以爲觍；臧孫抗論于中庭，太史大書于汗簡。迨泗淵之偶濫，則里革之直言難免。冬薦之期既過，夏槁之令未展；曾是滈池之哲王，乃恣情而游衍？夫季冬而射魚，勤天王之翠輦，斯淮南時則之訓，所以駮而舛也；禽殫而中衰，乃嚴淵之是犯，斯揚雄羽獵之諷，所以絞而婉也。而謂以尹佚、史籀之徒，亦復著聲詩而勒貝碶。吾故以爲贗鼎之傳，誰則信爲景鍾之選。

況乎二雅具在，大篆可追。以視車攻、吉日之作，直是巴人下里之詞。而史籀之遺法，乃下鄰於相斯；質之秦權而字偶合，按之秦風而音又違。斯則譌謬之昭灼，闕失之緐滋。進退失據，鑿枘不齊。已見于前儒之所論，不待于下走之所疑。

至其縫五羊以爲皮，集千狐以成腋；笑取材之紛挐，陋行文之割裂：『于水一方』，本之蒹葭之章;『爲三十里』,見之噫嘻之什。『翦伐勿加』,則甘棠之思也;『小大具來』,則泮宮之列也。彤弓矢以錫公侯,不聞施之燕遊;相陰陽以卜都邑,不聞用之漁獵。如斯者蓋更僕而未完,而非徒蹈襲于東都會同之作。

今夫神禹岣嶁,奇蹤詭譎;穆王壇山,遺字奇零;司徒南仲之鼎,延陵季子之銘;紛流傳于後世,蓋强半其無徵。然而見于金石之録者,欲決然其斥之而未能。此嗜奇之結習,亦好古之深情。而況是鼓,託於逸詩之帙,駕以古文之名;歷唐宋以至今,蓋灰劫之累更;乃海枯而不爛,〔校〕龍尾本作『濫』。猶完善而崢嶸。彼訪三鐘而歎息,思九鼎而屏營;固宜其對之而寶惜,而不禁摩挲於莓龍剝落之遺形也夫。

宋張芸叟謂石鼓即車攻之詩,『我車既攻,我馬既同』,聖人所取也;『其魚維何』以下,所不取也。胡致堂引之,是即歐公謂夫子於詩,或删其章,或删其句之説。〔嚴評〕此歐公之言耶?聖人固無此武斷,但即如所云,則車攻之詩其餘又自何來?豈即十鼓中所剝落者是耶?則何以聖人所删者,今反多存,而其所取者,反多剝落耶?抑別取他詩以足之耶?是不必深辨也。

哈密瓜賦 有序

哈密者，唐伊、沙、瓜三州地也。宋白曰：『肅州西南至瓜州五百二十六里，又西二百八十里至沙州，又西北九百里至伊州。然春秋所云瓜州，則唐沙州也。其舊以瓜得名。』予考瓜瀆成川，瓜洲成村，瓜田成姓，瓜之登于圖譜者多矣，要莫若是瓜爲最古，亦最遠。前代曾登于貢物，故有『御瓜』之名，其後中止，今始復貢，爰賦之。

登三危之古山兮，緜緜生之瓜。其名著于春秋之録兮，戎子駒支舊所家。黑水南來而入海兮，是曰動地之流沙。北連伊吾之大磧兮，龍勒高聳而嵯岈。匯以蒲昌之巨浸兮，有神馬之窟曰渥洼。蓋冬日而聞雷兮，土膏殷殷如轟車；亦六月而有雪兮，浸淫成此天葩。

嗟敦煌實録之無存兮，誰釐夫匈奴、月支之舊界。列昆侖之障于漢武兮，承以東京之禾尉。其時更番而遣戍兮，或及瓜而得代。涼武昭王所起兮，是亦十六國之都會。宇文置會稽爲僑郡兮，多吾鄉寓公之行邁。往事其茫茫兮，聊啖瓜以志概。

有唐之置州兮，實隴右之雄藩。迨天寶而日蹙兮，乃匏繫于吐蕃。張曹所恢復兮，終蔓摘于西夏之荒殘。誰傳回紇以是種兮，得未有于蕭翰。

年運而往兮，乃更夫哈密之名。衛則兼安定曲先以錯列兮，部則合剌灰畏兀以紛爭。彼忠順之歷世兮，胡見吞于土魯之兼并。惟陝甘之最逼兮，重資夫捍禦之長城。且諸道之朝宗兮，皆出入之所經。固非以是瓜兮，而漫志于窮兵。

聖朝威德之大同兮，聲靈無遠而弗暨。況屬藩之近落兮，固不殊於内地。疆以戎索兮，用羈縻於邊吏。渺兹時物兮，其敢少替。謂前此固嘗作貢兮，今胡嘉菰之沈滯。爰浹歲而來王兮，聊足昭其誠意。

爾乃傍芋區以爲疇，佈柔芳以辰月。烹羊尾而勞耕夫，磨新耜而試礪鐵。野田熟而抽參，胡桐雨而吐律。蓋轉盼而有秋，撫中田而成瓞。速檀齋宿，殊尤是掇。負以明駝，來升天闕。玉關陽關，使車屈折。遥瞻嘉峪，斗柄所揭。

夫其備職方之隆儀，衷遺文于前史。蓋連輻而接轂，亦不能以殫紀。彼夫晉昌草鼓，其聲清泚；野馬之革，射侯所使；壽昌石棊，布局如砥：此先朝之方物也。今則玉重六十斤而有奇，馬行一千里而不止。然而莫若是瓜，佳瓤齒齒。試抓中而出汁兮，乃食經之所指；倘脯以泑澤之鹽兮，則行遠之所恃。

吾聞諸書之狀瓜也，蹏或如龍之蟠，掌或如虎之踞；骹或如羊，首或如兔；或如桂支，或如蜜露。熱者曰『⿰耒瓜』曰『⿰巠瓜』，甘者曰『瓢』曰『⿰刍瓜』。以觀是瓜，無之不具。王瓜則遜其甜，木瓜則嫌其酢。其龐然而專車，誘癡狐以如鶩。貪所甘以深入，遂濡首以不顧。是蓋穹隆之所降精，西池之所篤祜；不待四劫而成，長充九重之賦。仙童培之，神女護之；允歸義之良材，河西之典故也。

于是頒命太常，分之臣子；如副如華，必稽典禮；拜受以歸，既多且旨；不須酒泉，臣心醉止。抑聞長安之上苑兮，蒲萄之實離離；移苜蓿以彌望兮，皆侈心之所爲。物各有所自出兮，遷其地而或漓；曷若任土之貢兮，玉食自致于彤墀。亦願諸酋之茂育兮，永爲世守之藩籬。采古圖經之舊事兮，參以今絶域之土宜。用操觚而成賦兮，慙未盡夫王會之瑰奇。

淡巴菰賦 有序

今淡巴菰之行遍天下，而莫能考其自出。以其興之勃也，則亦無故實〔校〕楊本下有『之』字。可稽。姚旅以爲來自吕宋。按『淡巴』者，原屬吕宋旁近小國名，王圻言其明初曾入貢，有城郭宫室市易，君臣有禮。但淡巴之種入上國，其始事者亦莫知〔校〕楊本下有『其』字。爲誰。黎士宏曰：『始于日本，傳于漳州之石馬。』石馬屬海澄。然亦不能得其詳。爰作賦以志之，或有博雅君子，補予闕焉。

將以解憂則有酒，將以消渴則有茶，鼎足者誰？菰材最佳。酒最早成，茶稍晚出；至于是菰，實始近日。凡百材之所成，必報功于千古；酒户則祖杜康，茶仙則宗陸羽。吾欲考先菰以議禮，蓋茫然未悉其何人。笑文獻之有闕，將氾祭其何因。原夫雕菰之始，載在曲禮。受種爲茭，結穗爲米；紫籜爲裹，緑節爲圍；于焉作飯，絶世所希。其在爾雅，更名水蔣。蘆中之族，斯稱雄長。是菰實非其種也。或曰是即説文之所謂『菸』，抑廣韻之所謂『蔫』。古嘗志之，今廣其傳。譬之屈騷之蘭，于今不振。其争芳者，崛起之允。迢迢淡巴，非我域中；僻居荒海，曠世來同。何其嘉植，不脛而趨；普天之下，靡往不俱。彼夫河西之焉支，夜郎之邛竹；當其傾國以相争，良以易地而弗育。而是菰則五沃之土，隨在而生；滿篝以穫，有作必成。不以形化，而以氣融；不以味饜，而以臭通。

當夫始至，尚多〔校〕楊本作『有』。所怪；其習嘗者，半在塞〔校〕楊本作『海』。外。是以皇皇厲禁，頒自思陵；市司所至，有犯必懲。而且琅琦督相，視爲野葛；吾鄉錢忠介公最惡之。梁谿明府，指爲旱魃；見南北略。黄山徵君，明火勿汙；歙人宗誼事。賞心尚少，知己尚孤。豈知金絲之薫，足供清歡；神效所在，莫如辟寒。若夫蠲煩滌悶，則靈諼之流；通神導氣，則仙茅其儔。檳榔消瘴，橄欖祛毒；其用之廣，較菰不足。而且達人畸士，以寫情愫；翰林墨卿，以資冥助。於是或采湘君之竹，或資貝子之銅；各製器而尚象，且盡態以極工。時則吐雲如龍，吐霧如豹；呼吸之間，清空杳妙。更有出别裁于舊製，搆巧思以獨宣；詆火攻爲下策，夸鯨吸于共川；厥壺以玉，厥匙以金；比之佩鑴，足慰我心。是以茂苑尚書，雅傳三嗜；必不得已，去一去二。獨愛是菰，長陪研席；王馬和錢，更增一癖。風流可即，顧物興思；誰修菰祭，以公爲尸。長洲韓慕廬尚書嗜酒及棋，與此而三。或問之以必不得已之説，初云去棋，繼云去酒，時人傳爲佳話。

且夫醒可醉，醉可醒，是固酒户之所宜也。飢可飽，飽可飢，是又胃神之所依也。閑可忙，忙可閑，是又日用之所交資也。而或者懼其竭地力，耗土膏；欲長加夫屏絶，遂投畀于不毛。斯非不爲三農之長慮，而無如衆好之難回；觀于『仁草』之稱，而知其行世之未衰也。

我聞淡巴，頗稱樂土；寇盜潛蹤，威儀楚楚；獨于史傳，紀載闕然；聊憑蓋露，以補殘編。

葛仙米賦

有序〔楊注〕癸酉年四十九。

是物産于嶺外，自來未有賦之者，故掌故甚希。東歸話别，因作數言，以示諸生。

稚川子兮列仙儒，留兹佳植兮羅浮之隅。當年丹砂未就兮，暇日猶菑以畬。比龔令之薤而彌潔兮，視陶令之秫而倍腴。乃阻勾漏而弗赴〔校〕龍尾本作『就』。兮，借兹山以寫〔校〕龍尾本作『憑』。清娱。演鄭隱之密授兮，引鄧嶽以仙芻。亦有高弟若徐升兮，一一譜其祕書。遺種遂傳于五嶠兮，間或旁産于南服。以與彼水耕而火耨兮，其候參于納甲以乘除。斯旨邃而莫究兮，遠通津于京虞。稚川五行納甲之法，異于京房。饜道侣而忘餐兮，遺滯亦爲寡婦之糈。獨訝著録之未及兮，繙抱朴之編而闕如。反不得伯仲于青精、黄獨之羣兮，或淪落而次且。

阿儂耕硯田而不給兮，諸生招我于扶胥。謂羚峽之沃土兮，擬上農而有餘。三菁二韭不必羨兮，此足飽山澤之臞。更和之以帶草兮，亦離離其可茹。倘從此得導引兮，何必不翩然其逃虛。奈凡材之未稟夫靈氣兮，歎南方之不可以久居。瘴雲乘之而悒悒兮，長乞靈于金匱而弗紓。知稚川之道力不我扶兮，雖有粟吾得而食諸？度臺嶺而言歸兮，訪故園之樵蘇。憶吾鄉之佳勝兮，亦有石臼之丹罏。何莫非稚川之故蹟兮，豈無一隴之可粗。攜此種以播之兮，或者慰我之飢劬。況吾黨之小子兮，不秀不實紛印須。何堪恝置之五千里之遠兮，不亟賦夫歸與？

恭惟仁祖之博物兮，考索不遺于草木之儲。嵇含狀所不悉兮，乃恥一物不知之非夫。方知蠻陬之味兮，曾登玉食之廚。見幾暇格物編。一百十六篇補其遺佚兮，三百一十卷貫穿其繁蕪。遠之窮仙靈之奧術兮，近之即爲菽粟之箋疏。諸生讀嶠雅以旁徵兮，倘亦多識之所需。

鮚醬賦 有序并跋

吾鄉貢物之最古者，莫如鮚醬。近則以爲常供，弗嗜也，并忘其爲掌故中一種，爰【校】龍尾本作『乃』。賦之。

伊介族之絶奇，禀太陰之精髓。母以蚌而成筐，子以蟹而居裏。『璅鮚』其名，『懸埼』其沚。山以之而受氏，亭以之而垂址。説文引漢律以成箋，江賦援越志以補史。班生所詳，抱朴所紀。陶山、鄂州，言之備已。蓋嘗推原先世，載之周禮。庖人蟹胥，青州最美。暨其中衰，浙東崛起。是固勾餘之名産，而胡體物者之弗齒也？

今夫鮚之爲物，長不數寸，廣不盈分。然而吞吐呼吸，上旁清旻。晦朔弦望，相爲煙熅。是以淮王有胎蟹之目，埤雅夸珠蚌之珍。淮南所云『胎蟹應月』，即鮚也。蚌珠多出于鮚之大者。三五而屈，三五而申；別字『月蛣』，蓋非無因。合體有如楡莢，共生幾疑孿人。行者求食，居者棲身。動者近智，靜者近仁。乃緣二氣，而爲互根。以兩故化，以一故神。深藏高蹈，絶類離羣。在山之麓，在水之湄。斯其風味，固宜深醇。若其餘子，尚難殫論：或依蠣房，或寄螺門；方玆稍劣，未敢弟昆。于是東部都尉，乃命淵客，乃底江村；取而醢之，蚌白擘裂，蟹黄漣淪。釀之汩汩，流之沄沄。參以紫蚢之屬，投以淡菜之倫。膏愛其滑，糁取其匀。彼天然之五味，不假和齊斟酌而適均。遂貢大庖，上至尊；雖四方玉食之雲集，未如此三斗之獨陳也。

嗣是以還，濱海之産，紛著食經。水族有簿，亥市惟腥。四腮之鱸，吴鱠之特；三月之鮆，晉鮓之菁。石首則有魫類玉，章柱則有距如丁。王餘皜素，社交縹青。琵琶之綬成帔，鸚䳇之螺作觥。鱉雖炎而可致，蛤遇酒而解酲。梅花之蠣，桃花之蟶。車螯吐暈，海月生明。峩惠文冠以駢附，枕新婦臂以沈冥。蠶三眠而蝦羹熟，稻再穫而蚶車登。河豚以蘆牙作偶，江鰩用荔子齊聲。然而孰如此醬，首重南烹；其法最簡，其格最清；其來最遠，莫之與京。彼夫江南國主，以供明馨；惜其于法，有所未精；齏舊之患，是以兢兢。見李後主蚌醬帖。

嗟乎！惟遠故艱，惟少故貴。彼四十萬夫之海錯，唐政之荒何如；而五斤之魚骨，〔校〕楊本作『膏』。宋德之儉可繼。今是醬也，不復克鼎實之陳，竟下同虀鹽之味；非失之奢，即傷于昧。聊染翰以摛詞，庶不泯其資地。

陳藏器志寄居蟲，一蟹一螺，乃蟹之附于螺者，與段成式合。粵東人言：〔校〕楊本作『屈大均曰』。〔楊注〕史刻改，避當時文禁也，非誤。『今萬州有之』。海物異名記所云『蠣奴』，則蟹之附于蠣者，予在海上親見之。若南越志稱蟹子合體共生，則大蟹之中包小蟹者，與北户録合。皆屬鮚之别種。鄂州以『蠣奴』即爲鮚，不知蚌之與蠣别也。尚未確。

十二雷茶竈賦 有序〔楊注〕丁巳，年三十三。

吾鄉十二雷之茶，其名曰『區茶』，又曰『白茶』，首見于景迂先生之詩，而深寧居士述之，然未嘗入貢也。元始貢之。王元恭曰：『以慈谿車廄嶴中三女山資國寺旁所出，稱絶品，岡山開壽寺旁者次之，必以化安山中瀑泉蒸造審擇，陽羨、武夷未能過焉。』顧諸公但言『區茶』之精，而不知早見于陸氏茶經。按陸氏云：『浙東以越中〔校〕楊本注一作『州』。爲上，生餘姚瀑布泉嶺，曰「仙茗」。』〔校〕楊本自『按』字至此爲小注。蓋實即明州三女山之物，特以餘姚瀑布泉製之，遂誤指耳。但十二雷者甚難致，而近日山人亦無識者，嘉植沈淪，甚爲可歎。予自京師歸，端居多暇，乃築一廛于是山之石門，題曰『十二雷茶竈』，將俟春日，親窮其窔奥而製之，因謀茶具甚備。茶經曰：『是茶有二種，大者殊異。』其即三女之種乎？予因乞靈于茶神，以求其大者，先爲賦之。〔校〕楊本下有『其詞曰』三字。

四明四面兮俱神宮，就中翠碣兮尤清空。大闌峩峩兮稱絶險，蜀岡旁峙兮分半峰。其間剡湖則西兮，藍谿則東。峰回谿轉兮非人世，釀爲嫩雪兮茸茸。百七日兮寒食過，廿四番兮花信終。二百八十峰兮土膏動，一萬八千丈兮雲氣濃。

時則小草兮珠圓，長條兮玉潔。雙韭兮挺生，三菁兮秀出。青檽兮吐丹，白附兮結實。插瓏鬆兮篁竿，纏纓珞兮蘿闕。

彼避世之畸人，各分曹以登眺。蓋飽饜而有餘，薄煙火以〔校〕楊本作『兮』。不道。乃有茶仙，經營茶竈。愛兹茶山，煙嵐窈窕。入精籃兮偃息，登古墓兮踟躕。史嵩之墓在西天峯開壽寺，即賜院也。訪舊文兮斷碣，弔高僧兮遺書。三峯寺在資國寺南十里，有曹公放齋碑，高僧謂夢堂嘗居開壽寺。彼人代兮已遠，悵宿莽兮成墟。獨新牙兮正茁，幾彌望兮山居。于是擷之掇之，吹之嘘之；蒸之焙之，析之攄之；都藍之具，于以儲之。彼近山之瀑泉，推化安爲絶勝。雖雪竇之飛湍，拜下風於錦鏡。致陸羽之傳訛，喜孫因之可證。化安瀑泉勝雪竇，見孫因越問中。來製良材，以慰幽興。其相則屈兮曲兮，如魚勾兮；其色則皎兮峭兮，蔑視紺緅兮；其數則六律六同兮，正一周兮。太白補陀未敢儔兮，大小晦之茶坑遜十籌兮。

在昔茶户有編，茶場有使。幸徐公兮惠民，罷榷租兮世祀。胡降臣兮固寵，開貢使兮貽厲。自元初兮經始，范文虎。歷明代兮未弛。怪近世之希逢，致消渴其何恃。既塵鞅之可除，竊山棲以有志。茶經一卷，茶寮數事。比鄰可睦，那須黄羊。活眼盈甌，司命是嘗。媚之不辱，煬之無妨。倘稍存夫本色，爲我和以老蘁。

金峩山晚楊梅賦 有序

長卿上林之賦，任彦升之傳，江文通之頌，太白之詩，楊梅所由著名也。圖經品其絶勝者，莫如紹興之蕭然山中，而吾鄉亞之。不知吾鄉之産，其出自金峩山南者，實突過焉。予嘗以六月親至諸峰，紅者紫者如火雲，白者如雪，一望垂垂，蓋奇觀也。居人或以姓譜其種，有曰『邵家塢』，曰

『金家塢』，曰『許家塢』；或以其形，曰『大荔枝』；或以其味，曰『酪蜜』；而又有曰『韓家晚』者，其種最後，亦最佳。淳祐大儒袁正獻公，嘗因廣平舒公子之魄，愛其名，引陳文節公詩，勖公子以『晚成』之説，深寧王禮部跋其尾，以爲前輩立言，雖一果蓏，不忘規箴若此，今載入至正志中。是則吾鄉楊梅之佳話，諸方譜物者所未有也。乃更申其緒而賦之。

吾聞南陽之韓，以桐木尊。蓋一代之嘉樹，非凡卉之可倫。異哉！其忽以楊梅之別種傳也，不争先以求售，乃晚出而倍醇。嫣然抱其芳姿，幾卻顧而逡巡。爲待夫儕輩之將盡，始獨殿夫一軍。彼時物之被薦，大率貴其早陳。人情習于數見，固有取于〔校〕楊本作『夫』。維新。胡是果之矜貴，以後來而空羣。豈大器之果別，正不妨于積薪。抑昔詞客之品目，擬星郎之駕雲。見貴耳集。迨謝生之欣賞，復擬之以麗人。謝在杭。彼寧不憂其〔校〕楊本作『夫』。遲暮，甘退處于後塵。將無自託于十年之不字，或有待而得伸。

乃有格物君子，凡三致意。謂茲微物，足資簇厲。由來毅氏之棗，張公之梨，江家之荔，好事者流豔而稱之，競登載記。然而祇充佳話，靡關大義。伊朱實之離離，稟炎精者最厚。釀赤水以爲漿，宅丹山以爲囿。〔校〕龍尾本作『圃』。誰其臨之，鶉鳥之咮。當溽暑而落實，滌蘊隆以可口。即或變色而皜衣，要莫奪其中之所守。夫太剛則虞其易折，而躁進則適以負疚，此亦物理之常也，是以孕之以〔校〕楊本作『則』。久而愈完，養之以需而不苟。庶漸底于和平，尚予人以可受。

乃若學以耄而懼其倦，節以老而防其衰。不見夫少年之行行，或持久而漸乖。曷若是果，薑桂之性愈厲，桑榆之志不回。是則始之蓄其力，正以後之成其材。

昔我先正，微言可風。是用作歌，警于有衆。風人聞之，以當橘頌。其于韓兮，尚亦增重。

鮚埼亭集卷第四

語

湖語

謝山先生閒居湖上，有客過而問曰：甬勾東之佳勝，以雙湖爲洞府。曾聞昔人，列之圖譜，而七觀未及焉，蓋深寧尚書之疏也。舊文遺獻，日以榛蕪。先生方息影園林，留心里社，願言其概，以補作者。

先生曰：凡清景之融結，必溯其源。是湖灩觴之始，四明洞天之所鬱蟠也。東面〔校〕楊本作『東南』。七十峯共〔校〕楊本作『拱』。之，蓋極驚濤駭浪之觀；而又兼以奔牛之自西，蹲羊之自南而來者，百二十里之遥，噴薄延綿，急湍飛瀑，匯爲大、小谿之洌泉。四明四面七十峰，其東狀如驚浪之山，鄞江之源也。其西奔牛諸峰之水，自姚江來會。其南蹲羊諸峰，則梨洲洞水來會之道。其支山之水，自大雷〔校〕楊本下有『來』字。者，放乎桃源。前此有廣德湖以爲壑，仲夏堰以爲關，蓋欲朝宗而未得也。自湖塞而堰去，遂來會乎山谿之間。桃源之水來會它泉，自仲夏出，是謂沙渚。乃由秋浦而鏡川，而櫟社，迢遞回旋，秋浦即戚浦。順流瀰漫，歷四十里以達于城。城西之水又匯焉，亦桃源之水，自林村來者。蓋湛然其雙清。于是循城而右，豁我目睛。環四橋爲南北，其圍則三百七十丈而贏。其爲水也，望之溶溶，即之泠泠。紆餘爲曲，墳埴爲汀。長空緜渺，寒煙時生。平鋪鴨緑，澹淹水晶。以烹十二雷之茶，嫩色繞鐺。四明十二雷之茶，曰『區茶』，不可多得。是則所謂西湖者也。若夫古今之評水者多矣，其尚赤者我蓋未之前聞。獨剡源之五曲，忽孕爲丹霞之古文。迅流成雷，來歸于三石之邨。嫣然其〔校〕楊本注『一作成』。色，幾疑流火之可捫。更有石壁之遥映，儼若刲羊之痕。殺羊巖下有石壁，即所云小赤壁者也。此亦大造之奇，不可以常理論。而于湖則稍遠矣。剡源九曲，其第五曰丹山赤水，即今之三石邨也。絶頂有朱書『丹霞』二字，其流赤，其聲如雷。豈意循城而左，忽復遇之。有流〔校〕楊本作『光』。朱殷，和以焉支。其光綺麗，不可度思。吾聞水流之伏行，能潛出而嘿〔校〕楊本作『默』。移。是南湖之涓涓者，抑猶之金庭洞口之騈〔校〕楊本作『分』。支也耶。金庭丹池，説者以爲剡源之伏流，南湖亦然。然則一葦之杭，渺然〔校〕楊本作『兹』。衣帶。獨開生面，以呈變態。鴻溝之畫，足徵狡詭。斯其神明，宜問真宰。

對曰：信哉其爲勝地也，願益陳其光景。

先生曰：溯湖之始，蓋自有唐王大令君照之所權輿，其事闕矣。近而可稽，斷自吴越。作東府之右〖校〗龍尾本作『名』。藩，授懋親以旄鉞。爰大浚夫重湖，洲島爲之四出。康憲之所經營，尚約略其有迹。錢康憲宅即今廣盈倉基。方有宋之正隆，慶中天于嘉祐。賢牧彭籛，于湖最厚。集賢錢公輔偃月堤。偃月長堤，截沙立就。如截如抱，蓮香滿袖。紅蓮閣係章郇公築，其下即堤，王益柔詩所云『湖光如截天如抱』者也。衆樂新亭，廊腰列繡。虹梁憧憧，夾岸左右。西憧憧橋，即今尚書橋。東憧憧橋，即今館驛橋。洋洋湖心，以祝聖壽。有魚攸然，亦叨神佑。廣生堤。時則有若温公荆公，牽率名輩，題詩恐後。亦越三紀，更廓其初。廣洲成十，二劉所圖。劉户部淑始創十洲，而成于劉户部珵。煙花駘蕩，雪月清虚。池塘春水，芳草平蕪。三眠之柳乍醉，五粒之松長腴。葛陂竹實，丹鳳所廬。落英森森，拒霜與俱。雄風四合，雌霓横舒。時則有若陳王之徒，唱和其區。陳忠肅瓘與王旦、舒亶俱有倡和詩。嗣是以還，滄洲則高閣連雲，刺史趙伯珪作。涵虚則深館隱霧。魏王愷作。户挹清風，家臨平楚。雉堞參天，鎮山接武。即李刺史夷庚所治鎮明嶺也。二分煙水空濛，三月風光媚嫵。樓宣獻湖上詩。直抵城南，同流異浦。則又别有奇焉：試與子原地望于小江之鄉，正訛舛于勾章之土。别稱爲小江湖者，蓋以城中安東鄉一帶曰小江里，因名。或乃混于勾章鄉之小江湖，故清容辨之。訪昔人之遺跡，求二豪〖校〗楊本作『家』。之故所。所謂黄、鍾二家競渡湖是也。彼其分清洞以左旋，如捧花之嬌〖校〗楊本、錢志均作『嫣』，龍尾本作『嬌』。女。引脩渠以斜行，盼夕陽以延佇。由長春門而入爲清洞橋，東行即南湖也，爲捧花橋。所捧何花？芙蕖容與。中有蓮心，清芬一縷。翠蓋亭亭，以迎紅雨。湖南水道，取象蓮花，以延慶寺爲蓮心島。何來細湖，别成遥滸。逆流而會，藕尾如注。誰云不掉，凌風軒舉。南湖之中有細湖，又稱小湖，蓋採蓮橋一帶也。舒中丞竟以西湖別名細湖，近人則但以南湖名細湖，皆誤。惟胡制使寶慶志不錯。細湖之西有港曰藕尾。伊平遠之流泉，忽有時爲周髀之合。妙〔校〕楊本作『如』，錢志作『妙』。一股與一勾，竟參三而鼎立。而且極神奇之巧幻，又如南箕之不翕。當其忽焉而申，疑雲氣之可接也。三角灣舊名龍舌。更訝淑姿之豐盈，胡有時而消瘦。腰圍如蜂，帶垂如繡。潺潺湲湲，折旋還就。宛然小蠻，與我邂逅。即今所稱腰帶湖，蓋古竹湖之地也。搜奇既畢，放乎中流。水月蒼茫，大圓可求。水月橋。城上烏啼，格磔鈎輈。城下草緑，翩反芳柔。聽昌黎之冷泉，對遥天之碧色。彼城外之江流，蓋朝潮而夕汐〔校〕龍尾本作『汛』。紛黄沙之撩人，羌魚鹽其四塞。豈如此間，蕭閑獨隔。玉几東來，錦溪〔校〕楊本作『流』。西射。吴志淳湖上詩。是以瑞應之來自五臺者，長留連于勝迹。所謂五臺開元寺中瑞應觀音者也。

對曰：有是夫其清絶也，彼其前輩之所留貽者多矣，雖曰易代，其掌故尚有可言者否？

先生曰：並湖甲第，嵯峨尺五。碧瓦朱甍，更僕難數。其最先者，給事故廬，猶傳仙塢。今惠濟鮑王廟，古稱甬水邨，乃晉楊給事宅。漕使遺居，後爲梵宇，故寶雲寺在均奢橋東者，乃顧漕使宅。吾不能畢陳矣。爾乃前王後樓，晝錦之府。雙闕相仍，羣公之祖。樓楚公晝錦堂乃王司封周之故址，〔校〕楊本有『其』字。四明守鄉郡者，自王始。餘光瑩瑩，環橋如組。晝錦坊在西湖之南首，其東〔校〕楊本下有『有錦照橋，則南湖之交也。其西』十二字。有錦照堂，則竹洲也。堂與橋相隔遠，成化志即以竹洲之橋當之，不考延祐志也。登封閣中，〔校〕楊本作

『下』。嵩、洛可撫。楚公令登封，攜少室石以歸。南渡後，宣獻睠念中原，築閣貯石，匾曰登封。攻媿東樓，拂雲高户。蕭疏梅麓，在湖之滸。攻媿族孫扶〔一〕，築梅麓湖東。稍折而北，友恭有堂。萼華接葉，中爲〔校〕楊本作『有』。二汪。〔校〕楊本上有『時則』二字。野處之記，雄文皇皇。汪少（師）〔卿〕從楊本改。思温兄弟所居〔二〕。誰移洞天，跨湖爲藪。曰惟史氏，十據〔校〕楊本作『有』。其九。招四明之山靈，使來歸于户牖。兼天巧兮人工，笑愚公以〔校〕楊本作『兮』。何有。彼從孫之墓『補陀』于霞嶼，其法蓋有所受。宸奎有藏，遺塵有像。惠濟有祠，環共相向。史忠定宅在湖東，而以竹洲之真隱觀爲洞天，摹四明之九題于其中，因立謝遺塵廟。其御賜『四明洞天』四字，藏宸奎閣，又立惠濟王祠祀之。忠定從孫巖之墓『補陀洞天』于東湖之霞嶼，實祖于此。今史氏子孫誤以霞嶼爲忠獻所鑿。至今花果之神居，如靈光之無恙。嗤圖經之訛謬，乃以爲建炎之杜將。今花果園廟，亦屬史氏别業中物。嘉靖府志以爲祀建炎將軍杜愷者，妄也。忠宣在北，鴻禧在東。繡衣長橋，碧沚芳叢。報慈禪窟，忠獻所通。錢康憲〔校〕龍尾本有『公』字。宅捨爲觀音禪寺，初名報慈，史忠獻請得之，以爲别墅，成化志以爲賜忠定，誤也。四世綿亘，萬屋争雄。招來〔校〕楊本作『乃有』。放翁之徒，彩筆如虹。更有石窗王孫，

〔一〕楊注：延祐四明志：『樓扶，字故茂，鑰孫，知泰州及邵武軍，能詩。』錢氏鄞志：『案周密絶妙好詞、延祐志皆作「扶」字。』考攻媿集、諸孫名皆從木旁。餘姚縣有枎所撰圓通殿記石刻，作『枎』，當據以改正。又延祐志，扶爲攻媿之孫，則此注中『族』字衍。

〔二〕楊注：宋史，思温官至司農大府少卿，直顯謨閣。此注及後文作『少師』，乃『少卿』之誤文。錢氏鄞志亦誤。

山澤臞臞。括蒼歸來，小卜逃虚。史使君文(鄉)〔卿〕從嚴校改。築山澤居，蓋石室也，因自署石窗山樵，在碧沚南。何家錦里？·亦復嶙峋。天水上公，實惟宗親；比輝墨莊，鄉郡所尊。趙閣學彦逾錦里，正與墨莊樓氏隔岸相望，亦以守鄉郡表閭。釋褐有坊，宣大參之廣厦也。由均奢橋直抵靈應坊而止，皆宣少師之賜第，宣係釋褐狀元。旌勳有門，馮制使之遺榭也。由均奢橋北，直抵柴巷而止，皆馮制使宅。至若龍圖之嬾堂，舒中丞亶寓亭。周氏四休之别業，周南雄鍔。侍郎之息齋，高憲敏閌。亦復相爲上下。而南藍則了翁尊堯之著出焉，尤有光于精舍。高麗之使館，亦樓楚公所建，後爲史氏寶奎精舍。宋人貢道之所資也；陽源之義烈，宋忠臣袁公祠，在湖心寺内。日本宣慰之凶終，王積翁招諭日本而死，詔即其行營在湖西者爲祠。祠祀雖不同，亦宋元史事所當知也。馮氏萬金之樓，則義施也。馮氏萬金樓施藥，四休居士有詩。翠椈畫簾，東西相望。如雲祁祁，以爲湖幛。下户寒門，蔑從依傍。自是而南，故榭之迢迢者，蔣園其最有名矣。至若水閣之疏越，趙侍郎築。竹墅之幽清。高使君衍孫。丞相、少師、學士、輅院之徒，園林之盛，有如列城。魏丞相、陳文定公、史忠宣公、樓輅院，皆有園在湖上。竹林一區，則王氏晝錦之都廳。深寧先生封鄞縣伯，故所居亦稱錦里，竹林其别業。其同巷者，尚書拙逸之亭也。袁尚書似道，清容大父也。芝山老梅，天下所希。其同岑者，或横卧它山之埭，或飛入鏡水之祠。而湖上之種，世莫之知也。蓋自清河精舍，以供經師。帶草環之，疏影交支。南山〔楊注〕黄潤玉。大儒，簪筆哦詩。夫非湖曲之掌故耶？·鄞江張氏式良老梅書屋，南山先生記之以詩，而志失載，反誤以爲王鄞江祠。然此猶其小焉者。溯穆陵之養晦，大横雖兆，沂邸之珪未裂。髣髴乎荒野之遯居，求蟄龍之幽窟。惟兹流泉，蓋嘗三浴夫咸池之日。理宗自越中來，就學館于湖上余魯公家。彼後此四十餘年之表章學統，昌明經術，可不謂于此肇基歟？歎文獻之淪胥，致圖經之缺失。僅僅以達蓬之遊，勾章之戍，張皇于後世，陋矣。

對曰：宅里則吾既聞之矣。其物産若何？

先生曰：湖上物産，充牣城隅。其負城爲鬨市，集百貨以兼車。宋之湖市在觀音禪寺後今倉基背。遊屐所至，不時可需。如菱如芡，如蓴如菰；蔥蔥青青，〔校〕楊本作『菁菁』。以備晨蔬。宋時湖濱居民各植菱蓴之屬，見嬾堂西湖記中，今無。而且有鯽縹青，有蝦粹白；其柔成脂，其長徑尺。彼罨底之漁人，鱠鮓充斥，湖上漁人，皆居罨底。而未足以盡沃土之出也。南有大坂，土膏最濃；不須一易，歲致千鍾。布穀原頭，黄雲朦朧。牛鞭初動，壇壝所崇。周南雄湖上詩。刺史之熊軾，時過之以驗歲功。前代于此行耕藉禮。且讀且耕，則有諸豐焉。宋時大坂田，爲豐氏物，蓋其宅適在靈順宫之北也。北有釀〔校〕楊本作『醴』。泉，其甘如蜜。當時酒務，于此焉設。麯車沈沈，『雙魚』最洌。『雙魚酒』，見嬾堂集。貢之天子，御尊所列。南渡後，貢酒名『十洲春』。泗水潛夫，記其種別。以祀明神，則賀公之所怡悦也。賀公祠正當務前。當夫櫂歌羣和，秧歌閒作。酒户張帘，漁户四逐。新月生，斜〔校〕楊本注一作『夕』。陽落，泛中流，聽評泊。雜披土物，正復不惡。味嘗其新，賈喜〔校〕龍尾本作『善』。其薄。夫非賞心之樂事耶？若夫吴綾七襄，載在方物。紡絲巷中，中宵兀兀。擬之蜀江，文君縑帛。交梭之名，百縑不易。夏日所需，厥有輕紗，比之薄羅，微涼足夸。前代所云：『冰紈方空，縠綸吹絮』，未足多焉。是則女紅之精者也。

對曰：是不過日用之需而已，彼湖之用詎止此耶？

先生曰：西南水利，它山是賴。惟王長官，其功最大。平截江河，翦裁大塊。驗水瓢三，鼎足置埭。試觀于行春、積瀆、烏金之角立，足以想經始之鴻裁；蓋城南之連阡接陌，賴之以隔蕙江潮汐之界；而非是湖，則城中之流泉，亦莫知所津逮也。北宋時，城中維舟之地在紅蓮閣下，南宋始移平橋。自有牧守以來，其賢者如錢如劉，浚治無已；增卑培薄，民命所倚。其潤色夫洲島，則餘力之所爲，而非以事遊觀，恣淫靡也。歲或旱甚，鑿井相餉。虞大寧。勿幕之收，不窮之養。曾聞建中之時，上供之舟被阻，唐監意治湖，旁皇莫仗；稽首長官之神，實陰相焉。舒中丞有引水記。南渡以還，橋梁漭瀁。制使如張，津。亦留心于湖上。舊有三喉，洩水東注。又有二池，以備北〔校〕楊本作『中』。顧。水喉、食喉、氣喉三閘，皆穴城，洩雙湖之水，東入于江。蛟池、蜃池，則所以備城北之旱歲也。譬榮衛之在人，蓋周流而無忤。〔校〕龍尾本作『迕』。自沮洳之漸湮，竟暴漲之可慮。保豐之碶，陳守重置；陳塏。遥分横流，以殺其勢。它山水北洩行春，林邨水北洩保豐。要其竭誠盡思，莫若吴公。洪水築而泛濫治，新河啟而痼滯融。洪水三壩最有功，吴公自言留心四明水利，至洪水之役而盡。新河，則吴公以爲能使四明産文人者也。其他脩舉廢墜，罔不庀之工焉。于是水則是平，時亭是崇。刻篙志步，見水則碑。昕夕之車騎觸目儆心，或蓄或洩，斟酌從容。是以湖之水勿匱，湖之利長充。政成民樂，半黑半絲之髪，憂晴憂雨之心，觴咏其中。即吴公湖上詩。甘棠之蔽芾，其誰與同。春猿秋鶴，宜禋祀之攸宗。何居乎清容之作志，詆大賢以障羣蒙？謂忌吾里中公相之多，而徙始興之堰，以絶地氣之通；真誣妄之私言，竟誰信而誰從。清容有憾于吴公，故其作志盡掩其善政，而反有徙堰之説，謬矣。嗚呼！吴公之明德遠矣，五百年以來，水則湮于列屋，時亭之草芃芃。三喉莫開，〔校〕楊本作『問』。二池其空。彼涖兹土者，其誰過此而僝功。若夫南湖之湛湛，尤神物之庭除。不見夫長鬣如戟，縞衣如荼。呼吸重霄，擅兹奥區。朝遊海上，暮返城隅。疇其從之，一蜃一蛟。謂北郭蛟、蜃二池。太尉之節，洪波所朝。没而依此，白馬揚潮。白龍廟旁有張太尉祠，以奉使加封，没于廟中，遂與社祭。誰則據里巷之流傳，以爲山陰兄弟之招也耶。銅盆浦龍，相傳即南湖所徙，以神爲山陰王氏兄弟，其言不經。嗟昔人之建置，總非小補。後人廢之，其失也鹵。故當河渠正完，三喉未阻。江流可引，地脈楚楚。神龍出没，原無齟吾。〔校〕楊本作『齬』。氣喉正當鄞江門，下爲南湖湖尾，其離龍湫不半里。迨夫大澤竭，淤流閉。誰嘘枯，莫宣滯。英爽弗堪，更圖卜地。然而雖徙新豐，〔校〕楊本作『田』。猶思故絳。穴城之道，萬夫莫障。時聞風雲，如來陟降。今城下尚有穴，洩水入江，竭力莫能塞，乃知鄞江門之不可廢也。且客不聞中山使者之行邁耶？海波微揚，神靈如在。彼其庇蔭，且及域外。何況是湖，肯忘錫賚。銅盆浦，陳少卿侃使琉球，空中見神龍護之。夫水利之于民至重也，倘其脩故渠，招芳蹤。吾知逝可復還，否可復通耳。乃若天封之塔，浮屠家之建置，亦稍參以揆日測景之宜。命名之旨，佛經載之。其附會于梁、唐之紀年者，妄也。

對曰：是則然矣，其人物若何？

先生曰：是邦仙釋之場也，洞天福地則有其四，四明居洞天第九，而梨洲、大隱山、茭湖以爲四明之支山，並列福地。佛地則有其三。育王舍利、岳林彌勒與戒香暗尼爲三佛。其在湖上，有可言者：寶雲片石，義通傳教。延慶尊者，于焉分派。見四明尊者教行録。戒香暗尼，維衛佛之呈身，元祐黨人，瞿然下拜。謂周南雄也。觀音遺像，建炎呈夢，完顏兵火所不能害。即錢康憲所捨宅，見延祐志。彼夫牧菴、〔校〕楊本下有『善菴』二字，錢志無。普菴則溈山之傑，崇教寺僧。處真則大智之孫，湖心寺僧。圓覺則能仁之秀，觀音寺僧。皆足以張竺國之軍。乃有妙蓮，其持行更醇；苦心孤詣，不爲虚言以自文。蓋嘗觀于廣陵曲江八月之狂濤，幾橫突于海門。行都陸沈之勢，近逼城闉。而不須强弩之射，直坐嘯而止紛；殆禪力之所宰，出之以冥運而倍神；妙蓮亦湖心寺僧，其事見至正志。是即令神禹再世，必將招之以制支祈，輔庚辰；非區區後世治水之徒所可倫〔校〕錢志作『論』。也。風流餘事，則開元六院，梵宮所尊。中有闍黎，繪事軼羣：天男天女，天王天神；維摩問疾，如聞呻吟；霓裳羽衣，調律悉均。更讀它山之題句，朗朗清新。開元寺僧元亮。廣利書法，上達楓宸；畫龍亦奇，石碎波淪。開元寺僧竺光。〔校〕楊校作『啓光』〔一〕。三惠之

〔一〕楊注：寶慶四明志：『啓光住開元寺，工草書及畫，詞辯過人。昭宗聞其名，召至闕，講論，命畫龍，面賜紫衣，號廣利大師。嘗畫龍於寺之壁，亦奇觀也。』此作『竺光』，譌也。錢氏鄞志誤與此同。

琴，和聲煙煴。祥符寺僧從信。惟講宗之大啟，則法智其最高。開權、顯實、十三科之遺書，遂爲天台之斗杓。不見楊大年、劉子儀、錢希白之雄文抒其藻，趙閱道、陳了翁之碩望輸其誠，曾魯公、史越王父子之大門振其聲。〔校〕楊本、錢志均作『勝』。荷池菜園，〔校〕楊本、龍尾本均作『圃』。如錦如鏡。十六觀之沈沈，空明寂静。高足之出于他寺者：有若神照之伏虎，聲著白蓮。東掖寺僧本如。三學之勁節，朗公稱焉。開元寺僧則全。浮石之手授如意，心印洒然。三衢本業寺僧崇矩，皆禮公高弟。其在寺者：廣智、明智、圓照、圓辨、定慧、覺雲、柏庭之徒，以振宗風，以大師〔校〕楊本作『法』。傳。沙泉醮月，松帚唫雲。流風雖遠，佳話猶存。而鮑郎之再生而尸解，則列仙之奇也。

對曰：二氏之説，先生所不道也，偶或因文獻而及之，請言其醇者。

先生曰：湖水之静深，足以洗道心；湖水之澄潔，足以勵清節；湖水之霏微，足以悟天機。是故湖上理學之傳，文章之聚；官箴鄉行，文脩具〔校〕楊本作『並』。錢志作『具』。舉。振振然，繩繩然，咸有昔人之規矩。慶曆之師儒五，而樓氏居其一。實自剡源，來敷教澤。豐袁之源流，所自集兮。樓正議公來城南，學者稱爲西湖先生，高弟則豐尚書、袁光禄其最。光光尚書，古之遺直，託興荷花，奸回辟易；正色立朝，田不盈陌；以視清獻，允不忒兮。豐清敏公。羡急流而勇退，〔耽〕〔眈〕從楊校改。蕖月與蘋風。不媿爲文正之女壻，忠肅之婦翁兮。史忠定蕖月蘋風之贊，爲周銀青師厚作。然蕖月與〔校〕錢志無此字。蘋風實銀青次子承奉作，陳忠肅嘗和之，不知忠定何以屬之銀青。今志乘又誤移忠定之贊爲南雄作，未考鄭峰真隱漫録也。南雄大節，同岑之盛；甲于黨籍，莫之與並。況其難弟，亦爭勝兮。元祐黨籍范忠宣、左丞、待制兄弟三人，南雄之母舅也；胡右丞宗愈、王學士覿，其再娶婦翁也；忠肅則妹壻也；忠宣(予)〔子〕正平，其中表兄弟也；鄧考功忠臣，胡氏之僚壻也。忠肅之妹嫁西山先生李深，親表十人，並登高第，時稱異事。貴義如璧，賤金如土；徵君高風，足千古兮。見了翁所作陳徵士志。越公八行，無忝笙詩之白華。不知冀公之事母，實傳家兮。史冀公簡爲明州從事，奉母最孝，公事之餘，即具酒食，遊十洲間。大吏俗人也，怒其不告，摧辱之，冀公抑悒而死。子越公詔厲志讀書，既被徵，奉母遁入大田山中。延祐志謂冀公以用杖輕忤大吏而死者，非也。當考忠定公所作五世祖德招魂詞。〔校〕楊本、錢志均無『祖德』二字。建炎倉皇，廣陵出走。監倉微臣，誓死孤守。呱呱道旁之兒，猶傳節孝之後兮。豐倉監治死節揚州，其子誼甫三歲，棄道旁，見者憐而養之。其後，高宗特賜褒卹。四明志失其事，予從始興志得之。顯謨諍諍〔校〕楊本作『錚錚』。不屈咸陽。江干遺愛，百世猶甘棠兮。汪少(師)〔卿〕從楊校改。思温。喪亂之餘，不緩民事。耕織是圖，豳風之深摯兮。樓安撫璹。憲敏醇深，宗師伊洛；其在甬上，〔校〕楊本注一作『東』。首傳正學；拒昏勁骨，天半諤諤。五峰諍友，不嫌攻錯。闡獲麟之一編，尤弟子之所淑。是以竇桂之坊，塤酬而篪酢也。高憲敏公閌，兄弟五人〔並〕從楊本補。登第。舊〔校〕楊本注一作家。學甘盤，黑頭潞國。〔校〕錢志作『公』。三經箋故之書，爲儒苑所矜式。而中興大儒，俱荷翹車之辟。史忠定相孝宗，御書『舊學』二字賜之。時有異僧，稱之爲『黑頭潞公』，所著尚書周禮論語義，俱簡當。而尤有功者，中興大儒朱子、陸子而下，大半皆其所薦。晚年出山，謂人曰：『此行可以已，但因朱元晦尚未召耳。』其愛賢如此，未可以爲梅谿所糾，竟没其善也。相業之偉，所關在國脈也。舅甥則學士有集，鄉里則祭酒有會。莊靖之明德，尤其最也。汪尚書大猷。〔楊注〕汪大猷，思温之子，慶元中，官敷文閣學士，與甥陳居士、樓鑰並居翰苑，人稱舅甥三學士。居士字安行，興化人，謚清敏。塵視軒冕，有如浮雲。删定父子之遺徽，真絶羣也。史删定涓不受忠定推恩之爵，其後以授其子彌林，亦承父意不拜，見剡源集。桐鄉東來，説詩之雄。瀔山妙句，穆如清風。自託信天，嗤謾畫之無庸也。朱舍人翌瀔山，詩最工，有信天緣堂記。宜之侃侃，難進易退。含香對命，百僚所畏。更有定城，一官慈惠。古之循吏，真不媿也。吏部郎豐誼及弟定城令謨。四先生之講堂，俱在湖上，而竹洲一曲，爲端憲之幽居。晝觀妻子，夜省夢寐，書帶之草，遍堦除也。皎皎季子，高卧丘樊。道義之樂，長沖閒也。沈端憲公以史忠定割宅居竹洲，而其弟季文之風節最高，亦館于史氏，兄弟並居湖上。館閣元公，師表乾淳，龐然名德，宣獻最尊。哲嗣亦賢，聽訟有聞。哀毁隕折，孝更純也。樓宣獻公及兄錫。槐堂高弟，尚有吏部。累掌大藩，思恢國祚。身後蕭然，更憐貞素。區區孤女之嫁，其餘唾也。豐吏部子有俊亦官吏部，其與象山講學，問答最多，蓋沈端憲，其妹壻也。持節淮上，力排和議，見劉後邨挽詩。舊志但以其嫁孤女一節，列之獨行，陋矣。辛陽之碧梧翠竹，宗衮所不能屈。講學之功，斯爲卓越。史忠宣不屈其兄，鴻禧不屈其叔，皆從慈湖先生講學湖上，爲〔校〕楊本作『稱』。下無『焉』字。高弟焉。筱夫守袁，魚釜塵甑；登諸循吏，西山所稱。樓氏安撫以下諸公，足雪墨莊、廢湖之恥，而爲正議振家聲。史氏則忠宣諸公，足雪魯公、永公之恥。趙氏有袁州，足雪其父黨禍之恥者也。世家子弟其勉之。疏寮觥觥，追配范陸；苦吟之餘，尚聞三略；晚節微嫌，平原入幕。高學士似孫詩最工，又有緯略、騷略、蟹略，晚年居姚江〔一〕。友林詩筆，清癯蕭瑟；東夫瓣香，此閒未絶。史春坊彌寧也，學蕭東夫詩，有集。饒州雅人，經術是治；退居晴湖，愛聞魚計。史使君定之也，著有太極圖論、蓍説、鄉飲酒儀、月湖老漁文集、鄱陽諸志〔二〕。〔校〕錢志無「文」、「鄱陽諸志」五字。楊本「儀」作「義」。楊校云「義」字誤，「諸」字衍。侍郎翩翩，夢吞三爻；更有叢書，足比青瑶；持計則失；談經則豪。趙侍郎汝楳，以史氏愛壻居湖上，其易學今尚存，叢書不傳，惜以理財進用〔三〕。屯田學問，克肖乃翁；中原師友，共仰大宗。樓屯田淳。測天量日，希蹤洛下；長貧如倏，〔嚴校〕作「洗」。布算不暇。樓處士倏，精曆學，終日持籌，故窶甚，而如富子，見清容集〔四〕。德祐孤忠，

〔一〕楊注：高疏寮尚有經、史、子、集、詩五略，不特騷、緯、蟹三略也。子略四卷，今刊入左圭百川學海。騷略、緯略、蟹略四卷，皆録入四庫全書。

〔二〕楊注：史定之鄉飲酒儀一卷、鄱陽志三十卷，皆見宋史藝文志。

〔三〕楊注：趙汝楳易序叢書十卷，今尚存其目。

〔四〕楊注：「樓倏，宣獻公族孫，精曆法，言『宋司天氣朔，盈虚當改，章法不可用』。人未之信，後授時曆頒，言始驗。館于袁賓州浚家四十年，布算疑多財者，貧老卒。」見袁桷師友淵源録。苞按：「倏」應從木作「𣚺」，以攻媿集孫行皆從木旁，詳前樓枎校語。鄞志亦誤。又〔馮注〕：倏即樓處士名，如從嚴修能改作「洗」字，則此四語，當指何人乎？

厥惟太平；一門蹈難，不媿世卿。（樓）〔豐〕從楊校改。使君存芳。諸應隱約，潔身不仕；衛公之學，猶存職志。應處士本仁，參政衛公之宗也，居今王家墩前。英英蔣生，學統攸歸；惜哉短折，玉折蘭摧。蔣教授宗簡學舍，在湖心寺內。至若城西義莊，敦贍鄉里；實惟湖上之三老，是綱是紀；非徒以拯困窮，抑將以養廉恥。史忠定、汪莊靖、沈端憲三老也，詳見舊志。〔校〕錢志無『三老』、『詳見舊志』六字。如樓如應，克恤其族，比轡范氏，以修雍睦。樓安撫、應處士皆置義田，以贍其族。更有義塾，亦應所置。古樹欒欒，于今未替。藏書之富，南樓北史。宣獻東樓、鴻禧碧沚最有名。宛委之山，不過爾爾。是皆西湖之著者也。苟〔校〕楊本作『爲』。問南湖之士族，有諸蔣之繩繩。偉哉金紫，高義得朋。豐公門下，共資嚶鳴。力排新法，荆舒是懲。幸免遠竄，縉雲所爭。了翁之來，更相輸誠。同心之蘭，其臭共馨。中奉兄弟，共守師承。尊堯正學，連桂以登。是以宣奉，卒忤蔡京。吾鄞士族之最先者，蔣氏其一也。金紫光禄大夫浚明，豐清敏所薦士，累官尚書，金部員外郎，〔校〕錢志無以上九字。力争新法，貶官，將遠徙，以母老，清敏力救之得免。陳忠肅來鄞，浚明首遣其子事之，中奉大夫璿、宣奉大夫珫是也。忠肅書『連桂』二字，以表其坊。宣奉忤蔡京，見清容集。太學早覺，聞歌清明。慈湖兄弟，實所服膺。太學存誠，金紫孫也。詳見慈湖所作墓志。諫議落落，端平晚節。何以銘心，猶傳四勿。閣學峴，即奉宣後，初年以論方大（琛）〔琮〕、從楊校改。劉克莊等，事（濟）〔齊〕從楊校改。邸，不爲時論所予，多指以爲史氏之黨。晚年當穆陵不豫，有謀逆者，閣學弭變功甚大，而又力排嵩之，所當表其晚節者也。將作多聞，摛詞清絕。義熙以後、甲子編集。將作主簿曉。三徑聯珠之唫，七世志幽之作，薦紳猶

〔校〕龍尾本作『尤』。傳述也。昭先，將作子，蔣氏嘗編三徑聯珠集，以録先世文，樓攻媿爲之序。又有續集，王晉卿爲之序。〔校〕楊本作『黄晉卿』。楊云：刊本及鄞縣志并作『王』，非。以孝弟爲醖醖，愛瑞堂之融融。五畝世業，二南宗風。一門著述，競爽争雄。薛氏瑞堂，樓宣獻公所書，本在張邨，其城居在湖上。二南之句，見薛朝議唐田間集中。朝議之孫子有集者，共二十六人。四明五老，衡州有名。退耕、浮石，義〔校〕楊本作『善』。俗以成。靖康舊德，少〔師〕〔卿〕從楊校改，下注同。齊稱。汪少〔師〕〔卿〕思温、薛衡州朋龜，爲五老會首。浮石在城西，衡州别業也。四明敦龐之俗，自汪、薛二公始。安撫持節，蔚乎治行。汴京老妓之詩，宗國大夫之悲哽。安撫居實〔校〕楊本作『君實』。有汴京老妓詩，最痛。刑部圖經，流傳七閩。漳浦保障之愛，猶滿城闉。郎中楊祖。是雖顔柳之家風，何多媿歟？乃若南渡以還，誰爲巨擘；我思兩公，折衝使節。謂魏文節公杞、陳文定公槪也，皆使金不屈，世但知魏事。焦山丞相，參預密勿。實佐中興，未竟其烈。晚愛詩寮雪窗妙筆。文節于闈中識雪窗張武子之文，晚年遂〔校〕楊本『遂』字下有『訂』字。爲詩友。峥峥少師，清門所出。黨論方興，抗章申揭。由來骨鯁，罔愆遺笏。文定救吕祖泰黨禍，時以爲有文介之風。節使安貧，升聞帝室。不見金帶，没身始出。寢丘之田，足彰高潔。理宗書『安貧樂道』四字賜趙清敏公與〔歡〕〔懽〕，從楊本錢志改。其金帶質鄰家，大〔殯〕從楊本補。斂，始贖歸，事聞，賜田以養其家。五書〔綜〕〔博〕從楊校改。綜，直追籀佚。高冠長劍，先型可即。高使君衍孫，疏寮弟也，精韻學，兼工畫。〔校〕錢志無此三字。清容稱其衣佩古雅，爲嘉定故老冠。十年窮困，出處如一。宣獻風流，汀州獨絶。汪使君之林，樓攻媿弟子也，不屈賈氏，家居十年。至若嘉泰大魁，名經首列；則又科第之雄，足參三傑者也。傅狀元行簡居湖上，嘉靖志誤移之鑒橋。名德之盛，更有浚儀之王。抗直則忤鄉衮而避位，文章則追塾師以升堂。王道閣撝，學文迂齋，以忤史氏不達。汲古傳忠，御書煌〔校〕楊本作『煒』。煌。理宗所賜。堂堂深寧，正學是宗。薈萃鴻詞，比譽三洪。六經百氏，旁推交通。孤忠草詔，三軍動容。大命既去，幅巾潛蹤。如偓如圖，以保令終。默齋亦佳，不媿難兄。麗澤科第，三輔圖經。太常應鳳。尚書有子，遁跡柴門。不忘其父，肯辱其身。過庭有傳，是謂遂初之文孫。靜學先生昌世，承父遺意，不出，教其子厚孫，世稱遂初先生。四明累世之文獻，莫與倫也。日湖〔樵〕〔漁〕從楊本改。唱，領袖詞家。杜門桑海，晚節尤嘉。可憐用晦，以發天葩。陳參議允平。昌國大參，錦樂表閭。愛其至性，〔校〕嚴校作『子姓』。白首友于。余魯公天錫與弟尚書天任甚睦，其最可稱者。京兆義田，亦踵其餘。不幸閬州，喪其令譽。京兆尹晦，詳見宋史。太府恂恂，蘭芽之腴。宛然二父，孝義不渝。太府尚賓，魯公子。是在貂蟬鼎盛之中，不容掩其瑜者也。更增賢哲，來爲寓公。日抄一編，儒苑箕弓。東發黃先生，宋未亡時，寓居湖上。侍講有孫，講經不窮。曹侍講放齋曾孫泰宇，授徒蔣園。天台三老，博奥精通。胡身之、舒閬風、劉正仲俱避地湖上，而身之則重注通鑑之地。高文老筆，來自剡中。剡源先生僑居五臺寺旁。于是有才晚出，曰袁學士。問其門閥，淵源樞使。謂其曾祖越公韶。集賢再生，翰苑八至。淵然清容，丕振剡源，遺老之幟。今學士橋乃袁氏物。而牙籤之于王氏，亦復並峙。彼津逮者，蓋未易以猝詣。〔校〕龍尾本作『請』。楊本作『至』。南湖藏書，前王後袁。露〔校〕楊本作『霧』。蒸龍出，雲破鶴歸。羡遥天之清泚，溯前輩之風徽。其足以徵舊德焉否？若夫有明一代，時系尚近，姑弗及也。

對曰：斯極盛矣，〔校〕楊本作『兮』。雙湖在四明爲一隅。今先生之言，其富足與深寧並驅。曷亦勒之貞石，光我枌榆。無使殘煙衰柳，徒爲晉卿所唏嘘也。

鮚埼亭集卷第五

辭

剡源九曲辭 有序并跋

奉化縣西六十里，有山夾谿而出，滃然深茂，曰剡源，蓋剡水之源也。六朝以來，豔説剡中，而窮其源則在吾鄞。其〔校〕楊本作『有』。水曰臼谿，迆邐南行，歸于鄞江，爲南源，是乃梨洲洞口。出江之道，中分九曲。顧九曲，唯第三曰小盤谷，見稱于謝遺塵；第五曰三石，見稱于道藏；而其餘不著。至王元恭至正志始詳列其目，而陳基、高啟排比賦之，亦舉其大略而已，未足以備文獻之勝也。予乃各爲之辭，以存仙原福地之掌故焉。

第一曲曰六詔，別名左谿，有王右軍廟。考右軍宅在金庭，其去六詔密邇，故別業在焉。山中有石硯，相傳爲右軍所遺也。

有石硯兮碧于油，溯典午兮風流，六詔高名兮百世留。寂莫兮荒村，閉空靈兮廟門，不如蘭亭兮世所欣。豈知地偏兮心遠，洞天兮首選，清泉流兮白石轉。吾觀右軍兮高才，思用世兮不諧，乃歸去兮蒿萊。試規謝萬兮辭殷浩，料世事兮數計而燭照，世莫知兮斯高蹈。笑史臣兮昧雅素，謂懷祖兮是妒，致自傷兮遲暮。願分越州兮失詞，遽誓墓兮將安之？苟信然兮何褊忮。彼樂天兮知命，于浮榮兮奚【校】楊本作『莫』。競，誰爲斯言兮自道聽。愛清景兮蒼茫，換白鵝兮成行，謝鶴書兮何傷。思斯人兮不可作，擷谿毛兮薦飛瀑，礪百【校】楊本作『萬』。世兮振污濁。

第二曲曰駐蹕，有吴越錢忠懿王祠，以訪陳殿中至焉。姚江黃氏曰：『蓋忠懿【校】楊本有『王』字。未即位時，出鎮台州，便道過此也。』惜乎殿中之名不傳。

五朝昏亂兮誰好賢？臨安王子兮何翩翩，流傳佳話兮祠宇，駐蹕餘光兮七百年。【校】楊本作『流傳佳話兮駐蹕，祠宇留餘光兮七百年』。贈良馬兮兼素絲，宿我山中兮飯紫芝，剡中清風兮颯颯，一洗腥塵兮雲護之。【校】楊本無上二句。殿中兮何人？乃高卧兮絕塵；【校】上二字楊本作『與世辭』。旌旄兮涖止，呼老鶴兮迎門。【校】楊本無上二句。我稽歐、薛之舊史兮歎闕佚，姓氏無徵兮足太息。高風兮天際，江東【校】

楊本無『江東』二字，有『望』字。巖岫兮生碧〔校〕楊本作『古』。色。暨〔校〕楊本作『想』。嗣封兮踐阼，諒徵車兮相望，〔校〕楊本作『催赴』。何不惠然兮佐我〔校〕楊本作『予助』。哲王。山人老兮戀洞天，寧令王前兮不士前；埋芳名兮千古，空餘祠祀兮師後賢。谿流〔校〕楊本下有『兮』字。寫碧玉，〔校〕楊本上有『勢』字。蜿蜒〔校〕楊本下有『兮』字。出山麓；山谿〔校〕楊本下有『兮』字。兩曚曨，遺音在空谷。〔校〕楊本作『緬餘音兮在空谷』。

第三曲曰小盤谷，一名兩湖，亦名桃花坑，石有紋似桃花，或竟以桃花實之，謬矣。蓋謝遺塵九題中之『雲南』，高士竺汝舟居之。元時有孤峯菴，所謂『翰林松』者，則戴洵所遺也。予擬立祠以祀謝竺二公，以待後之好事者。

二十里雲兮渺無際，其南磴兮猶存。山之折兮水以旋，水既漸兮山復抨。坑前石壁兮稜稜，澗底游魚兮尾尾，洞口碧蘿兮離離，將無盤谷之所徙。平田兮中央，四阿兮環峙。山靈吐納兮鼓秀，澤如〔元〕〔玄〕都兮春至。深兮淺兮，隱兮見兮；絳兮白兮，峨〔校〕楊本作『俄』。而碧兮。謝公高蹈，皮陸所同兮。竺公長者，據此神宮兮。誰其嗣之，亦有孤峰兮。五色靈禽，時傳好音兮。竺公有後，蔚爲儒林兮。老松插天，遺愛可尋兮。林深兮路杳，地僻兮人希。〔校〕楊本作『稀』。買山兮有日，舍此兮安歸。

第四曲曰臼谿，即榆林，有浄慈寺，戴帥初所居也，居人猶稱帥初爲剡源夫子。予謂帥初以薄禄竟受教授〔校〕楊本作『諭』。之官，宜爲黄萬二公所貶。其時流寓榆林者，曰舒閬風、劉正仲，高節可師〔校〕楊本作『傳』。也，帥初媿之矣。當立祠以祀舒劉二子，而帥初姑置焉。

蓮峯高百尺，臼谿深百里，榆林居其中，是爲石穴藏神髓。窪然其深，聳然其秀；南來二晦，落吾襟袖。忽鐘聲〔校〕楊本作『鼓』。兮雲外，震聾聵兮下界；誰爲仁王兮膜拜？撫遺碣兮志概。沈端憲公所撰寺記。山前高閣兮穹隆，有元文伯兮戴公；丈五幟兮凌長空，彩豪〔校〕楊本作『毫』。落處貫流虹。惜哉斯人兮，執德不固，出山之泉兮失故步；不如二子兮，保兹貞素。五百年來兮，商榷瓣香；非敢刻責兮，大義皇皇；所關在風教兮，不徒文章。

第五曲曰三石，即丹山赤水洞天也，曹放齋〔嚴注〕名粹中。居焉。放齋師李莊簡公，〔嚴注〕名光。即爲其壻。莊簡師元城，以接涑水之薪傳。大儒弓冶所在，而爲道家所攫；又未幾而爲永固寺，三教流轉，日失其正宗矣。舊有祠以祀放齋，因及其子之殉節楚州者，而附以泰宇，今皆無矣。是乃九曲中第一事，烏可以不復也。

危石兮參三，陰〔校〕楊本作『隱』。洞兮兼兩；赤文兮古篆，摩厓兮百丈。作者將無王次仲，抑或飛來蔡少霞。巖間流水如龍吼，紅雲負怒成天葩。懸知金庭本一氣，伏流往往含丹砂。風洞兮颸颸，如大隊兮堪游敖，南箕哆口兮酷暑消。何人好事兮深入，驚殷殷兮水窟，神龍〔校〕龍尾本作『龍神』。揚鬐兮叱唐突。是爲洞天之中宮兮，故瑰奇之愈萃；愛一塵之不到兮，使我留連而心醉。伊放齋之投老兮，自蛟海而來遷。聞説經之鏗鏗兮，較出于讀易老人之幾先。楚州之啼鵑來歸兮，重之以泰宇之野哭。今皆消歸烏有兮，何人重弔彼喬木。山光寂莫而蕭寥，〔校〕龍尾本作『條』。但見永固之老僧，羌鬱鬱其誰訴兮，聞魚鼓兮屏營。

第六曲曰茅渚，陳本堂之故居也，有上乘寺。陳氏子孫夸其先世，歷序三尚書之名德，而宋史無之，深爲可疑。予據袁學士集，斷陳氏之著者，始自本堂，則三尚書俟更考矣，別見予雙韭山房答問録。茅渚之地，但當立祠以祀本堂。

更委蛇以前去兮，度石梁，曰茅渚；淡蕩兮林煙，蒙籠兮邑聚。牧人語兮弄月，耕〔校〕龍尾本作『薪』。叟歸兮喜雨；有犬吠兮如豹，和深林兮鳥語。〔校〕楊本下有『皆見高内翰集』注。訪仙尉之文孫兮，數華胄兮蟬連；吾考古而無徵兮，姑志疑于閑中之編。見閑中今古録。愛本堂兮碩學，慈湖之私淑有傳。攜梅磵之文孫兮，謂天台胡世佐，梅磵孫。累朝之統紀是延。何必遥遥甲第兮，隆國茅土〔校〕楊本作『學士』。楊校云『茅土』爲是。成虀言。爲此世系者，學士桱之所造也。今其後人〔校〕楊本作『徙』。居白下。日色暝兮誰家宿，看嵐影兮逐逐。〔校〕楊本末二句作『後人散兮空遺躅，（袁清容謂其孫支多散。）疇向溪旁兮構祠屋。』

第七曲曰班雞，有報本寺。舊志自寺而外，一切故蹟無見。按本堂集，則班谿故家爲董氏，有隱君董聲仲〔校〕楊本作『深仲』，下同。者，其祖手植檜甚古，聲仲築延清堂以表之，足以補諸公〔校〕楊本作『志乘』。之遺。

剡谿〔校〕楊本作『剡江』。兮繹繹，朝歸潮兮夕歸汐。溯源兮左谿，幾分支兮不隔。更有班谿兮東來，偕一泓兮澄碧；荷花開兮如雲，菱花開兮如織。漁郎四發其櫂歌兮，留擔簦之行客；試聽玉雪之琤琮兮，其聲中于無射。巋然靈光兮，擬之寶桂與韓桐；古檜以延清兮，豈以名位相長雄。佛火相與輝映兮，曰惟正思之梵宮。彼土膏兮甚沃，鍾物産兮最良：〔校〕楊本作『尤贍』。鴨脚之芹嫩緑兮，和燕尾之筍以爲糧。〔校〕上兩句，楊本作『芹春生兮滿筐，筍冬斸兮盈擔』。蓋十倍于蓴菰兮，高人津津其飽啖。彼鼎肉兮何足戀，老江鄉兮真不厭。

第八曲曰高嶴，即雪竇也。是山亦至宋始著，而今于九曲中爲最盛。

臺在峯，亭在突。誰駕風車，運兹飛雪。横素練兮漢津，舞機絲兮夜月；乳峰潺湲兮如膏，珠林崩〔校〕楊本作『奔』。騰兮不輟〔校〕楊本作『絶』。楊云當作『輟』。莫尚書兮真解人，開錦鏡兮清冽；下潭兮更幽，上竇兮雙絶。昭陵夢游而戾止兮，思陵賜研以〔校〕楊本作『兮』。增光；穆陵之御墨洊加兮，山齋至今有寒芒；怪羣峰之兀兀兮，争拱立而來王。誰爲郢書與燕説兮，謂常通之可疑；豈以遺世之靈府兮，非類得以妄栖。爰循磴而下兮，訪宋仙之丹竈以少休。谿泉汩汩以齊鳴兮，迎玉蝀以同流。

第九曲曰公塘，王志誤爲『公棠』，姚江黄氏疑之，以爲既有梨洲，復有公棠，梨即棠也，曾是一興公，而百里之内分據二山是也。然不知公棠之本爲公塘，予考開慶志始釋然，别有考。舒廣平墓在山中。

賢者之所過必争兮，孫郎遺澤何茫昧？赤棠白杜之互混兮，一事而二山各誇其蔽芾。豈知歷年久而文易譌兮，何不考遺蹤于古隸。吾轉惜是山之坐失孫郎兮，不則右軍之鄰比良堪愛。更徘回而四眺兮，有廣平之故阡；嶽麓之薪火可溯兮，槐堂之流派未乾；歷今世豈有斯人兮，固宜榆林之緬想其淵源。晦谿兮來同，泉谿兮伊邇；洞天之靈笑人兮，游録豈可以嘿而已。聊揚厲兮舊聞，山猿谿鳥諒〔校〕楊本作『良』。不鄙。

剡源山川奇矣，然其絶勝不可指屈，非止九曲也。其要會一在小盤谷、榆林之交，謝遺塵所云『雲南』也；一在雪竇，謝所云『雲北』也。故國初士大夫謀避地者，皆在二所。予意欲增置諸祠宇，以與宋元諸古蹟相輝映，苟有好事者，必不以予言爲妄也。一曰小萬竹山居，故少參羅公夢章避地處也。少參蜀人，司李吾鄉，實佐錢忠介公起兵。亂定，蜀道尚梗，無地可歸，遂居山中。少參雖解官，于士大夫往來山中者，力猶能緩急之。宜即其山房爲祠，而配以故鄞令袁公州佐，以其衛東錢湖之功也。一曰榧樹灣草瓢，以祠故順德令貞靖周公齊曾，其逃禪之地也。貞靖同心者，曰故太常王公玉書、故監軍周公元初，宜合食于祠。一曰蓮峰〔校〕楊本作『蓬萊』。茅菴，以祠故觀察節介陸公宇燝，其募兵處也。〔校〕楊本上有『嘗與』二字。舒廣平之後人曰舒坤翁字方叔者同居。方叔畸士，王太常嘗爲作傳，死于山中，節介挽之，詩曰：『嗚呼方叔！不死者心死者身；有魂趨東海，翩然朝故君。』宜以配節介。一曰高嶴聽瀑草堂，故廣文張公廷賓逃禪處也。同心者，曰邵公得魯，詳見予姚江三哀詩。二公皆姚産，宜合食。其餘尚多有之，而予數年以來病廢昏忘，不能詳矣。然苟舉此四祠者，其餘可例推也。四祠三在『雲南』，一在『雲北』，其無〔校〕楊本作『毋』。曰山川自佳，何作此『點鬼簿』者爲？

亡友史雪汀愛予湖語及此文，嘗曰：『會須各繕一通〔校〕楊本作『統』。勒之山庭及湖墅。』垂殁，向諸弟子令來索稿不置。予已棄之十年矣，張生炳葺予文，重以見示，感念故人，不禁怦怦，乃録之。

射龍將軍揚波辭　有序

瀕海桃渚之上，有射龍將軍廟焉。將軍之神，前明寧波衛指揮萬公文也。將軍以永樂十有五年，率舟師逐倭寇，戰于桃渚，大捷。明年，下哨象山之鋸門，昏夜見雙燈遠至，熊熊閃閃，以爲寇也，遽發勁弩，落其一炬，黑風應弦而起，一軍盡覆焉，乃知其爲龍也。將軍時年二十有二。先是萬氏自將軍之祖斌，以佐命死滁陽，受世爵；其父鍾，死遜國；其兄武，死交趾：三世皆以勤事，不得歸骨，招魂葬于西山。至是以將軍衣冠附之，所稱『四忠之墓』是也。桃渚居民，因呼將軍爲射龍將軍，而立之廟。吾讀寶慶圖經，是山之龍有五，今世所傳祇一龍耳。夫龍之爲物至靈也，其噓雲降雨，大造之元氣憑焉。然而其質出于血肉之精，則尚未離乎物，于是人得而豢之，即使人得而醢之，而掀天揭地之能事，有時而困。吾聞之海上居民，以爲龍既落其目，忽變相爲人就醫。醫家爲之傅藥，稍愈，適其女從户隙窺之，則傫然鱗蟲之影也，大驚，呼其父，而是人已不見。自是〔校〕楊本下有『竟』字。不復至，目亦竟不瘵。又或言龍既病目，嘗直入東錢湖深處養痾。斯其言皆誕妄莫之信。然大造之變化，無所不有。世傳蘇門孫登爲龍治疸，蓋亦舊有言之者，姑存之而不論焉可矣。然則將軍之廟食，將〔校〕楊本作『其』。何以安是龍？曰不然。夫龍之鎮是海也，天帝將使之彈壓鯨鯢，以靖海外。將軍之誤中于龍，亦以生靈故耳。則龍雖創巨痛深，事定之後，必能諒將軍衛民之心，出于無他。而將軍歿爲明神，徒御之往來，自有與龍解釋舊嫌，〔校〕楊本作『怨』。追〔校〕楊本作『殆』。援藺廉、賈寇之例，以公誼相平者，相與左提右挈，佑兹東海，吾言蓋決之于理而不妄也。古之善射者，曰『射日』，曰『射潮』，曰『射石』，而將軍以『射龍』，其技亦神矣哉。將軍之裔孫翰林經，乞予爲揚波之辭以祀神，其辭曰：

天帝兮峩峩，詔神龍兮晏海波；雙眸如炬兮，誰其譙呵。將軍兮年少，一矢加遺兮靡不到，夜指雙〔校〕楊本作『神』。眸兮成賊哨。神光兮驟没，鞭海水兮起立；狂瀾所〔校〕龍尾本作『折』。衝兮，魚腹是〔校〕楊本作『所』。攝〔校〕龍尾本作『懾』。俄聞天帝御素〔校〕龍尾本作『紫』。宮，召海若兮戒神龍：將軍衛民兮鑒赤衷。汝自疏防兮遭彈射，幸不逢豫且兮免屠坼，眇能視兮未足惜。將軍叩關兮謁天帝，臣志未伸兮海氛尚厲，神龍作梗兮噎臣〔校〕楊本下有『之』字。氣。天帝有命兮將軍勿嗔，吾令海若兮爲調人；將軍率此國殤兮永靖海濱。神龍奉教兮敢懷舊恨，戢所部兮效順，願〔校〕楊本此字在上句『效順』上。同努力兮臣之分。朝潮兮夕汐，驅鯨鯢兮屏迹，結朋好兮宣帝力。遺廟兮沈沈，古木兮蕭森，底須西山之大招兮始降臨。

海若白事小史解嘲 有序

羅存齋爾雅翼引古今注以墨魚爲『海若白事小史』，其名甚儁，因戲作解嘲一首。

墨鄉先生〔校〕楊本『鄉』作『卿』，下同。游于蠣灘，有請謁者曰：『某海若白事小史也，自慙託體尾閭，厠于下吏。竊聞執事高座騷壇，奎芒所庇，餘瀋之沾，磅薄無際。願得望見清光，豫于闒墨之戲。』

墨鄉先生嗔曰：『嘻，汝來前。夫汝固百谷王之左右也，研神膏以侍香案，殆亦有年。王人雖微，彼江漢之來朝，其以汝爲蓬瀛之仙；擬諸匭使，〔校〕楊本作『史』。昕夕傳宣。向者汝亦嘗有知禮之稱，豈意其居近侍而作奸〔校〕楊本作『姦』。也。汝不聞邃古之世乎？結繩之政，〔校〕楊本作『治』。久而難沿。于是有書契之作，世世不刊，以察萬民，以治百官；苟舞文者，必干嚴懲。今汝職在水曹，逞其詐諼；淡墨空描，枯墨易乾。謬託于延安之石液，與雞足之松煙；竟隨脈望，亡也忽焉。不特蒼黃易幻，抑且緇素茫然。是則決東海之波，其罪莫湔者也。汝尚敢仗鶹鳥之餘瀝，流匹鳥之殘涎；思膏唇以自媚，吾恐其爲天網之所不寬也。』

小史對曰：『執事之義良峻矣。雖然，願畢其詞：惟下吏之在淵，累朝資其才〔校〕龍尾本作『財』。力。阿衡四方之令，采爲醯醬之需；見王會。元豐九域之經，收其骨鯁之益。墨魚骨，貢于宋。若夫偶然遊戲，爲人所得，以填左券，忽泯其迹。是則長卿之慢世，欲示人以不測。偶一爲之，執事何過之深耶？且夫世之竊弄此君者，其誰無慙德耶？〔校〕龍尾本作『也』。廟堂元老，出納絲綸；五雲之筆，何所敷陳？館閣耆舊，清華絶羣；葫蘆依樣，是爲雄文。臺省鵠立，白簡不聞；誰其批敕，人云亦云。場屋士子，東塗西抹；謬種流傳，僥倖釋褐。誰爲儒林？經史荒忽；誰爲文苑？丹黃剽裂。試對此君，何者足述。可憐墨精，日以澌滅。以彼其人，當其揮猩毫，展繭紙，五鼠之精，百和之髓，各極精良，高自比儗。豈知點漆未貯于胸襟，十笏空勞其役使；隃麋黯然，喪氣欲死。更有黠者，筆札狓猖，研池狂蕩；決河可徙，高天可障。言人人殊，更毀互謗；詖淫邪遁，莫之或抗；玷我芳丸，用之無狀。嗟嗟此輩，下吏方欲以鮫宮之澤，遍布墨林；使其消歸烏有，泯然無尋；不須秦人之縱炬而自熄，〔校〕此句楊本脱，楊手鈔補。不須杜侯之投淵而自沈；廓清荒穢，庶幾快心。當斯時也，天帝且將爲下吏策奇勳，加茂祉；賜姓則曰『墨胎』，命名則曰『墨子』；授玉則墨寶成圭，錫龜則墨兆具體；乾苞則墨雲呈祥，坤符則墨浪傾否。明罰用其墨刑，紀功登于墨史。若彼奚、耿、潘、盛之徒，追隨即墨大夫之後，〔校〕楊本上有『以』字。充胥吏而已。乃知不朽固難，速化亦自不易也。執事何過之深耶？』

墨卿先生笑曰：『辨哉小史，思以頰舌逃責備；聞諸六朝試士不中程式，罰飲墨水一斗，使之内媿；吾今以汝之墨飲諸不學者，轉以辱汝，或少弭其罪戾乎？』

小史愀然請曰：『下吏之力，足以療捧心之娃，亦見爾雅翼。不能救面牆之豎；雖辱何補，不如乞身之爲愈。』于是中流乘潮，復化爲花枝而去。閩人呼墨魚爲『花枝』。

楊鳳苞校藏舊鈔本，此卷後有蔣學鏞跋如下：

先生手定鮚埼亭集五十卷，前五卷皆有韻之文。其後董小鈍乞杭堇浦銘先生墓，堇浦索閱全稿，遂沈匿焉。幸諸友人各有底本，合之仍爲一集，而第五卷獨闕，故小鈍所刻亦至湖語而止。辛丑，鏞入都，同年歸安丁小疋出先生集相示。問所從得，則武林汪鷗亭從董浦借録，因漸有副墨流傳，亟取其第五卷鈔之。後半浦鄭氏亦從武林鈔得一部，并借以相較。庚戌，命諸生分録先生全集，特補入此卷，以仍先生手定之舊，其字句間，則以都中所鈔本爲據。蓋鏞少時亦嘗爲先生録此一過，尚略能記憶，非敢妄謂審定也。七月望後六日門人蔣學鏞識。

鮚埼亭集卷第六

〔楊注〕此卷神道碑銘一，神道表一，計二首。陳公，甲申殉難忠臣也。錢公卒於乙卯六月十六日，大兵先於初八日入浙江，而硤石尚未登皇朝版圖，猶是趙家土也。況聞信而勿藥，是與殉難等，故與陳公合爲一卷。

碑銘一

明四川道御史再贈都察院右副都御史謚忠貞今謚恭潔陳公神道碑

〔楊注〕丙辰，年三十二。

世祖章皇帝追卹甲申十九忠臣，吾鄞陳公其一也。公之卹典，在勝國已有之，後復邀新朝之恩命，而埏道之文未具。蓋公無後，凡再繼而再絶，以故遲之至今。乾隆改元，諸陳請予爲之，予考□□〔校〕楊本作『明史』。所作公傳，□□〔校〕楊本作『失之』。略，而家傳又失之誣，乃徵之高都御史所作志銘并林都御史之集，别爲一通以畀之。

按公諱良謨，原名天工，字士亮，一字賓日，宋文介公禾之後，崇禎辛未進士，釋褐雲南大理府推官。滇中道遠而土瘠，筮仕者多畏之，及公謁選，而銓司勵有大理一缺，或曰盍少待之。公曰：『擇地而仕，非貞臣也。』慨然請行。至則以法清浪穹民屯積逋之困，蠲祲歲糧。東晉湖爲趙州七村所仰給，而漢邑亦資其啟閉，常兩争之。公立斗門二〔校〕楊本作『三』。間於湖，蓄洩以均，因豁湖中新增夏税；練兵禦寇。六載，以考最召對。時思宗方講敬天之學，諭一切章奏箋表，不得褻用『天』字，乃御筆爲之更名，擢四川道御史，巡按川中。公爲人木訥，不妄言笑，每當廣座，諸人論辨蜂起，公獨嘿然。其居官循分盡職，不與時風衆勢相和，於世間所謂黨部、門户、流品之説，不曉也。

時流寇鴟張，天子倚督相楊嗣昌以平賊，賜劍出征。初亦負時望，及大用後，日以舛繆。自其用熊文燦爲總制，大壞國事，不得已親出。嗣昌故楚人，不欲流賊塗炭鄉里，思縱之入蜀而徐圖之。而公以巡按甫至。公之在朝也，不甚知嗣昌心迹，猶以前此人望，謂其才爲可倚。既抵蜀，亦不知其將以蜀爲壑，躬閲關隘，飭文武爲堵勦計。初公奉敕專任城守，以衛蜀王，已而又有監軍之命，行間功罪，無所不豫，獨勦撫進止機宜，聽之撫鎮，而撫鎮又受督相節制。蜀撫邵捷春亦良吏，顧嗣昌不之喜，欲誤其事而陷之。公時時調兵食以佐捷春。賊還延東去，復自巴巫入楚。嗣昌始終思撫賊。公謂捷春，當仍調兵合東北二〔校〕楊本作『一』，莫云：刊本作『二』是。鎮以堵賊。又言川中間道最多，宜防詭師。又極言賊之不可撫。捷春阨於嗣昌，不能盡行公言。而賊果乘虛自巴霧〔校〕楊本作『巫』。渡開新。公恐其薄成都，晝夜講求守禦之法，賊偵知有備不復至。嗣昌委開新之過於捷春，有詔逮問，并奪公職，令殺賊自贖。公之受事也，嘗奏言督師實心辦賊，其功可就。識者知公朴誠，將爲嗣昌所賣，至是而驗。及秦兵報瀘州之捷，斬首一千三百餘，嗣昌夸爲大捷。而公覆按，有『瀘州殉難官民無首』一疏，極言秦將之欺負，〔校〕楊本作『罔』。時取官民死事之首，以爲賊首。乃知嗣昌之誤國。而賊已自蜀入楚，襄王被害，嗣昌聞報自裁。天子爲之旰食，命公留蜀以任後事，再踰年始代還，以乞假省親歸。

公之歸也，同里林大行藺菴迎質之曰：『聞公前此有獎武陵之疏，然否？』公歎息曰：『良有之，不知其方寸一至此也。』大行笑曰：『公從西臺出，獨不知其排黃石齋，殺盧九台，陷楊機部，害孫白谷，引陳新甲、熊文燦耶？而尚信之耶？』公謝曰：『是吾罪也。』蓋公之醇厚有如此者。

返命，補原官，〔校〕楊本有『監』字。視太倉。時國事已去，京師在官者，皆求南下以避禍。公瀕行，獨呼畫師寫照而後發。或問之，曰：『此委身而去之日也，生還其可望耶？』甲申三月十九日，城陷，作書二函，一上太孺人，一以與承祧子久樞，賦絶命詞，示其客李芳泰。公之少姬時氏，燕人也，時年十八，已有孕，公欲使僕從護之南行，不可；欲遣歸其家，不可；請先公死。腕弱，結繯不急，公助之，歎曰：『一婦人乃如此！』時氏氣絶，公乃自縊，時年五十有六。義僕周明，以公柩及時氏之柩歸，鄞人相率焚香迎拜哭之。南都贈太僕寺卿，謚恭愍。江東加贈右副都御史，謚忠貞。世祖章皇帝賜謚恭潔，命有司致地七十畝以祀之。董户部守諭嘗曰：『三代以下、未有不好名者，賓日不好名，其殺身所以獨真也。』

至於公與嗣昌始末，自少知人之鑒，此不足爲公諱。顔魯公尚爲賀蘭進明所欺，況他人乎？陳氏家傳乃謂公早草疏欲糾嗣昌，或援石齋黄公之禍以危公，是以中止。是則欲爲公回護知人之哲，而反誣公以見義不爲之懦。夫以失察咎公，是不知也。如家傳之言，是無勇也。不知之過，如日月之食，不久而更，此公所以終暴其瀘州之欺罔也。無勇之過，則持禄養交，以與於誤國之罪，是小人之歸。其以愛公而誣公，不亦愚乎？又云：公於嗣昌死後劾之，遂追削其官爵。按嗣昌身後未嘗褫奪也。諸公不審，引入志乘，可謂疏矣，是不可以不辨。公之墓在城南蔣監橋，其祠在城北娑羅園。〔校〕龍尾本『娑』作『羅』。乃又爲之銘曰：

公之大節，足感信公。五百餘年，魂夢早通。失於武陵，不害其忠。粹然心迹，天日昭融。彼諱之者，適成愚蒙。我銘公墓，據實折衷。

明直隸寧國知府玉塵錢公神道表

明萬曆中，臨江知府錢公若賡在儀部，以選妃事得罪神廟，神廟欲得間殺之。既出守，會勘故御史劉公爲江陵所陷狀，江西故撫臣坐是遣戍。諸貴人之右江撫者怒，乃以其嚴刑捕盜賊，目爲酷吏，峻其語上聞。神宗大怒，詔置之死，三法司諸臣救之不能得，臺省救之不能得，臨江之士民連年赴闕救之者，以千餘人，卒不能得。閣臣申文定公等心知其冤，乃與理臣密議，連年請緩決，而以長繫徐爲之圖。長繫三十七年，終不得出。

萬曆四十七年己未，臨江之少公敬忠〔楊校〕作『敬宗』。成進士。〔楊注〕考明太學進士題名碑：『天啟二年壬戌科賜進士出身，第二甲三十八名錢敬宗，鄞縣民籍。』臨江三子皆授經〔校〕楊本作『受』。莫校云：『刊作授亦可，但不若受字有本，合於事實。』於獄中，少公當臨江下獄時祇一歲。至是，不赴大對而歸，作誓墓文，挈家省其父獄中。還京，囚服籲冤於朝，時熹宗新即位，未改元也。其疏曰：

臣敬忠冒死言。臣伏覩恩詔一款：『內外現監應決重犯，情罪有可矜疑，准與辨明開豁，欽此。』真累世聖仁〔校〕龍尾本作『王』。楊本注一作『王』。好生之德，罪疑惟輕之至心。臣父錢若賡，歷官臨江知府。臨江盜賊淵藪，臣父刻意剪鋤，刑罰不撓，强項執法，屢忤當事，浸淫致撫按劾奏杖斃多命，乞賜罷黜。奉旨提問，撫按初招以淹禁多囚，擬杖爲民。後以聖旨嚴責，遂弔取監簿內病故囚犯，概作杖斃，坐酷擬遣。復奉嚴旨從重擬罪，法司執稱：『酷吏律止爲民，增例充軍，亦已從重，或再加邊遠烟瘴，此外更無律例可引，止有懷挾私仇、故禁平民致死律一條，似可比擬。若賡招內杖禁死者，查未細開事犯，必有無罪平民。但揆之懷挾私仇之條，又若有間。臣等未敢輕擬，取自上裁。』竟奉聖旨監候處決。夫曰『必有』，曰『似可』，實憑空臆度之詞。無何，巡按御史朱鴻謨勘得招内監故犯人，〔校〕楊本作『人犯』。皆强竊盜賊，並無無罪平民，且有在外病亡，或已經發配，或從未到官，或當時省發，不宜概稱監故，勘的在案。則法司所謂『必有無罪平民』者，非真〔校〕楊本作『直』。臆度，姑〔校〕龍尾本作『始』。爲雜引，以完從重擬罪之嚴旨耳。嗣後恤刑員外袁一虬疏稱若賡情罪可原，謂：『江西諸郡，惟臨江盜賊繁夥，號爲難治。若賡念欲保全善類，當先制伏凶頑，稍厲威嚴，多用鞭朴，〔校〕龍尾本作『撲』。復因囹圄拘禁，致多累死。咎在求治太急，嫉惡太深，原非以酷濟貪，故爲殘忍，斯其情有可矜者。按律故禁之條，蓋爲官吏懷挾私仇，將無罪平人故意監禁，因而致死。今查若賡招開監斃人數，如盜賊楊班九等，係應該拷訊之人，其徒杖罪人彭亮一等，亦皆犯在有司，本與平人有間。以官治民，因事用〔校〕楊本作『犯』。莫校云：『刊本作用，宜從。』法，亦與懷〔校〕龍尾本作『挾』。私故禁者不同。邂逅致死，律應勿論。此其罪有可疑者。』又大理卿曾同亨疏稱：『四品職官爲獄囚盜賊抵命，國家二百年來所未有。』同亨名臣，即臣父所治江右人，非但執〔校〕楊本作『守』。法之平，亦出見聞之確。又刑部主事黄道瞻疏稱：『若賡之獄，按臣以爲當戍，法司以爲當戍，陛下獨令從重論死。且若賡青年守郡，攻鋤太甚，至於操持，並無可議。是以今雖繫獄，民共惜之，不避斧鉞，赴闕籲訴，莫非人心之公。』又工科給事中唐堯欽疏稱：『若賡意主於嫉惡，守嚴於茹冰，江右之民屢爲若賡訟冤，何止千人。此千餘人者，可以聲色驅率〔校〕楊本注一作

『牽』。而動乎？』又户部員外聞道立疏稱：『刑法不可使有偏重，若賡所犯與被逮知州方復乾情同。復乾照新例充軍，若賡竟坐大辟。犯同而罪異，乞廣欽恤，以一法紀。』臣略舉諸疏，凡皆謂臣父法不應死也。至於臨江合郡小民，每年控訴各衙門，及各衙門勘審條陳，案卷盈几充棟，未敢枚舉，以瀆聖聰。哭〔校〕楊本作『伏』。思以嚴訊盜賊，而謂之酷刑杖斃，冤矣。原參杖斃多命，乃取監故罪囚，概充〔校〕楊本作『稱』。杖斃，抑又冤矣。至將現在之人，誣充監故之數，冤之又冤矣。即以酷論，亦律止爲民，例止遣戍。乃以盜賊爲平民，應監爲故禁，而比律入死，自爲民而遣戍，自遣戍而瘴軍，自瘴軍而大辟。因一時之聖怒，傅會加等，深幽黑獄，忽忽三十七年，今已七十九歲。每年熱審，既以去天萬里而不獲開；〔校〕楊本作『聞』。五年欽恤，又以懼干天威而不敢釋。即如萬曆四十二年，恩詔有情罪矜疑不合律例，及七十以上篤老廢疾者，許該衙門奏請辨理。臣兄弟號訴撫按，撫按明知臣父情罪、老疾，俱合詔條，第恐聖怒不測，未敢題釋，遂令光天化日之下，有此偏枯冤横之夫。恭遇皇上誕膺寶曆，大慶覃恩，矜疑詔書，一年再霈，但無死法，咸得生門。若臣父幽囚四紀，年及八旬，初招未協，兩〔校〕龍尾本作『再』。騰廷尉平反之章；特旨處分，屢勤大小臣工諫諍之疏。現今痿痺風廢七年，又與篤疾減死例合。臣甫脱胞胎，見父陷獄；自稍有知，即欲以臣餘年，及父未死，代父伏法，而叩閽無策，愧彼緹縈。幸叨國家培養，忝中南宫，將奉大對於廷，而忽聞父病危篤，重繭〔校〕楊本作『趼』。星馳，冀一訣父於獄。臣父見臣不遑廷試，匍匐就省，悲喜交集，絶而復甦，豈意尚延八十一息〔校〕嚴改作『一息八十』。之殘人，幸際三朝肆赦之曠典。且神祖遺詔，廢者起，錮者釋，詿誤者與雪與復，皇恩至渥也。憶神祖初錮臣父。〔嚴云〕下脱四字。而風霆無竟日之怒，臣敢涕泣，終竟言之。臣父爲京官時，愚戇得罪權要，别構蜚語，聞於神祖，致觸雷霆，故道瞻諫疏有云：『若賡罪犯輕重，正宜察諸細民之言，以備處分。乃不之聽，又從而罪之。夫事以虛心聽之則可恕，以成心聽之則可怒。臣願陛下袪成心，擴虛心，以天下法讞天下獄，悉歸之平恕而止。』當時神祖詰責道瞻，致蒙降處。給諫救之，亦止〔校〕楊本作『祇』。奪俸。使道瞻等而在，神祖遺詔且用之矣，況釋一久錮之纍臣哉。伏乞敕下法司，察臣父坐辟時，撫按原招，刑部原擬，並無死法；廷臣奏牘，官司案卷，皆稱冤枉。今監禁四紀，老廢篤疾，又合矜疑律例。況逢遺詔覃恩，及臣父一刻未死，還録本等原擬罪名。或憐垂死，概從開豁，則國法衡平，皇恩普浹，臣生生世世，糜軀殞首，以報陛下再生之德。必不俞允，臣請願代父繫獄，使臣父幸遂首丘，臣獲稍申反哺，即與全活之恩，等無有量。實不忍見父瘐死獄中，臣獨偷生地上，垢辱賢書，玷〔校〕楊本作『點』。汙聖世。

得旨，令羣臣集議，而部院遷〔校〕龍尾本作『遲』。延未暇及也。公再疏言：

臣父罪不至死，法司坐以律外之死。雖然，廷臣有奏牘，官司有案卷，朝野士民有公論，臣非敢以人子一偏之説，而冀洗臣父數十年來之冤抑。但以臣父朝不及夕，臣生不如死之苦，縷縷爲聖朝恕之。臣父下獄時，年未及四十，臣甫週一歲，未有所知。祖父祖母，年俱六十，見父就獄，兩歲之中，相繼斷腸而死。未幾，嫡母張氏年未五十，以憂怖死。臣父有子之妾二人，一時改嫁，子母生離；兩弟以憶母，五歲而殤。兩姊既喪嫡母，别無親人，日夜號咷成疾，未嫁而殀。〔校〕龍尾本作『夭』。止餘臣兄弟三人，俱斷乳未幾，相依圜土。父以刀俎殘喘，實兼母師之事。父子四人，聚處糞溷之中，推燥就濕，抱哺煦濡，每灑血和鉛，含酸授簡，未嘗不以神宗皇帝緩死長繫之恩，爲臣言之也；無一日不以〔校〕楊本有『爲』字。臣死忠、〔校〕楊本有『爲』字。子死孝之義，爲臣嗚咽勉之也。滿望臣等長大，能識忠孝二字，庶幾幹蠱蓋愆，戴盆之下，猶有見天之日。臣自一歲而至三十八歲矣，桁楊桎〔校〕楊本作『箍』。櫝之間，沮洳臭穢之地，履影弔心，酸鼻痛骨。臣父自强年而艾，而耆，而耄，〔校〕楊本無此二字。而今且耋〔校〕楊本作『耄』。矣。每涉旬月，迫季冬，天光沉陰，〔校〕楊本作『陰沉』。命危朝露，或三日不食以待盡，或仰天扼吭以求絶。昔人所謂拘囹圄者，以日爲修；當死市者，以日爲短。臣父三十七年之中，兼嘗其惡趣，但賒一死，而寃苦窮〔校〕嚴校下有『咽』字，成句。抑，〔校〕嚴校作『卻』。實倍於死矣。即真正酷吏，受此業報，亦足以懲矣。臣在童年，不忍屢睹之，每以頭觸圜牆，欲自刎而死。臣父强慰之曰：『汝今雖死，無益於父，此非汝死時也。』臣爾時無以自寛，亦惟有收〔校〕楊本作『拉』。淚受書，庶幾稍能豎立，不至父子并命圜扉。臣强顔苟活，求取功名，專爲救父耳。今臣忝中萬曆四十七年會試，行將奉大對於廷，而臣腐心嚙指，深念通籍之日，即爲致身之始，苟無父，何有身？臣尚不得自有其身，而又何身之可致？退既不得爲人子，而進又安可爲人臣。又忽聞父抱病危篤，遂重繭星馳，寧妨廷試之期，不忍不一訣父於獄。臣父惝怳困憊中，見臣幸擢南宮，匍匐就省，不半月而達西江，〔嚴校〕作江西。哀臣辛楚骨立，悲喜參并，絶而復蘇。且幽拘日久，氣血盡衰，監房卑濕，蒸成鬱毒，膿血淋漓，四肢臃腫，瘡瘍滿身，更患脚瘤，步立俱廢，耳既無聞，目既無見，手不能運，足不能行，喉中尚稍有氣，謂之未死，實與死一間耳。只今死於獄中，與死於牖下，亦〔校〕楊本下有『總』字。只〔校〕龍尾本作『止』。在旦夕〔嚴校〕作『暮』。間耳。但臣爲人子，年已長大，身玷衣冠，自兒童時不忍見父受苦，今何能兩眼看父斷送圜中。且何能手持父屍，獨生出獄門。臣爾時必無逃於一死，而爾時死究何益。生爲行尸，死爲冤鬼。臣不揣昧死僥倖，願以臣餘年，及臣父猶未死，代父伏法。使臣兩兄得裹父殘軀，舁至祖父母之墓，灑血長號，一寫終天之痛。〔校〕楊本下有『恨』字。而臣父得免於拖屍之惡名，臣雖身首異處，死有餘榮，含笑入地矣。今三朝大霈，草木向榮，内外現監死罪重囚，得以矜疑覆審，免死充軍者，何止百千。〔嚴校〕作『計』。臣父雖罹大辟，然不過以『必有』二字，委曲比例而入之，非真犯死罪，爲恤審所不及者也。撫按原招，法司原擬，俱止充軍，並無死罪。又不比尋常疑罪，尚須覆審者也。倘得引矜疑免罪〔校〕楊本作『死』。之詔，援老疾釋放之條，使向之比例而入者，今亦得〔校〕楊本下有『以』字。比例而出，此真聖朝哀老泣罪之宏仁。但臣迫切之至情，亦不敢必以此僥恩於聖世，惟願以臣之死易父之死，以臣死於父後之死，翻作死於父前之死，臣庶得稍舒毛裹泫〔校〕楊本作『泣』。流之血，仰醻獄中舐犢之私。使人子有自致之心，明一體無不分之痛。不特臣父子生死刻骨啣恩，而我皇上不匱之孝，與我皇祖不測之威，並行不悖，新政益光矣。臣聞太祖高皇帝時，犯大辟者，其家屬多請代刑，率蒙寬宥。其後繼請，乃一切許之爲多。〔嚴校〕乙此二字。如黄巖陳叔宏坐贓論死，其子圭請代，太祖喜欲原之，刑部尚書來濟以爲國法有常，不宜撓法，開僥倖路，遂論如法。議者惜圭之死，不知圭當日之志，原不望生。他如蘇州戴用之代父，王敬之代兄，率俞所請，不可殫述。既以杜人奸譎，因以成人孝弟，聖明舉動，萬出尋常，祖武可繩，芳規不遠。用敢瀝血具疏，伏乞皇上憫哺烏之私情，矜投兔之窘迫，賜臣一死，貸父殘生。即今時方春煦，或未遽行刑，乞先敕法司收臣於獄，及臣父一刻未死，放還鄉里，及臣一刻猶生，見父出獄，則臣欣趨地獄，真〔校〕龍尾本作『直』。不啻登仙。而一介豎儒，且得與文武官員移封移贈者，同仰罔極之報，共沾錫類之仁。臣父冤與不冤，無〔嚴校〕作『未』。敢深辨，而臣業已死心灰骨，決不敢冀再生，以負皇上矣。

疏上，通政司以此案已經發議，不必瀆請，且其言過峻，弗敢上也。

初公入京時，已草代死之疏，先以呈之蒲州韓公。公謂代死久無此事，恐不得俞旨，不如詳敘本末辨冤，當自邀寬典耳。倘不得辨，請死未晚。公乃改爲籲冤疏上之，而遲久未得法司之議，乃復上此疏，然卒爲匭臣所格。公三疏言：

臣荷蒙皇上好生之恩，准將臣父罪案發廷臣集議。臣待命數月，未有成議。臣以臣父八十之年，朝不及夕，情急願代死，以釋父罪，匭臣不肯爲臣奏聞。原匭臣之意，將以待廷臣之議也。廷臣果議，則臣父或邀寬典，亦不必以不祥之言，妄叩彤墀。今廷臣寂然，是將以臣父爲神宗皇帝不赦之辟，萬無所容〔校〕楊本作『用』。解網之恩；雖有皇上集議之命，臣終不得盼覆盆之雪。此臣所以不得不以不祥之言，請代死也。而匭臣終格之，臣更何望，是臣之窮途終無告也。臣思臣父本身居官本末，尚有可原。但臣始而訟冤，不敢言父之非酷，而但言父所犯酷吏之罪，不至於死。繼而請以身代，并不敢言臣父之罪，可以無死，而但求代父之死。臣之下悃，亦已極矣。夫人疴癢疾痛，則呼父母。呼父母而不得，則呼天。皇上爲天下大父，其尊則天也，寧容坐視臣之狂呼，至於生理將盡，而不爲一雪。且臣叨國家培養，得沐鴻恩，登名天府，亦與凡民有間矣。凡民有難遂之情，皇上尚將體之，不忍使一物不得其所，蓋中和位育之功也。臣之所處，較凡民似〔校〕龍尾本作『更』。進一等。況幸得豫神宗皇帝大行前一年之選，雖草茅下體，亦妄思自附於鼎湖弓劍之末；又幸得豫皇上龍飛之慶，雖未經釋褐，亦妄思自附於向陽草木之流。故敢觸冒萬死，以輸其情。今不特爲父求生不得，抑且爲己求死不得，傷矣。聞之古人云：『死貴得所。』臣今總判一死，但得所爲難。倘蒙代父而死，臣雖死猶生，將以懽笑而死。倘不得請，卒以父死俱死，臣且死而不瞑。

以神宗皇帝及皇上覃恩遍於宇內，使臣以强死，倘亦滿朝之所不忍也。伏乞皇上取勘臣所收臣前疏垂覽，格外准臣所請。臣度日如年，以望賜死之命。

公復恐通政司阻之，乃囚服跪午門前，泣血求閣部諸臣爲之轉請。而江右人在京者，徐公良彦、姜公曰廣、吴公士元、徐公天衢、王公振奇，亦出公揭，爲之申請。公之同年，姚公希孟、孔公開運、陳公子壯、倪公啟祚、丁公乾學，力言之當道。倪公又與李公廷森謀其事於部。又有陝〔校〕楊本下有『西』字。人陸宗本者，爲之經營。而鄒公元標方在刑部，乃促令法司議之。議入，得旨：『錢敬忠爲父呼冤，請以身代，其情可哀。汝不負父，將來必不負朕。准將錢若賡免死，放還鄉里。』〔嚴評〕熹廟初年，朝多君子，故代言得體。公自京赴江西，奉父歸浙。

公之伏闕也，又作誓天文，要以必死，卒遂其志。乃以壬戌補奉大對，謁選，得刑部主事。丁外艱，除服，璫禍方熾，林居不出。公之成進士也，出涿鹿馮銓門，至是涿鹿方昵於璫，呼吸通風雲，而公若將浼焉。戊辰，南京御史沈希韶疏言：『敬忠泣血長安道上，三年而出父於獄，精誠上通帝座。馮銓炙手可熱，敬忠不肯一爲俯首，如水不波。宜亟加擢用，以重學使銓衡之選。』乃詔起公原官。浙江巡按〔校〕楊本作『撫』。御史郭必昌亦薦公孝不忘親，忠甘去國，宜加大用。而公以生母田氏病甚，念嫡兄二人在，不得援終養之例，乃乞休奉母幾二十年。再補原官，出爲寧國守，罷歸。

甲申之難，公重趼赴南京，〔校〕楊本作『都』。福王稱制，公於六月朔日上疏曰：

皇上所親遘之難，與三月十九日〔校〕楊本下有『所』字。開闢未有之變，〔校〕楊本下有『臣』字。纔一念及，則踏地踴天，行屍走肉，不覺魄已離魂，生不如死。獨念國破君亡，雖陵寢震驚，鐘簴非故，猶賴東南半壁，何止一成一旅，而皇上淵躍天飛，依然有君。則自五月四日監國以來，乃至五月望日登基以後，皇上一大事因緣，朝野一正經題目，除卻討賊復仇喫緊外，更無與爲第二義者。賊一日未討，則一日未有君，一日未有父，不可爲臣，不可爲子。今觀舉朝諸臣，似以三月十九〔校〕楊補『日』字。之事，亦未爲地覆天翻千古非常之奇變。如以爲奇變，當必有洗胃刮腸一番痛心之設施，乃兩月以來，立綱陳紀，張官置吏，亦既濟濟彬彬；且章滿公車，言滿朝聽，而討賊復仇一事，未聞有痛哭流涕爲皇上一贊決者，亦未見有單肩赤脊爲皇上一亟圖者。天下無無父之國，匹夫有必報之仇，不諗諸臣忠愛，究竟當爲皇上作何等計。興言及此，臣不敢深言，亦不忍深言。百年以來，功利之毒，淪入骨髓，已成膏肓，乃有書破萬卷，官躋一品，未識君父二字者，致有今日，夫復何言。〔嚴注〕如錢謙益是矣。以今日世道人心，恢復大事，諸臣已不足恃，獨有皇上不共戴天一念，果可徹地通天，反風卻日，決不愁萬靈不護呵，羣力不輻輳也。滕文公欲行三年〔校〕楊本下有之字。喪，父兄百官皆不欲。孟子勗之曰：『是不可以他求者也。』世子遂奮然曰：『是誠在我。』臣今亦以是爲皇上決發其機。皇上乘不共戴天之舟，而以『是誠在我』爲舵；策不共戴天之馬，而以『是誠在我』爲鞭。不但轟轟烈烈，誓不與賊俱生，尤當汲汲皇皇，惟恐賊或蚤死。倘賊惡貫盈，自遭天戮，如祿山、思明，逆孽反噬，自是天罰有罪，或可以快通國萬姓同仇之志，而未足以予皇上一念自致之誠，則亦未爲光明俊偉之事業也。臣昧死，請我皇上無煩再計，不俟終朝，推瞿然失席之情，挺身蹶起；效素服哭郊之事，灑淚誓師；懸詔國門，布告天下，親率敢死之士，一往無前，滅此朝食。四海之内，義稱臣子者，各各損貲賈勇以佐軍；現有職司者，在在鍊兵轉餉而接濟。萬事不理，單刀直入，即有謂萬乘之孝與匹夫不同，孤注之危非萬全良策者，彼雖陳議甚高，吾思吾父，不能顧矣。即今殘破地方，姑置弗論，其未經兵火者，南直十數郡而外，江、浙、閩、廣，皆雄藩也。誠早以訓練轉輸，專責之師帥之任，十數萬子弟兵，數百萬糧草，何慮不首尾接應。只須掀翻格套，使餉

〔校〕楊本作『餉』。

鬱盡舒；寬假便宜，令膽智畢吐，庶幾真才爲我作使。若復一瓢衆輿，十羊九牧，徒相與蒿目而憂，無兵無餉，真是向飯籮邊愁餓死耳。且兵，用其氣者也，氣一而作，再而衰，三而竭。不獨士民之氣，朝盈暮涸，即皇上一身之氣，寧無朝暮乎？今聖懷孺慕，猶在慘悽惻愴之餘，輿情亦正當鬱勃滿盈之會，及其鋒而用之，猶可以逞。更爾歲月遷延，日忘日去，痛癢一脈者，猶將哀憤漸平，慘舒隔體者，能保肝膽如昨乎？伍員欲報父仇，夜行晝伏，未曾須臾忘郢，一旦聞平王死，夜坐而泣於室，痛仇人之不我待也。以爲他日鞭屍抉眼，不如手把仇人而揕其胸之爲快也。況兵久變生，將以老而愈猾愈奸，師以老而愈驕愈憊，文武將相之間，帥伍軍民之内，且有互爲拔

〔校〕龍尾本作『投』。

刺交相魚肉者，徒資逆賊之鷸蚌，安望鯨鯢之立殛乎？在事諸臣，必詆臣腐儒不

諳時務，不曰祖宗社稷爲重，必曰輕舉躁〔校〕楊本作『妄』。動爲殃。臣亦何敢不謂其然。獨恨功利之毒，自錮錮人，聽其言洋洋至理，捫心自揣，或亦非其本懷也。從來誤人家國，貽羞千載，何嘗不據一面之理。臣唯願皇上存敝蹝草芥之心，不緩被髮纓冠之舉；思伍員夜泣之悲，早決枕戈待旦之計，除兇雪恥，遠跡康宣。抑亦懼亂賊，扶綱常，正人心，息邪説。否則無父無君，〔校〕楊本上有『臣』字。不知其所終矣。

得旨：『錢敬忠有何異謀，可足兵食，以便恢勦〔校〕龍尾本作『復』。著再奏。』〔嚴評〕亡國之君，其言如是。公再疏言：

臣通籍廿餘年，實歷不及二載，未曾司兵司餉，但以爲皇上纔發意親征，即世界人心登時一變，便是中興氣象。皇上無意親征，一任諸臣悠悠布砌，恐他日求爲偏安而卒不可得。從來刱業中興，罕有不親事戎行，坐而遣將者。況我皇上，此番是爲君父報仇，義當不共戴天。又不比漢光武、昭烈，不過以一姓圖再興，成敗利鈍，可付之天。父母之仇，不共戴天，庶人有必報父仇之志，鬼神猶且祐之，況天子肯發不共戴天之心，而苟有不萬全之患，則世間真無復有君父二字矣。古人〔校〕楊本作『乃至』。有持三日糧，示士卒必死，無一還心者，尚慮食多，何患食少。信陵救趙，敕晉鄙兵，令軍中獨子無兄弟者歸養。勾踐伐吳，有父母耆老而無兄弟者，慰諭遣歸，尚慮兵多，何愁兵少。未聞限定幾許成數，必待取盈而後舉，一一皆如王翦破楚，非六十萬人不可者也。況今四鎮之兵，布散淮甸；左鎮之兵，雄據上（海）〔流〕；從楊本改。少以萬計，多以數十萬計者，此非吾兵乎？不促之勦賊，坐豢此輩，令漁獵吾赤子乎？昔年饋運艱難，三千〔校〕楊本作『十』。鍾而致一石，曰餉不足；今漕艘萬計，挹彼注兹，如左右手，亦曰餉不足，然則士飽馬騰，當待何日而可乎？且孔子有足食足兵之説，隨即有去食去兵之説，今日爲君父報仇，正所謂『自古皆有死，民無信不立』，即去兵去食猶不可以已，而況兵食不憂〔校〕楊本下有『其』字。不足耶？皇上誠赫然發憤，立敕當事諸臣，料理部署，現在兵馬實得若干，徵發兵馬可得若干；現在糧草可給幾時，接濟糧草勒限幾時。督令閣臣中任兼將相，素嫻軍旅，如史可法、馬士英、王鐸三臣，〔嚴評〕雖有一麐，其若二犬何。分統五帥大兵，鼓行前驅。皇上親率禁旅精鋭爲中權，而擇督撫中之夙有材幹者數人，督令直省州郡，練兵積粟，陸續填補接濟，以爲後勁。其三臣中或有願效居守者，不妨留一人，與文武大寮之才堪彈壓者，鎮守南京，以當蕭何關中轉餉補軍之任。其紳衿豪俠，閭里驍雄，願率子弟親兵，及忠義勇士，自備糧草，扈蹕西征者，登署姓名，聽其扼要争奇，以自圖報效。題目既正，神彩一新，先聲可以奪人，壁壘旌旗變色。如秦襄征西，爲祖報仇，而婦人女子，亦知勇於赴敵。以今方古，固當勝之。彼諸弁中，縱有素懷跋扈者，敢不讋於名義，奉我鞭箠。苟非乘時決起，萬一有揚言爲我報仇，滅闖賊而自得其地，此時雖有巧者，莫措其手，究竟將何結局乎？臣又不忍言矣。

得旨，報聞。公三疏言：

陳恒弒君，孔子沐浴請討。當時以兩國論，魯爲齊弱久矣。就魯一國論，征伐自大夫出久矣。然使魯公〔校〕楊本注一作『君』。乘仲尼〔校〕楊本注一作『孔子』。之一告，躬帥三子以抗齊，則三子必無詞以抗。魯君一舉而弱魯化爲雄〔嚴校〕作『强』。魯。今天下大勢之所在，淮徐之四鎮與荆襄之左，閩粤之鄭，其爲極重無疑也。廟堂諸老，非有張良之智，裴度之忠，李德裕之才與識，不過以定策而枋國耳。責大臣以督諸鎮，何異命孔子以告三家；責諸鎮以勦元兇，何異告三家以討陳氏。大勢輕重，已可驗矣。而幸有反輕爲重之一機，全賴于討賊復仇之精誠。昔者楚漢之争，天下之勢重在楚不在漢。三老董公遮説，於是義帝之喪一發，而天下大勢〔校〕楊本下有『之』字。盡歸重於劉。楚漢輕重之勢，即當日齊魯輕重之勢，亦即今日我與賊輕重之勢，及廷臣與諸鎮輕重之勢也。而漢高能蚤握其機，以成帝業。此我今日君臣所當共念者也。昔者晉欒郤弒厲公，立十四齡之悼公，晉國之勢，重在欒郤，不在悼公。公召羣大夫而誓之曰：『人之求〔校〕楊本作『立』。君以出令也，令而不從，將焉用君。二三子用我〔校〕楊本下有『在』字。今日，否亦今日。』於是諸大夫羣然稽首，唯命是聽，而晉國大勢盡歸重於公。夫悼公與欒郤輩輕重之勢，即孔子當日哀公與三家輕重之勢，亦即今日我皇上與諸大臣諸鎮臣輕重之勢也。而悼公能蚤握其機，以致中興。此又我皇上今日所當獨念者也。然則舍此一著，何言宗祏百年，〔校〕龍尾本作『姓』。即欲爲皇上圖一身，亦無計矣；何言恢復一統，即欲爲皇上保半壁，亦無計矣。蓋皇上一失此機，則浸假而移於柄臣，又浸假而落於雄鎮，且浸假而倒授於賊矣。今登萊等處，〔校〕龍尾本有『雖』字。未睹詔書，猶爲我大明堅守，民心思漢可知。而山東道上，土賊多蟠結蟻聚，亦只〔校〕龍尾本作『止』。以未識共主，競思跳梁。若親征之詔一下，在在轉相鼓動，忠義者益堅頂戴，蟠聚者亦備驅除。天兵所臨，如湯沃雪。皇上試取兩者對觀，則一身輕重之勢，其轉機處昭然可睹。乃當事諸臣，四顧躊躇，動憂兵食，且鰓鰓乎奇謀異計，借〔校〕楊本作『佐』。此箸籌，此皆推托解免之詞。此機一失，此勢不回，天下事未知稅駕，并偏安且不可得。臣從此不敢發口妄言矣。

匭臣以公累瀆，不上。

公既連上三疏，待命逾月，廟堂充耳，怏怏失志，乃歸硤石之寓亭，自稱『崇禎遺臣』，卧病不出。公之連上三疏也，預憂朋黨互爲拔〔楊校〕作『援』。刺，四鎮交相魚肉之禍，不旋踵而文武諸臣皆蹈其轍；又逆料流賊不能久據京師，必有逐而得之者，不旋踵而大兵入關；又大聲疾呼，以爲一失此機，且移於柄臣及諸鎮，不旋踵而晉陽之甲起。每晨夕讀邸〔校〕楊本作『科』。抄，未嘗不撫膺慟哭，自歎其不幸而多言也。次年公病已亟，聞大〔校〕龍尾本作『天』。兵已渡江，遂勿藥，以六月望後一日卒。

公生平喜聚書，終日丹黄不倦，其手批書至數千卷。顧不甚精於吏事，〔校〕龍尾本作『治』。簿書旁午，非其長也。少與李侍郎橒同居相善，已而有隙。侍郎晚遭金盆之誣，公爲刑部力白之。生平大節，爲孝子，爲忠臣，家國情事，俱當於古人中求之。明史不爲公立傳，百年以來知之者鮮矣。

公初寓居禾中，故殯於硤石之審山，查職方繼佐嘗爲之銘。及歸葬皋前之青山，墓上之文未具，三從孫中盛來乞予言，予乃節略前後疏爲文，以勒諸墓。予讀宋史，最嫌所〔楊校〕別本無此三字。載奏疏之冗，令人生憒，〔楊校〕別本作『厭』。不欲踵之。而公之諸〔楊校〕別本作『奏』。疏，似又不可没也，〔楊校〕別本作『則又不可不録也』。乃破戒録之。

公諱敬忠，字孝直，一字玉塵，〔校〕楊本作『止塵』。浙之寧波府鄞縣城東芍藥沚人。明初以侍郎管廣西布政使奂之五世孫，江西信豐縣知縣崑之曾孫，封禮部主事鳳午孫，臨江〔校〕楊本下有『府』字。知府若賡子。生於萬曆辛巳年五月初四日。娶楊氏。所著有偶存集。子光繡、昭繡並能詩，〔校〕楊本下有『而』字。光繡尤有名。其銘曰：

孝則已申，忠則未遂。墓門流泉，潸潸者淚。故國河山，同此破碎。試讀予文，寒芒不墜。

〔嚴評〕：備録奏疏，不加芟薙，真古文之榘矱也。此文七千字，讀之不厭其長。

明淮揚監軍道僉事鄞王公神道碑銘 〔嚴注〕王謚節愍。

乙酉，王師南下，揚州失守。〔校〕楊本作『破揚州』。閣部史公之死也，或傳其已渡江而東，故其後英霍山寨猶冒其名。或曰突圍出城，死於野寺，莫能明也。幕府監軍王公之死亦然。是時僕從星散，或傳其已縋城逃之淮北者，故是時家中猶望其還，見於其姻家董户部德偁之詩。閣部之死於南城也，以史德威之目見而後信之；王公之〔校〕楊本下有『守堞而』三字。死也，以應參軍廷吉自軍中歸，寄其遺言而後信之。嗚呼，士君子斷頭死國，而其事猶在明昧之間，令人疑信相參，良久而始得其真也，豈不悲夫！〔校〕楊本作『哉』。

公諱纘爵，字佑申，鄞工部尚書莊簡公佐之孫也。父某，蔭生。公亦以莊簡身後恩得官。甲申試知溧水，〔校〕楊本下有『縣』字。已而補應天府通判。時則赧王方登阼，馬阮哆〔校〕楊本作『鴟』。張用事，公無所見〔校〕楊本作『公無可自效』。故請赴閣部軍前自效，乃以同知揚州府監軍。而閣部亦内困於讒口，外則諸鎮不用命，待死而已。尋晉公按察僉事持節。閣部憐公，一日謂曰：『時事可知矣。君徒死於此何〔校〕楊本作『無』。益？吾嘗送君還留都，以爲後圖。』公曰：『下官世受國恩，願從明公死，不從馬阮生也。』閣部改容謝之。時知江都縣周公志畏，亦鄞人也，與公誓共死，登陴分守，城破，隕〔校〕楊本『隕』上有『俱』字。於兵。嗚呼！公志在死節，〔校〕楊本下有『雖』字。留都亦何嘗不可死，海岸之從容，足爲孝陵弓劍之光，正不必謂定偕馬阮偷生也。而公所以不肯者，不欲負閣部耳。不負閣部，豈肯負國，〔校〕上兩句，楊本作『氣類相依，與城存亡』。斯其不媿爲莊簡之孫，而有光於故國之喬木者，不已重哉。〔校〕楊本無上五字，作『也已』二字。

聖祖仁皇帝脩〔校〕楊本無上六字。明史，已爲公立附傳於閣部卷中，顧猶稱其故官。予以應氏所言，參之嘉禾高氏忠節録，乃知其已爲監司也。〔校〕楊本無此字。公之大節，豈在階列之崇卑，而確〔校〕楊本作『榷』。史則不可以荒朝之命而没之。公一女，適董户部德偁子允珂，賢而孝，通翰墨，〔校〕楊本無上三字。當公生死譌傳之日，昕夕泣血望父而死。一子兆豸〔楊注〕字麟友。有異才，以公之殉於揚州也，不忍家居食先疇，終身躑躅蜀岡邗溝之上，遂以野死，君子哀之。兆豸詩尤工，里中錢退山、〔楊注〕名肅圖。董曉山，〔楊注〕名劍鍔。關中孫豹人皆推〔校〕楊本下有『重』字。之。〔校〕楊本下有『遺集失傳』四字。予求之揚，竟無傳者。〔校〕楊本作『亦無存者』。公之從孫丙，乞余銘公墓，予故牽連附志之。〔校〕楊本下有『公墓乃兆豸所招魂，而葬其衣冠者』十四字，下無『其』字。其銘曰：

喟彼石頭，不如廣陵。願從明公死，不從馬阮生。先公可作，葆茲家聲。

鮚埼亭集卷第七〔楊注〕此卷神道碑銘一首，附跋一首。

碑銘二

明故兵部尚書兼東閣大學士贈太保吏部尚書謚忠介錢公神道第二碑銘〔馮注〕此文多本梨洲存朝録魯王監國篇。〔楊注〕乙丑，年四十一。

世祖章皇帝定鼎〔校〕楊本有『之』字。二年，五月，江南内附。六月，浙江内附。閏月，明故刑部員外郎錢公肅樂起兵於鄞。大兵之下浙也，同知寧波府事朱之葵、通判孔聞語迎降。貝勒即令之葵知府事。以聞語同知府事。〔校〕楊本作『爲同知』。公方居憂，在東吴丙舍中咯血，聞信慟哭，絶粒誓死，〔校〕楊本作『不欲生』。諸弟已爲之治身後事。〔校〕楊本作『令諸弟治身後事』。鄞之〔校〕楊本下有歲字。貢生董公志寧，首倡謀義，聚諸生於學宫，王公家勤、張公夢錫、華公夏、陸公宇𤏡、毛公聚奎和之，遍謁諸鄉老，而莫敢應，即所云『六狂生』者也。初十日，之葵輸糧於貝勒，至姚江，姚之故九江道僉事孫公嘉績、故吏科都給事中熊公汝霖已起兵，之葵以道斷回鄞。公於是夜輿疾至城東觀變。是日，孫公以書來鄞，約其門下士故吏科都給事中林公時對，爲之後繼。次日，林公謀之諸鄉老，終莫敢應，六狂生皇皇計無所出。宇爗故與公同研席相善，途中聞公已至，大喜，挽公入城，途遇志寧，遂定謀。發使以十二日〔校〕楊本作『次日』。集紳士於城隍廟，諸鄉老相繼集。之葵、聞語亦馳至，時諸人皆未有定意，離席降階迎此二人。而公遽碎其刺，拂衣而起，百姓聚觀者數千人，讙聲動地。有戴爾惠者，布衣也，大呼曰：『何不竟奉錢公起事！』〔楊評〕六狂生遍謁諸鄉老，而莫敢應；林給事中謀之諸鄉老，終莫敢應。朱之葵、孔聞語至，諸鄉老離席降階，迎此二人。而爾惠以一布衣大呼，首奉錢公起事，彼諸鄉老宜媿死入地矣。觀者齊聲應之，舉手互相招，擁公入巡按署中。俄頃海防道二營兵，曁城守兵，皆不戒而至，遂以墨縗視師。之葵乞哀於百姓，百姓爲之請，乃釋之。〔校〕楊本下有『斬聞語以殉』五字。

故總兵王之仁在定海，已納款，得貝勒令仍舊任。鄞之故太僕謝三賓，家富耦國，方西行見貝勒歸，〔校〕楊本作『方束裝擬見貝勒』。害公所爲，乃貽書之仁，謂：『滃滃訿訿，出自庸妄六狂生，而一稚紳和之。將軍以所部來，斬此七人，事即定矣。某當以千金爲壽。』公時年未四十，故有『稚紳』之誚。〔嚴校〕作『號』。會公亦遣客倪懋熹以書告之仁，〔校〕楊本作『會公亦遣客志寧等以書告之仁』。楊注云：刊本爲是，見下卷倪公墳版文。又以續甬上耆舊傳考之，志寧正使，懋熹是副，此本不譌。勸其來歸。之仁兩答書，約以十五日至鄞，而密語懋熹，令具燕犒。三賓不知也，〔校〕楊本作『然外人未之知也』。方以爲殺公在旦夕。〔校〕楊本無此句。屆期，之仁至城東，請諸鄉老大會於演武場。坐定，之仁出三賓書〔嚴校〕下有『于』字。靴中，對衆朗誦。三賓遽起欲奪其書，之仁變色，因問公曰：『是當殺以祭纛否？』語未畢，長刀夾三賓而下。三賓哀號跪階下，請輸〔嚴校〕下有『十』字。萬金以充餉，乃釋之。于是沈公宸荃、馮公元飂，亦起於慈。自鄞慈合兵，聲勢響應：之仁既以關内鎮兵至，而關外黄斌卿亦遣將以翁洲鎮兵至，張名振亦以石浦鎮兵至，知慈谿縣王玉藻、知定海縣朱懋華、知奉化縣顧之俊、新授知鄞縣袁州佐、知象山縣姜圻，皆以兵餉來。會寧守乏人，以通判羅夢章行守事，而太常莊公元辰助登陴焉。〔校〕楊本無『于是』至此一百二十二字。作『是日會稽義兵至西興，貝勒遇害于江上』。平景孫步青注：按宗室王公傳：『和碩端重郡王博洛，乙酉十月旋師』，未嘗遇害。或樗庵仍初稿之誤，不及見後定小鈍鈔本也。

公以是月十八日，奉箋迎請魯王監國。二十八日，再奉箋勸進。七月十一日，會師西興。王途中加公太僕寺少卿，既至，再加右僉都御史，分汛瓜瀝。公四疏辭新命，兼力言爵賞宜慎，不可蹈赧王覆轍，濫予名器，因固請以原銜署事，并辭諸弟姪從軍之授爵者。〔校〕楊本下有『二十四日，與大兵戰江中，斬獲甚多。嗣是，連日交鬥，凡大戰，皆有功。十月，樞輔張公國維約諸軍以初八日始，連戰十日，公與諸軍斬戮皆有功。而第七戰尤捷，是役也，前鋒鍾鼎新用火攻，首擊殺緋衣大將一；諸將吕宗忠等各斬數十級；俞國榮等直抵張灣，取其軍械以歸。時浙西諸府州〔校〕楊本無此字。並起義兵，蘇、松、嘉、湖列營數百，而浙東又建國，杭州孤懸危甚，以兵急攻平湖。平湖之主兵者，爲屠翰林象美，書生不〔校〕楊本下有『甚』字。曉軍事。公請以兵由海道急援之，不聽。說者謂監國初起〔校〕楊本有『兵』字。江上，適有浙西首尾相應之勢，若用公言，則大兵進退兩顧，杭州不復能守，可逕渡三吳以窺白下。而坐失此會，此足以見聖朝之得天命也。

未幾而分地分餉之議起。〔楊注〕分地分餉，公之所由散兵也。故總兵方國安自浙西來，軍最盛，之仁〔校〕楊本下有『軍』字。次之，號爲正兵。諸義兵倚毗焉。而皆無遠略，國安尤〔嚴校〕作『又』。暴横。於是議取浙東之正餉以予正兵，而義兵取給於富室樂輸之餉，謂之義餉。識者已知其無成，交爭之，不能得。未幾正兵并取義餉，而義兵遂無所取給，司餉〔嚴校〕作『餉臣』。者不能應。公所派〔校〕楊本下有『者』字。爲鄞奉二縣義餉，國安檄〔校〕楊本下有『文』字。二縣不必支應，蓋以爲之仁地也。於是公屢疏入告，王不能詰，但以閣臣張公國維敘公十捷功，〔校〕楊本此句作『但以前十捷故』。再加右副都御史。公疏言：『臣郡臣邑，因臣起義兵，桑梓膏血一空，曾莫之救。而今日遷官，明日加級，是臣無惻隱之心也。沈宸荃、陳潛夫之才略機謀，方端士之勇，官階並出臣下，而臣反受賞，是臣無羞惡之心也。臣部將鍾鼎新等，斬級禽囚之事，皆出其力，臣以未得取杭，不欲爲請殊擢，而臣自受之，是臣無辭讓之心也。臣少見史册所載冒榮苟禄，惡之若仇，而臣自蹈之，是臣無是非之心也。』又言：『臣近者十道並舉，冀杭城可復。聞主上起行中廷，盻望捷音，不能安坐。而臣終不能絶流而渡。臣今不能入杭，誓不再受一官。』

王不許。

而閩中頒詔之議又起。〔楊注〕頒詔之争，公之所由棄官也。時唐王即位閩中，以詔來，張公國維、熊公汝霖以唐魯皆係宗藩，非有親疏之分；〔嚴校〕作『别』。同舉義兵，非有先後之分。今日之事，成功者帝。若一稱臣于唐，恐江上諸將，皆須聽命于閩，則王之號令不行。因議卻之。朱公大典與公議，以大敵在前，而同姓先争，豈能成中興之業，即權宜稱皇太姪以報命，未爲不可。若我師渡浙江，向金陵，大號非閩人所能奪也。於是議大不合。原諸公之論，各有所見，皆未可非，但當和衷以求其平。而方王諸帥，忌朱與公，遂謂公不受副都之命，爲〔校〕龍尾本作『是』。懷貳心於閩。公不得已鬱鬱受官，而餉仍不至。王以内臣客鳳儀、李國輔兼制軍餉，公力言中官不可任外事。於是諸藩既惡公，而内臣又從中梗之，公兵至四十日無餉，然感激公忠義，相依不散，至行乞於道，卒無叛者。於是公連疏乞餉，數十上，而餉終不至。太僕寺卿陳公潛夫之起兵也，以家財養軍，及財竭，支四百金之餉於餉臣而不得。公言：『潛夫破家爲國。今聽其軍之餓死而不恤，何以鼓各營。』因爲潛夫請餉，并力言軍費〔嚴校〕作『賦』。之當均。王是公言，而無若方王何。公疏言：

國有十亡而無一存，民有十死而無一生；翹車四出，無一應命，一也。憲臣劉宗周之死，關係甚巨，謚贈蔭恤，未協輿情，敕部改正，遲久未上，二也。張國俊以戚畹倚强藩，權侔人主，三也。諸臣以國俊故相繼進言，主上以爲不必，幾于防口，四也。新進鼓舌摇唇，罔識體統，五也。反覆之徒借推戴以呈身；觀望之徒冒薦舉而入幕，六也。楚藩江干開詔，欲息同姓之争，李長祥面加斥辱，凌蔑至此，七也。咫尺江波，烽煙不息，而褒衣博帶，滿目太平，燕笑漏舟之中，迴翔焚棟之下，八也。所與托國者，强半弘光故臣，鴞音不改，九也。此猶枝葉也，請言根本：七月雨水不時，漂廬舍以千百，以水死；鹵潮衝入，西成失望，以饑死；壯者殞鋒鏑，弱者疲轉輸，以戰死；絳票赤紙，日不暇給，以供應死；東南澤國，倚舟爲命，今士卒争舟，小民束手，以無藝死；入鄉抄掠，雞犬不遺，以財死；富民即曰應輸，非有罪於官也，而拘繫之，有甘心雉經者，以刑死；沿門供億，淫污横行，以辱死；劣衿惡棍，羅織鄉里以爲生涯，以憂死。今也竭小民之膏血，不足供藩鎮之一吸，〔嚴校〕作『啜』。繼也合藩鎮之兵馬，不足衛小民之一髮，凛凛乎將以髮〔校〕楊本作『變』。死。由前九亡，并此而十。臣不知所税駕矣。〔校〕楊本下有『王加公兵部右侍郎，再疏力辭不受』。楊注：刊本在下『相與共擠公』句下，非是。

時國俊外仗方王，内與客李二奄比，而馬阮在方軍遥相呼應，見公疏，皆恨甚。國俊遂飽兼金，引三賓以禮部尚書，直東閣，相與共擠公。王加公兵部右侍郎，再疏力辭不受。〔校〕楊本上兩句，在前『臣不知所税駕矣』句下。會傳閩中遣大學士黄鳴駿來浙，欲盡科八府之糧以去。閩中故無是舉，乃馬士英阮大鋮交搆二國之言。公致箋於鳴駿，以公義動之，即此可以見公之未嘗有私于閩，而諸帥之謗不止。孫公督師西出，將由龕山渡，而揚聲由江口。林公時對方監其軍，商之于公。公復書謂宜防陰平之詭道，不當專備江口。且孫公軍營，似亦不當在盛嶺、瓜瀝、龍塘〔校〕楊本作『祠』，楊改作『堂』。勞平甫校云：盧本作『祠』，一作『堂』。諸地。時公懼馬阮之爲患也，於是公以無餉，與孫公嘉績連名，請以兵歸開遠伯吴凱，不許。尋以諜言王師將自海道來，乃移公守瀝、海。〔校〕楊本無『於是』至此五句。楊校云：『瀝海』二字恐譌。公既終無所得餉，疏言：『臣兵不得不散。但臣以舉義而來，大仇未復，終不敢歸安廬墓。散兵之日，願率家丁數人，從軍自效。』王温旨慰留，而諸將益蜚語，以爲公將棄軍逃入閩。先是，閩詔之頒浙也，并賜倡義諸臣敕命，加以官爵，公嘗奉表稱謝，遂爲諸帥口實，甚且有令壯士劫取公首者。公於是棄軍，拜表即行，言：『臣從今披髮入山，永與世辭，主上請加蹤跡，斷不入閩，以遭殄滅。』遂之温州避人。王得疏大駭，知公不可留，乃降旨，令往海上，同藩臣黄斌卿，鎮臣張名振，共取道崇明，以復〔嚴校〕作『伐』。三吴，時方有由舟山窺吴之計也。斌卿以舟迎公入翁洲。王加公吏部尚書兼理户部事，〔嚴校〕無上五字。公辭不受。是爲丙戌之五月，不三旬而江上破。

公之解兵也，閩中有使召之，公以江上之嫌，不赴。及江上破，公由海道入閩，請急提兵出關，不可。退入廣東，并陳越中十弊以爲戒。閩中優詔答之，以右副都御史召。公疏言故大學士孫公嘉績之忠，爲之請恤。而閩中又破，公避難於福清，展轉文石海壇之間，與諸弟無所得米，則食麥；無所得麥，則食薯；其後并無所得薯，則食薯之枯者，拾青茅以當薪。常夜涉絶谷，足盡裂，乃祝髮〔校〕楊本下有『從浮屠圓碧居』六字。以免物色。然其題壁云：『一下猛想〔校〕楊本作『省』。時，身世不知何處；數聲鐘磬裹，歸途還在這邊。』識者以爲非緇流也，乃稍稍有從公問學者，公賴其脩脯以自給。

已而聞鄭彩扈監國至鷺門，來往諸島間，禡〔嚴校〕作『禡』，是。牙舉事。丁亥六月，王至琅江，公入覲，王大喜。時文臣在王側者，祇熊公汝霖，而孫公嘉績之子延齡年尚少，馬公思理位雖在熊上，然非越中舊從也。彩推馬公、熊公直閣，而己署兵部。公至，以公自代。公泣陳無功，請以侍郎署部事，不許。公疏言：『兵部之設，所以統理羣帥，歸其權於朝廷。今雖未能盡復舊制，然當申明約束，使臣得行其〔校〕楊本『作』此。法，不相凌辱，可乎？國家多難，大帥往往揜敗爲功，以致日壞，江干王之仁報捷諸（書）〔疏〕從楊本改。其餘習也。臣願海上諸臣，持「勿欺」二字以事主上，可乎？臣在化南，有感臣忠義，願攜貲來投者，有願奪降臣家財以充餉者，聚之可數百人。臣亦不敢私以自衛，藩臣入關，當驅臣兵爲先鋒。但願諸將稍存部臣體統，一切争兵并船，不相加遺以爲朝廷羞，可乎？敘功之舉，往往及官而不及兵，誰肯致死。臣請凡兵有能獲級奪馬者，竟〔校〕龍尾本、嚴校均作『徑』。授守、把等官，可乎？』又言：『近奉明旨，〔校〕楊本作『諭』。江上之師，病在不歸于一。今宜以建國公彩爲元戎，登壇錫命。平夷、閩安、蕩湖〔案〕應作『胡』，因避忌改。諸鎮，此建國之左右手，令其選擇偏裨，或爲先鋒，或爲殿後，合而爲一，弗令異同，如鄴下九節度之師。其次則編定什伍，弗令雜然而進，雜然而退，孟浪以戰。』並得旨允行。又疏言：『主上允臣前疏，委任建國，則兵出於一矣。復命建國合挑各營之兵，選其健者，請自今以往，一切封拜，暫行停止。特懸一印，令於衆曰：「有能爲建國所挑之兵爲先鋒立功者，不論守、把等官，竟與掛印。」如此，則奇傑之人至矣。或謂各藩以私錢養其私兵，孰肯令其挑之以去。則即令各藩自挑敢死善戰之兵，各爲一營，各懸一印，令曰「有能將本營所挑之兵立功者，竟與掛印」。可耶否耶？」王以爲然。於是兵威頓〔校〕楊本作『頗』。振，連下興化、福清、連江、長樂、羅源三十餘城。侍郎林汝翥、都御史林垐皆起兵。郭三才以大兵援閩，亦來降，遂圍福州。而浙東山寨，亦各起兵遙應。前此六狂生家居者，謀取寧、紹、台諸府，與公兵爲犄角之勢，〔校〕楊本無『前此』至『之勢』三句。楊注云：據後『曩所謂六狂生者』云云，則此三句，宜不應有。復爲三賓所告而死。〔校〕楊本上四字作『所撓而止』。公又疏薦故太僕寺卿劉沂春，初仕苕中不納款，繼歸閩中不〔□□〕〔薙髮〕；從龍尾本補。廣東糧道吳鍾巒素行之忠義方直，乞特敕召用。得旨：沂春右副都御史，鍾巒通政使。二人猶不起，公貽書以君父之義感之，二人始翻然就道，而閩中遺臣無不出。又因福州之敗，請恤宗臣統鏞等。諸將葉儀等，以鼓忠義。王是之。

王之初至閩也，招討鄭成功待以寄公之禮，而不稱臣，仍稱隆武三年，蓋脩浙中頒詔之怨也。至是，公頒明年戊子監國三年曆，海上遂有二朔。然公嘗有書與成功，獎其忠義，勉以恢復，故成功不以爲忤。於是王大媿歎，始知公前此〔校〕楊本作『次』。江上之議，出於平心，非貳於閩，嘗謂公曰：『先生所上奏疏，予皆貯藏之，燈下時時覽焉。』明年，王次閩安，公請立史官紀事。尋晉公大學士，疏辭者四，面辭者三，終不許。

鄭彩之下諸城邑也，自以八閩可指顧定。是時，諸將稱大營者六，自彩而下，平夷侯周鶴芝、同安伯楊耿、閩安伯周瑞、義興侯鄭遵謙、蕩湖〔校〕應作『胡』，因避忌改。伯阮進、定遠伯鄭聯，兵力亦無以大相過，皆惡彩之專。〔校〕龍尾本作『耑』。顧彩益横，及害熊鄭二公，而逆節大著。故公力辭相位，既不得請，每日繫艍〔嚴校〕作『船』。於駕舟之次，票擬章奏，即於其中接見賓客；票擬封進，牽船別去，匡坐讀書。其所票擬，亦不過上疏乞官部覆細小之事，大者則彩主之，雖王亦不得而問也。公每入見，即流涕不止，曰：『朝衣拭淚，昔人所譏，臣不能禁。』王亦爲之潸然。〔嚴校〕乙『公每入見』至此計二十八字。彩初與公頗相睦，自熊公死，并疑公。時督相劉公中藻起兵福安，攻福寧，城將陷，總兵涂登華欲降而未決，謂人曰：『豈有海上天子，舟中國公？』公貽之書，謂：『將軍不聞宋末乎？二王不在海上，文陸不在舟中乎？後世卒以宋祚歸之。而況不爲宋末者乎？』登華乃詣彩降。彩欲使其私人守之，劉公不可，彩掠其地。公與劉公書，不直彩，而書爲彩邏者所得。彩恨甚，以爲公樹外援以圖之。朝見之次，故誦公書中語以動公。公憂憤交至，而彩自是亦知爲諸藩所惡，不復協力，逍遥海上。

連江失守，公聞之，以頭觸枕祈死，血疾大動，遂絶食，王賜藥，亦不復進。六月初五，卒於琅江，遺言以故員外郎章服入殮。訃聞，王震悼，輟朝三日，賜祭九壇，王親製文祭之，贈太保吏部尚書，謚忠介，蔭一子尚寶司丞。公生于萬曆丁未正月望日，得年四十有二。夫人董氏，以是年四月卒。子曰兆恭，尚寶司丞；曰翹恭，先亡。公嫂陳氏，姪克恭，皆死島上，殯於琅琦。自公入海，其家被籍，而夫人之父光遠，破家爲公輸餉，參幕府事。〔校〕楊本下有『官至監紀通判』六字。公既入海，光遠自縊而死。公卒後，第四弟御史肅圖、第五弟檢討肅範，挈兆恭依劉公於福寧。城陷，肅範死之，肅圖以兆恭走翁洲。庚寅六月，兆恭亦卒，公遂絶。又七年，第九弟推官肅典，亦以義死於鄞。又一年，〔楊注〕當作『三』，詳贈錢二公子展墓聞中序考證。第七弟職方肅遴亡命徉狂，死於崑山。父子、兄弟、翁婿相繼死國，良可慟〔嚴校〕作『悲』。也。而曩所謂六狂生者，董公志寧、王公家勤、華公夏，以戊子謀翻城應翁洲，不克，家勤、夏死之。志寧逃入翁洲，辛卯城陷，死之。張公夢錫在山寨，庚寅寨破，死之。陸公宇爆以癸卯謀應海上，逮死。惟〔校〕楊本作『獨』。毛公聚奎亦累被逮，亡命〔校〕楊本無上六字。得免。

公諱肅樂，字虞孫，一字希聲，學者稱爲止亭先生，浙之寧波府鄞縣芍藥沚人。〔校〕楊本上有『城東』二字。錢氏於鄞爲右姓。七世祖以侍郎管廣西布政使奐、最有名。曾祖鳳午，封禮〔嚴校〕作『吏』。部主事。祖若賡，知臨江府，萬曆直臣，以忤江陵幾死者也。父益忠，瑞安訓導，贈副都御史。大夫人楊氏，繼傅氏。臨江在獄中，公年九歲，寄呈所作帖括文，臨江喜曰：『颺虞翁有孫矣。』故字曰虞孫，登〔校〕楊本『登』上有『公』字。崇禎丁丑進士，釋褐知太倉州事。嘗謂人曰：『吾不敢得罪天地，自揣歸家之日，量口炊米，裁身置屋，如斯而已。』州有母訴其子者，公撻之，其母請置之死。公曰：『汝止一子，殺之，將以他人爲〔校〕龍尾本作『之』。子，未必勝所生也，且悔之矣。』語未畢，母子抱哭而出。有兄弟訟者，公曰：『汝以小忿傷天性，吾撻一人，則汝結怨且終身矣。可退思三日來。』及期，兄弟慙媿請罪。〔校〕楊本自『州有母子』至此，作『州有母子兄弟争訟者，公皆令退思三日，悔悟則止；不克悔悟，則呼至，反覆勸諭，必使自請解釋，相好如初而後止』。吴中素難治，羣不逞之徒，結社成聚，輔以博棍鹽梟，肆行無忌，又多仗庇有力之門以爲護符，而黠吏陰陽其間。凶徒〔嚴校〕下有『因』字。結黨殺人焚其屍，或以屍誣置之他人家以陷之。公痛治之，其風遂息。推官周之夔，逢迎烏程，發難於太倉折色，思以牽連起黨禍，以公在事中，之夔終無以難也。每鄉令其耆老會同保長，公舉善惡注册，善者以朱榜旌賞之，惡者以白榜捕責之。常思行義倉法，庚辰歲稔，言於大吏，令民畝輸米升，得數萬石。次年大旱，籍此以賑。是歲又苦蝗，即以餘米賞民之捕蝗者。素病喀血，以旱，徒步禱烈日中，黧瘠骨立，民環而泣曰：『侯病甚矣，其姑返。』公曰：『無歲將無民，又焉用我。』相對而哭，皆失聲。是役也，公病，以此幾不起。公狀貌最文弱，見者易之，而大義所在，守之甚剛。常熟〔□〕〔錢〕從楊本補。侍郎〔□□〕〔謙益〕從楊本補。林居，延攬天下士，多歸門下，聞公名，〔校〕楊本無上三字，作『張翰林溥極推公之政績，謙益』十二字。因百方招致之，公卒不往。〔□□〕〔謙益〕晚節披猖，始知公之先見。〔校〕楊本無上十二字。太倉巨室有子坐罪，知公不可以私干，乃求武進吴公鍾巒言之，以其爲公房考也，公卒不可，竟取其子罪之。〔校〕楊本無上六字。時公以初至，不甚與薦紳接，蓋素知吴中薦紳，多以苞苴把持有司也。薦紳以此望公，既而始〔校〕楊本作『方』。知公之公。其署崑山也，方大旱，崑民揭竿劫粟，〔校〕楊本上一句作『有揭竿劫粟事』。圍朱太守大受第。而太倉亦告變，公急以兵誅其渠，而嚴飭巨室之閉糴者，不三日而兩地皆安堵。其署崇明也，以兵擊殺海盜魁三人，擒二人，始知公之才略。〔校〕楊本上一句作『論者以爲公非書生也』。善得士，如歸莊、宋龍、陸世儀、盛敬，其後皆以名節樹立於易代之際。以考最，遷刑部員外郎，丁瑞安艱，家居，國難已亟，時時從邸報中悲憤時事，雖在倚廬，而每飯不忘，多見之于詩。

初，公之少也，嘗夢日墮其手，公以〔校〕楊本無以字。手扶之，稍稍上，而卒不支，日漸小漸晦，卒隨臂而下，心竊異之，私以語其外舅董光遠。〔校〕楊本無上三字。及在海上，相傳唐王在大帽山，一日公夢兄弟四五人大臨盡哀，醒而疑之。未幾，則北來赧王之訃也。蓋公之忠義出於性成，故神明與天通，而寤〔嚴校〕作『夢』。寐之間先爲呈告。甲申之難，聞紫荆關總兵丁孟〔嚴校〕作『益』。榮死闖賊，爲之立傳。又聞醴陵尉邱繼武死獻賊，貽書湖廣大吏表章之。福州之陷，聞齊巽起兵，賦詩自慰，流涎節烈，不啻口出。

嗚呼！公之在江上也，厄於方王；公去江上，不旋踵而列戍崩潰，方王同歸於盡。公之在海上也，厄於鄭氏；公死海上，未卒哭而閩土盡失，鄭彩亦見摧於延平以死。則甚矣庸妄人之害國以自害也。雖然，浙東列郡並起事，事敗之後，獨吾鄉山寨海槎，相尋不息，諸義士甘湛族之禍，敢於逆天而弗顧，卒延翁洲之祚，至辛亥而始斬，則公之感人者深矣。

公殯琅江者六年，福清葉文忠公之孫尚賓進晟，謀爲葬之海寧，故職方姚翼明時披緇海上，〔校〕楊本無上五字。尤力助之，乃乞地於黃蘗山僧隆琦〔校〕楊本無此二字。而修塋道焉。平彝侯〔案〕『彝』應作『夷』，避清忌諱改。周鶴芝、定西侯張名振與諸義士，故儀部紀許國等，皆襄事。〔校〕楊本無『平彝侯』至此二十六字。故大學士長樂劉公沂春爲之碑，都御史華亭徐公孚遠爲之誄，諸義士爲置墓田，別有葬録紀其事。其後總督陳經征海，道出墓下，親往致祭，人比之鍾會祭孔明之墓。隆琦亦異僧，既葬公，棄中土居日本〔校〕楊本無『隆琦』至此十四字。焉。

公所著有正氣堂集、越中集、南征集，共若干卷，亂後不完，今存者十之五，予編次爲二十卷。〔校〕楊本無上七字。

公死幾三十年，仲弟肅圖始舉子，以爲公後，曰濬恭。〔校〕楊本作『即濬恭也』。惟公乙酉以後之事見於碑誄者，皆互有缺略。聖祖修明史，史臣爲公立傳，據諸家之言，亦不詳也。越九十五載，〔嚴校〕作年。濬恭年已七十，〔校〕楊本作『七十之年』。欲修墓於黃蘗，乃乞予詳節公文集中諸事跡，合之侍御所作家傳，并諸野史之異同，參伍考稽，以爲公神道第二碑銘。其銘曰：

真人御世兮，六宇偃兵。孤臣空懷故國兮，終何所成。浙有方王兮閩有鄭，〔校〕楊本無上三字。天降魔君兮莫之能争。公魂西逝兮錢江，公魂〔校〕楊本作『魄』。南去兮琅江，來歸舊宅兮甬江，導以義旗兮堂堂。〔校〕楊本無此七字。前揚波兮後重水，看寒芒兮箕尾。可憐孤兒七十兮賦大招，公歸來兮聽吾誄。

附舊寄萬編修九沙札 〔校〕楊本無上九字。

忠介事實之詳，宜莫如其弟退山先生之文，〔馮注〕退山有忠介公前傳、後傳。然亦有遺且誤者：如急援平湖義兵疏乃江上第一好著，時不能行，不待次年之夏，知其無能爲矣。諸傳皆不載，并退山亦失之。〔校〕楊本下有『猶幸公集中雖失此疏，而存其目』十三字江上頒詔之爭，張、熊、朱、錢〔校〕楊本下有『四公』二字。分爲二，而忠介以此遂爲悍帥口實，此最有關係者，諸傳皆不載，并退山亦失之。〔校〕楊本下有『猶幸見於高丈隱學雪交亭集，李映碧三垣筆記，亦略及之』二十三字江上有兵部侍郎之命，再辭不受，〔校〕楊本有『見林太常傳』五字。既至翁洲，有吏、户二部尚書之命，〔校〕楊本有『亦辭不受，見公集』七字。退山皆失之。若披緇於閩，則劉氏神道碑中及林太常傳皆有之，而退山似諱其事，不知此不必諱也。鷺門確係鄭彩先〔校〕楊本作『始』。舉兵，而以戎政召公。退山以爲彩因公言而起兵，今詳考諸家野史與劉碑、徐誄以正之。〔校〕楊本無『以正之』三字，作『皆然，豈同時所載皆誤耶？』又公之入閣，〔校〕楊本作『閩』。馬公思理尚在，〔校〕楊本下有『亦見公集』四字。退山以爲馬卒而後公繼之，舛矣。尊諭令某博考以正前人之失，某亦何敢，〔校〕楊本無上三句，楊手鈔補。但是文於參稽頗詳審云〔一〕。

〔一〕〔楊注〕：蒼水神道碑銘是九沙屬謝山撰者，故末附寄九沙札。此碑爲忠介嗣子所請，何緣與九沙辯論，並有『尊諭令某博考』云云。此札必是與錢二池者，傳鈔攟謬，史刊復因之也。二池，濬恭別字。

鮚埼亭集卷第八

〔楊注〕此卷中董、徐、二張、倪、錢、杜七公，皆鄞人；魏先生，慈谿人。皆四明之諸生布衣而殉國者，故合爲一卷。

碑銘三

明兵科都給事中董公神道表

公諱志寧，字幼安，浙之〔校〕楊本作『江』。寧波府鄞縣人也。遠祖之邵〔校〕龍尾本作『之部』，下同。勞注：盧改作『之部』。居奉化，宋建炎中，與李（脩）、〔俏〕從楊校改。楊注云：寶慶志李俏，字子列。任戩起義兵以拒金，得千餘人，三戰於泉口，金人不能入而退，故明州殘破，而奉化獨全。事定，口不言功。其後，蔡文懿公幼學言之於朝，贈三人官，皆修武郎，而三家子孫並大其門。之邵之孫仁聲、仁澤、仁（霖）〔森〕

從楊校改。先後成進士〔二〕。仁聲官至殿學，三傳而爲恭禮，明洪武辛未〔校〕楊本作『二十四年』。進士，以養母隱居黃楊嶴中，公之八世祖也。曾祖鑣，祖宰。父僎，萬曆丁酉舉人之副。公由諸生食餼貢太學，少以名節自勵。

乙酉六月，大兵長驅入浙，公徧謁同里薦紳，勸以起兵，聞者皆笑以爲狂，獨刑部員外郎錢公是之，顧其事莫能集。閏六月初八日，餘姚兵起，明日會稽亦應之。又明日，鄞人始會議，然猶相顧莫敢主者，最後錢公力疾至，請獨任之。而故太僕卿謝三賓，家富耦國，新從江上迎降歸，惡聞其事。定海總兵王之仁，亦以迎降得仍舊任者也。三賓〔校〕龍尾本作『夫己氏』。私遺之書曰：『論論訛訛，思拚頭顱以披猖於一擲者，皆出自庸妄者之口。將軍以所部來，斬六狂生，事即解矣。僕請以千金爲壽。』『六狂生』者：陸公宇㸅、張公夢錫、華公夏、王公家勤、毛公聚奎，而公其首也。會之仁中悔，致書錢公請自效，翌日帥所部至，大會鄞人於演武場。三賓不知也，揚揚來赴，以爲殺六狂生命〔校〕楊本無此字。在漏刻。坐定，之仁於袖中出其書，即誦責之。三賓戟手前奪其書，之仁怒，麾軍士令斬其首以祭纛。三賓叩頭乞哀，請出家財充餉，乃止，一軍股栗。〔嚴校〕乙去此四字。監國次於會稽，授公大理寺評事，視師瓜

〔二〕〔楊注〕寶慶四明志序進士：寧宗慶元二年有董仁澤；嘉定元年有董仁聲，注仁澤從弟；嘉定十二年有董子焱。開慶四明續志序進士：理宗紹定五年有董仁森，子焱從弟，獨無仁霖。再考延祐四明志，亦無之。疑『霖』或『森』之譌歟？又按鮚埼亭外集有論董氏宗譜帖子，作仁森，則『森』之譌『霖』無疑，因改正。

里。而三賓亦至會稽，以賂結戚畹張氏，由散寮驟躋東閣，且假勸輸義餉之名，乾没里中軍需。公惡之，棄官歸。甫一年，江師衄，三賓復降，踰年而有『五君子』之禍。是時浙地盡歸版圖，衹舟山、石浦未下，大兵亦置之不以爲意。而航海之軍至長垣，連陷閩海州縣，且逼福州。於是大兵之備浙者，頗抽以備閩。殘明遺老，始稍稍於浙東山中，結寨拒命。而李公長祥、王公翊兩軍爲主盟。公與華王諸公計，以王公軍下寧波，而己翻城應之，因連李公軍以下紹興，監國故疆可復也。華王諸公皆喜。馮公京第聞之，請以舟山之軍來會。刻日部署已定，復爲三賓所諜知，發其事，四出搜捕，五君子皆遇害，公獨逃之舟山，得脱。嗚呼！大朝爲天命所眷，江南半壁且不支，何有於浙東？浙東一道且不支，何有於寧波？諸公之耿耿未下者，雖云〔嚴校〕乙去此二字。故國故君之感，其如天意何。然而稽古在昔，終不能不比之厓山一輩人物，况又出自祭酒、布衣，此其所以益難也。

監國既至舟山，遷公兵科都給事中，時時奉使入内地，聯絡山寨諸軍，以爲海上策應。山寨亦感其孤忠，資糧屝屨，不戒而集。辛卯，舟山失守，公自刎死。其時，以鄞人同殉者，楊吏部思任、戴工部仲謀〔校〕龍尾本作『仲明』。也。〔嚴注〕戴仲謀，殉節録作仲明，謚節愍。監國紀年則作明仲。監國始於紹興，終於舟山，其後飄泊海中，無能爲矣。公以倡義首事，卒以一死謝之，可謂與魯存亡者也。遺骸在海上，陸公宇㷆捐金募人致之，以禮葬於城北馬公橋下，先一日夢公曰：『吾刖一足奈何？』啟視，果失右趾，大驚，束蒲補之。説者以爲文山之見夢於髮繩也。

公初娶徐氏，繼娶羅氏。子二，士駿、士驤。

方公初入舟山時，天〔校〕龍尾本作『大』。朝捕其妻子，有義僕文周匿之，赴官受拷，垂死不言，得免。華公在囚中，作泗水鼎樂府，紀同難事，首褒之。其後羅孺人聞公赴，仰藥而卒。〔嚴校〕作『死』。而士駿兄弟育於高公宇泰家，及長，卒承先志，蹈海不返。〔校〕龍尾本作『而死』。文周悼公祀之絶也，遂以縞素蔬茹終〔校〕龍尾本下有『其』字。身，一門節烈之盛，〔嚴校〕乙去上二字。實古今所希有云。惟先曾王父兄弟於公最厚，嘗言公狀貌挺露，術者謂公必居風憲，不知其爲忠臣相也。而王太常水功〔嚴注〕名玉書。曰：『幼安正命翁洲，遂與張太傅、吴少保諸元老鴈行，是亦何貴如之矣。』雍正庚戌，公之從孫清越，乞余表墓，乃再拜而詮次之，蓋去公之卒八十年。〔楊注〕辛卯，順治八年也。庚戌，雍正八年也。恰八十年矣。其銘曰：

以『六狂生』之特而不死兮，天佑之以倡江上之諸軍。以『五君子』之徒〔嚴校〕作『匹』。而不死兮，天脱〔校〕龍尾本作『佑』。之以備海上之孤臣。卒正命於九死之餘兮，天許之以成炎興之完人。嗚呼給事！是爲建炎義士之孫。

明錦衣徐公墓柱銘〔楊注〕庚戌，年二十六。

公姓徐氏，諱啟睿，字聖思，浙江寧波府鄞縣人也。曾祖某，祖某，父某，娶某氏。公少負才任氣，喜爲俠烈之行，眉如稜，目如塹，尤嗜擊劍，卧起常佩之，旁通琴書、篆刻、陸博諸技，而篆刻最精，然不肯以藝名。既補諸生，累試於布政司，不售。時對酒當歌，輒嘆曰：『天生徐公，胡乃老之草間，而使敵寇交訌也！』則拔劍起舞，謾罵座上貴人，以劍擬之，貴人皆膝席，莫敢忤視，或跳而去，於是遂相戒遠之。然每規人之過，輒苦口泣下，其方正又如此。既久鬱鬱，一日忽埋故佩劍，椎〔校〕龍尾本作『推』。酒床，裂琴衣，削髮，師事徑山浮屠雪嶠，則又閑静寡言，粥粥如真道者。釋名洪節，字近公，閉關延慶寺中，錮其門，飲食俱自竇入。其孺人亦受佛法。甲申之難，哭七日夜不絶聲，既而曰：『江南半壁，我高皇帝龍興地，建武之業猶可望也。』則又閉關如初。

踰年南都再陷，則破關出，掘故所埋劍，夾以雙斧，冠鶡冠，衣緑錦衣，大聲如雷，趨錢督師營，道出周太守元懋家，適元懋忌日，公横刀長揖曰：『介胄之士，不復爲尊先人作拜，顧須飲我酒。』酒至，則連舉三斗逕〔校〕龍尾本作『竟』。去。督師故與公同社，亟引見於監國，因問所需何官，方得稱手。對曰：『臣請以布衣居肅樂幕，入參帷幄，出捍軍旅，不必官也。』監國奇之，授以錦衣衛指揮，不拜，自稱『白衣參軍』。時江上諸營，首鼠互相觀望，則又罵曰：『今日焚舟前進，或可一逞，逍遥坐老，以自困乎？』每江上耀兵，則出立矢石間以先衆，諸營目笑焉。一日晨起，則佩劍集其麾下百夫，屠牛饗之，諭以大義，百夫亦唯唯而泣，徑自東岸渡江，直薄西岸。大兵以爲游騎，不以爲意，亦遣裨將禦之，則奮劍直前，掩殺過半。城上乃亟出鋭師爲繼，且戒曰：『觀其帥甚奇，必生致之。』於是大兵蜂湧而至，長圍四合，且戰且擁。而公〔校〕楊本作『去』。忽陷〔校〕楊本有『於』字。泥淖中，遂被執，諭之降，則謾罵。大兵怒，刳其腹，實以草，懸之江門。監國聞之震悼，令以原官加贈都督，其子世襲指揮，而招魂以葬之。百夫見公之死，亦無降者。公之出也，督師力止之曰：『軍行必無後繼，徒入虎口無益也。』對曰：『信陵君欲以賓客赴秦軍，豈能若秦何，亦各申其志也。五將觸鬬而死，以愧諸營之賦清人者。』至是，督師以詩哭之曰：『嗚呼！果「見其出而不見其入」也。』初公聞遼瀋日蹙，兩河内潰，嘆息以爲國必亡，則自雕一私印曰『復明』，至是竟死。而雪嶠之開堂于徑山也，從之者三千人，顧未有付法者。最後得江西黄公端伯，曰『可矣』，即付之。是後又寂然。及公至，請曰：『某亦或端伯之亞也。』雪嶠相對而笑，亦付之，時稱爲『雙瓣香』。說者歎雪嶠之爲冰鑑也。

嗚呼！公之志則烈矣。然吾見督師集中，有和聖思軍中思親詩，則其時公尚有親也，君父良難兼顧，但公以環堵書生，未嘗受國家恩命，而必棄其親以從君，斯亦不無小過。〔楊評〕謝山此論甚正，然未可爲反顏易節、叩頭求生者所籍口。自古人親勉其子以忠義者，多矣。士君子處此，當視其親志之所在，親苟素以忠義自期，則殺身成仁，以承親志，親雖篤老，無害也。親固樂有忠義之子爾。否則是薄待其親也。〔嚴評〕如此類效死之人，乃海寧陳乾初先生所斥爲非義之義也。是時如彤菴、簟谿、蒼水、嘿農、楚石〔楊注〕沈宸奎、馮京第、張煌言、華夏、楊文琦。及管江諸杜，〔楊注〕懋俊、兆苮、宗炌。皆以篤老之親，因抗節而有所不顧。揆之聖賢之處此，未必其然，斯論世者所當知也。然而大節如諸公，要不可泯没。公之死幾百年，同里萬君承勳，感公之節，爲之勒石，而徵文於予，乃爲之銘，其辭曰：

包胥之忠，夸甫之愚，兼斯二者，是以捐軀。古稱觸鬪，多屬空言，踐之自我，死不受憐。至今江門，〔校〕楊本作『上』。澄雲如練，時有素車，空中飛電。

〔楊評〕通篇寫錦衣不出『負才任氣』四字，末段議其棄親從君，不無小過，亦任氣之失也。

明處士四岑張先生墓幢〔校〕龍尾本作『版』。文

同里張生之祐〔校〕龍尾本作『之祜』，下同。持其曾叔祖殉難事，乞余表墓，出杲堂先生所作壙志爲據。予少時聞處士之事而未詳，及之祐之請，遲之又十年，其曷敢辭。

處士名樋，字子隆，號四岑，浙之寧波府鄞縣人。甬上之張，爲四姓之一，其最著者曰文定公〔楊注〕邦奇。之宗；次之曰君子堂，則經略都御史楷之宗，〔楊注〕楷，字式之，慈谿人，永樂二十二年進士。由慈水來者。而處士之宗，名位稍不逮，顧以孝友著里中，稱爲雍睦堂張氏。曾祖某，祖某，父某。處士七歲能作大書，稍長，工爲文詞。爲人恂恂，與物無忤。家貧，同産兄梗既析居，處士每互相緩急，或米數升，或薪一梱，蓋浹旬之中，而更僕難計。顧喜飲酒，雖囊中困甚，弗爲止，醉即陶然而卧。客每過之，欲有所語，見其方醉，則坐待之；久而未醒，或至彌日，其坦率又如此。會國難作，日咄咄。尋有改易章服之令，閉户坐室中，取床頭酒獨酌，既醺，遶床而走，復索酒飲之，連舉杯百餘，自摩其頂而嘆曰：『彼曲

局者，惡可以兵之乎？』乃往竈下得炭滿甕，和以木屑，置床下爇之，投身其上，覆以重衾，時方盛暑，俄頃酒力墳盈而絕。家人舁尸而出，則遺骸已紺色矣。嗚呼！改易章服，興朝之制也。違制而自甘於逆天，至殺其身以從之，於義則過，然其志可原矣。〔楊評〕此處議論甚難措辭，作文涉有忌諱，必至回護，往往不能得體，且于理未足。今云『其志可原』，則全受全歸之理，皆包括于其中，並尊王之體，亦大得也。就其中或尚有以好名而死者，若處士之死，更無豫乎此也，殆謝翱所謂『獨行之士』者〔校〕龍尾本有『也』字。耶。吾里中以開□〔嚴校〕作『薙』。死者，趙秀才天生爲最著。然世傳天生之死，本末多舛，〔校〕楊本上有『至』字。予始考而正之。處士則竟罕有知之者，悲夫！

處士生於明萬曆某年某月某日，殉於順治丙戌六月二十日。娶某氏，子某。葬於城南祖關大墓旁。今無後，之祐爲修其祀，銘曰：

大好糟丘是死所，一醉而死定無苦。下策火攻亦有補，丹心丹顏映〔校〕楊本作照。千古。花廳沈沈存舊户，雍睦高門光世譜。雍睦張氏所居，乃元時方平章花廳，至今存其名。

明建寧兵備道僉事鄞倪公墳版文

倪氏自宋已居鄞，顧不甚達。至元末以貲雄于時，因爲方國珍所連綴，參其軍事。入明三百年，仍未達。及錢忠介公軍起，倪氏子弟從之者：一爲懋熹，字仲晦，即僉事也；一爲元楷，字端卿，即後官評事者也。僉事殉於閩中，而評事亦有〔校〕楊本作『爲』。大節。顧百年以來，文獻以忌諱脱落，即其後人亦不甚了了。僉事之曾孫海，以同里董君孫符所作志來，乞予表墓，予安敢辭。

方乙酉之夏，浙東内附，定海總兵王之仁者，繳勅印，貝勒令其仍故任。會鄞人擁忠介舉事，降臣謝三賓惡之，貽千金于之仁，令其以兵來殺諸首事者。忠介亦欲貽書之仁，而難其使。公請行，遂以忠介書往。甫至，定人洶洶言，昨有陳秀才者，上箋大將軍，詆其降，而大將軍殺之，聞者股栗。俄而三賓之使繼至，公神色不動。有頃，之仁召公曰：『君此來，大有膽。』公曰：『大將軍世受國恩，賢兄常侍攀髯死國，天下所具瞻，〔校〕楊本作『瞻仰』。志士皆知其養晦而動也。方今人心思漢，東海鎖鑰在大將軍，次之則翁洲黄將軍、石浦張將軍，〔校〕楊本下有『耳』字。左提右挈，須有盟主，大將軍之任也。』之仁遽摇手曰：『好爲之，且勿洩。』于是令其子鳴謙飯公於東閣，而别召謝使入見，所以待之略同，亦具報書，但曰『以十五日至鄞，共議之』。謝使出，乃遺公歸，之仁曰：『語錢公，當具犒師之禮。』公出喜曰：『吾事諧矣。』或曰：『何以知之？』公曰：『必諧。』翊日，之仁至，果脅三賓出兵餉萬金與忠介。忠介勞公曰：『此李抱真之招王武俊也，而君以三寸舌成之，功過之矣。』及畫江守定，以公爲職方，參瓜里軍。

唐魯争頒詔之禮，越使陳謙入閩而死，閩使陸清源入浙亦死，議募一能者，乃以公往，果稱旨，閩中留之，令以僉事分守建寧。時鄭芝龍盡取閩中兵餉，歸於所屯之東石。道標故有兵千人，至是一空，公捐俸爲餉以募兵。大兵攻建寧，出鬭，力不支，一軍盡没，其從者十八人，僅脱其一，丙戌八月十一日也，距生於萬曆戊申四月十二日，年三十九。事定，其家以衣冠葬公於某鄉之某原。而評事與公同起江上，事去，歸家，不肯薙髮，遂被怨家所告，論死。評事慷慨坐囚中，與華公過宜、李公昭武，高歌木公不屈魔鬼一曲，聲撼獄壁。時評事尚有母在堂，用奇計遣人以酒入獄，飲評事；至大醉熟睡，因盡薙其髮。醒而覓其髮，已秃矣，痛哭欲自裁。旁人以母命止之，得免，嘆曰：『吾竟不得與仲晦白首同歸也。』蓋後公四十年而卒，其荼苦艱貞，亦足與公配。今評事已無後，予附書之公志中者，以其布衣報國，生死雖不同，而志則同也。

僉事一字煜生，〔校〕楊本、龍尾本皆作『曄生』。曾祖景晉，連江縣丞。祖正憲，貢生。父忠相，僉事。娶陳氏，繼室以舒氏。子五，孫七，曾孫八。所著有易説。

嗚呼！倪氏於明，雖衣冠芳雅，而遜于楊、張、屠、陸諸家則已多。乃國亡之後，其見録于文山幕府列傳者，有二人焉，足以重其族望矣。海之婦，予族姊，先侍御公女孫也，寠甚，予謂之曰：『忠節之家，雖貧足樂，幸勿玷此家風也，其勉之矣！』

明翰林院簡討〔一〕兼兵科給事中箕仲錢公些詞

歐陽公作唐宰相世系表，誠以揆輔之家，與廟社相關係，故特詳〔校〕楊本作『述』。之。然而終唐之世，累遭大難，以暨天復、天祐〔校〕龍尾本作『佑』。革命之交，宰相子孫殉國者，蓋亦寥寥無多。宋以文信國之忠，不能得之於其弟。有是哉，大節之難强也。明之亡也，崑山顧文康公〔楊注〕名鼎臣。以下人名，皆從楊注。家有咸正、咸建、咸受〔二〕；咸正有子天遴、天逵。鉛山費文憲公（宏）家有曾謀。華亭徐文貞公（階）家有念祖，有孚遠。江陵張文忠公（居正）家有允脩，有同敞。太倉王文肅公（錫爵）家有湛，有淳。秀水朱文恪公（國祚）家有大定；東阿于文定公（慎行）家有元煜〔三〕；〔校〕楊本、龍尾本皆作『曄』。姚江

〔一〕〔楊注〕崇禎初，改檢討爲簡討，避莊烈帝名也。其後福、唐、桂、魯四藩，皆謹避諱作『簡』，不改官制。然則仕于四藩者，必當書『簡』，不當作『檢』也。

〔二〕應作『所受』，案沈德潛明死事四文學傳，所受，字樂吾，長洲人，不言爲鼎臣後。

〔三〕〔蔣注〕應補朱文肅公家有錫如、鑑如、鎔如。錫如，字宗黄，號訥菴，文肅孫，諸生，廕中書科中書舍人。辛丑以孔孟文訏錢纘曾通海，纘曾逃匿其家，被執連染，絞於壬寅六月。鑑如，字有子，號戒菴，廕中書科中書舍人。甲申爲闖所執，不屈死。鎔如，字右陶，號壘菴，廕五軍都督府都事。乙酉起兵南潯，敗，不屈死。見汪曰楨南潯鎮志引朱氏譜。

孫文恭公（如游）〔校〕楊本下有『家』字。有嘉績；烏程温氏（體仁）有璜；嘉善錢氏（士升）有棅，有柟。長洲文文肅公（震孟）家有震亨，有秉。〔校〕楊本作『乘』。其餘若〔校〕龍尾本作『有』。高陽之孫（承宗）、江夏之賀（逢聖），合門從死者，尚不豫焉。長山劉氏有孔和，〔嚴注〕大學士鴻訓子。宜城〔嚴校〕作『宣城』。邱氏有之陶，又其次也，可謂盛矣。吾鄉錢忠介公受任於國事，既去之後，賫志以殉，而諸弟相繼死國者三，夫非踵諸世族之後，争光〔校〕龍尾本作『先』。接武者與？其安可以無述也。

按家傳，簡討諱肅範，字錫九，一字箕仲，浙之寧波府鄞縣人也，寧波府學生。〔嚴評〕家世見忠介碑銘，此似可不敘。曾大父鳳午，明封禮部〔嚴校〕作『吏部』。主事。大父若賡，知臨江府。父益忠，瑞安訓導，贈副都御史。忠介公第五弟也。受經於忠介公，尤工書。忠介起兵，官其諸弟之從軍者，並授監紀，忠介辭不受。江干失守，皆從忠介浮海而南。時監國從員缺落，誥敕文字，忠介多以屬之簡討。已而忠介請置史官以紀起居，馬閣學思理即薦入館。忠介之卒也，因閣部劉中藻與鄭彩争，忠介平之而不得，彩反以此爲憾，忠介憂憤疾動，遂絶藥餌而卒。諸子弟成服後，或之瑞安，或往翁洲，即未去者，亦避地秦川、〔校〕楊本作『奉川』。長水之間，忠介命也。而簡討獨與仲兄侍御徘徊未去，或問之，答曰：『止者報國，行者全宗，不相背也。』中藻方守福安，遣人來迎。時大兵盡定閩地，僅餘福安、寧德二城，指日受師，賓朋皆勸簡討無往，而毅然赴之。中藻奏兼兵科。未幾侍御亦出城募兵，而長圍四合。簡討助城守凡六月，累與大兵戰輒勝，而援絶道梗。大兵乃屯于郊，不復附城，而專待其糧盡。侍御遣人縋城入見，簡討復書曰：『吾兵猶利，足以一戰。但枵腹枕戈，勢焉能久，城中望援，以刻爲歲。南向望草飛塵起，謂此援兵來也；聞風聲鶴唳，謂此援兵來也。如此又有〔校〕楊本作『百』。日矣，而卒寂然。吾惟以一死待之而已。』城陷，望百辟山嘆曰：『此宋少帝入海處也。』賦絶命辭，投繯，兵至被執，不屈。其僕張貴年僅二十，亦從焉。嗚呼！裹馬革以從兄，可謂各遂其志者矣。福安之陷也，滿城迸散，莫能言簡討之死，故忠介之葬於黄蘗山，劉大學士沂春、徐都御史孚遠作碑誄，皆不及簡討事。已而有焦甲者，言簡討死甚悉，蓋曾在圍城中親見者也。於是林太常時對、高兵部宇泰，始爲作傳，附之忠介傳後。

簡討生於天啟辛酉三月初三日，殉於順治己丑四月十三日，得年二十九歲。妻孺人忻氏，先卒無子。踰三十七年，有游僧至鄞，冒稱簡討，逕歸錢氏。其親屬叩之，語不能符，詐窮而遁。侍御爲文以辯其事。〔校〕楊本作『誣』。於是忠介嗣子濬恭，既行招魂之禮，合葬簡討於忻孺人之兆，因乞予文以表墓，且曰：『誠懼因僞僧之故，致仲父大節有晦故耳。』嗚呼！簡討之正氣，旁魄於雲漢，不待李翰之傳而後白許遠之誣也。其聊以備明史世表之參稽，則未必無補耳。其銘曰：

甬江東岸，喬木生春。鄧林之枝，〔嚴校〕作『杖』。一氣〔校〕龍尾本作『以光』。同根。惟忠介有弟，惟明有臣，故國故家，以光清門。何來唐子，謬種妖髡，謂系表可溷，希附哲昆。杞宋文獻，猶幸有存，茫茫閩海，逖矣歸魂。

明故張侍御哀辭

殘明『六狂生』之一曰張公，諱夢錫，字雲生，故茂材〔嚴校〕作『才』。弟子。〔校〕楊本下有『也』字。乙酉之難，『六狂生』謀起兵，幾爲降臣謝三賓所殺，幸免，以布衣入幕府，授司務。尋晉侍御。丙戌，走結山寨。又五年庚寅十月，竟死之。『六狂生』之起也，董華諸公皆司書檄，奔走其間，顧文弱，非能豫兵革也。〔嚴校〕此下空白二十八字。而侍御于弓矢矛戟皆習之精，故嘗在戰鬭中，當是時，左右錢忠介公者，莫如張公蒼水，而侍御亞之，軍前呼曰大張君、小張君以別之。

江上失〔校〕楊本作『不』。守，山寨大起，其時先後立營者：曰馮家軍，則簟谿〔楊注〕名京第。也；曰王家軍，則篤菴〔楊注〕名翊。也；曰李家軍，則研齋〔楊注〕名長祥。也；其餘草竊團聚，不可指屈。而蒼水亦軍於平岡，與侍御大皎之軍相望，諸營呼之曰大張軍、小張軍。

時天下已定，海隅窮山，非果有恢復之望，特以故君尚在島中，資糧扉屨，聊相應接，雖重爲枌榆之累，而一綫之喘，不爲無助。庚寅，大兵洗山入海，蒼水泛海入衛，〔嚴校〕作『大兵洗山，監國入海，蒼水入衛』。研齋亦去，馮王二公相繼死散。侍御軍中不過五百餘人，顧其待士素以恩，誓相依不去。大兵猝至，侍御挾長矛出鬭，夷傷略相等，但衆寡不敵，遂死。五百餘人皆死，無降者，其中突圍而去者三人。翌日，有負侍御尸葬之大皎之南麓者，則前突圍而去之三人也。時大兵以團練爲前導，故與山寨卒多有舊，因得其尸而不詰也。於是諸遺民有識此三人者，事定，相與求得其墓而立石以表之。又百年，予過弔其下，因呼山中父老，問以侍御之姓名，而莫之知也，蓋天下之平久矣，乃爲之哀辭。嗚呼！周之頑民，皆商之義士也。而田橫之客，至敢以鬼伯詈漢，易地以觀，其揆一矣。然則如侍御諸公者，其謂之狂生也，亦固其宜。其辭曰：

信公越公，不能扶宋，而況一旅，乃思妄動，肝腦塗地，逆天堪痛。五百人者，其死益奇，空山投骨，重泉相隨，國殤毅魄，至今累唏。死者可生，生者可〔嚴校〕作『不』。媿，死殉其軍，生埋其蜕，我作誄文，唾壺欲碎。

明管江杜秀才窆石志

秀才姓杜氏，諱懋俊，字英侯，浙之寧波府鄞縣人也，世居縣東之管江。嘉靖中，有官山東按察〔校〕楊本有『司』字。副使名思〔校〕楊本無上二字。者，〔楊注〕光緒鄞縣志按曰：『考新編進士履歷：「杜思，嘉靖壬戌陞青州知府，丁卯陞湖廣副使」，並未云爲山東按察副使也。即思自撰皇極經世釋疑序亦祇云「壬戌冬，予承乏青州」，不言爲山東副使，則窆石志所言官山東副使者，其誤明矣。』其族祖也，自言出於少陵次子宗武之後，故又稱管江曰花谿。仍世富厚，食指百口，而秀才最以仗義聞於時。鄞江自錢湖而東，負大海，韓嶺、鄒谿、尖埼諸道，與管江皆相錯，圍以重山，塹以深溝，擅魚鹽竹木之利，民居殷阜，而亦以巖險，自爲風氣。宋元時，置巡司於大嵩以防察之。明初，湯信公視海，以爲未足，乃于大嵩築城，設兵控扼，隸定海衛，置烽堠，貯倉庾，管江一帶，始爲安土。明季流寇鼎沸中原，海隅不逞之徒，亦乘間起。秀才憂之，乃謀於其叔兆茁，請頒土團之法於有司，遂以兵法部勒族人，分隊瞭野，擊柝行夜，閭黨爲之安堵。而沿海諸村，無不仿而行之者。

丙戌，浙東不守，諸遺民章皇山澤間，猶思再舉。秀才慨然嘆曰：『國家養士三百年，而今日反顔易節者，大半進賢冠人物也。草野書生，安得軍師國邑之寄，爲一洒之。』于是秀才忽若病癇者，獨坐一樓，援筆不少置，或朗吟，或笑，或痛哭，竟日夕。家人駭甚，從壁罅竊窺之，則案無他物，惟陶菴黄進士臣事君以忠闡義，墨之硃之，纍纍不絶。施公子宗炌者，故都督翰子，其先世亦居管江，時適有『五君子』之難，公子豫焉，以家財募死士。秀才聞而大喜，乃招姜山之徒助之，幾及三千。公子邀王評事家勤入管江，刻期舉事，約以馮御史京第軍至城東，則秀才引軍助之。而金峨山中，有賣炭趙翁者，或言其精星象，諳兵法。秀才則親往致之，置軍中，奉以爲帥。未抵期三日，評事來奔，以事洩告。城中邏者亦踵至。秀才梟邏者首，據山立寨，鳴鼓起事，而急遣評事先入海。秀才意以城中雖已〔嚴校〕乙此字。有備，然計海師早晚必薄城，則勢未能分，故且部署軍士爲入海計。城中兵果不出，而定海鎮將常得功豫遣舟師扼海口，分軍直抵管江，評事中途被執。山寨頗阨塞，據險而鬬，三日矢石雨集，夷傷殆盡。寨陷，秀才猶以家丁力戰，頭目中矢如蝟，重傷，倚墻而斃，尸屹立不仆者數日。公子縱火自焚。兆葅被縛，斫其首十二刀而後墜。事定，管江之血如渠。而賣炭趙翁者，或見其烟焰中飛去。時秀才之父尚在堂，有司籍之，山中人憐其義，匿其親屬不以聞。未幾其父卒，其妻亦卒，〔校〕楊本有『而』字。其二子憲琦、憲堇，育於陸高士宇燝家；撫之如己子，董高士曉山教之讀書，范孝子洪震爲之治葬，置墓田以贍其祀。憲琦甚有志行，自以父死國難，縞素不近酒肉，有妻不娶。宇燝等以大誼責之，始婚。未幾病卒。憲堇已早夭，秀才遂無後。兆葅字承芝，宗炌字仲茂，時〔校〕楊本下有『人』字。稱爲『管江三烈士』。而〔校〕楊本下有『所謂』二字。趙翁〔校〕楊本下有『者』字。辛卯壬辰間，猶以其術往來海上，後亦死。

嗚呼！予嘗過杜氏之居，流覽當年戰場，其間居民果伉勇，一呼雲集，自視無前。然此特山澤間習氣，亦不特湖東也。秀才讀書多矣，徒以廟社之感，頓忘其力之不足，而仗此輩以揮魯陽之戈，不亦愚乎？抑亦聊以一擲也。杜氏之宗在管江者，至今猶盛，然皆莫知表章秀才者。而陸高士子曰經旦，頗請予志其遺兆，予故不辭而銘之，其辭曰：

由管江而東爲〔校〕楊本作『曰』。童谷，是爲吾先人再世避地之區；其于秀才之事，蓋所目擊而唏噓。嗚呼！崩雲裂瀑，如聞英爽之踟躕。平陵黃犢，剩兹殘墟。

雪竇山人墳版文

雪竇山人魏耕者，原名璧，字楚白，〔楊注〕耕字白衣，諱純玉，近詩兼逸集云：『字白石』。甲申後改名，又別名甦，〔校〕楊本作『更』。慈谿人也。世胄，顧少失業，學爲衣工于苕上，然能讀書。有富家奇其才，客之，尋以贅壻居焉，因成諸生，國亡棄去。〔校〕楊本作『之』。先生所交，皆當世賢豪義俠，志圖大事。〔楊注〕錢纘曾、陳三島、張近道、朱士稚、祁班孫兄弟，所謂『所交皆當世賢豪義俠』也。致書延平及遮留張尚書，所謂『志圖大事』也。與於苕上起兵之役，事敗，亡命走江湖，妻、子滿獄，弗恤也。久之事解，乃與歸安錢纘曾〔嚴元照按〕外集作『始寧錢霍』。始寧，上虞也。居苕谿〔校〕楊本作『思谿』。楊注：刊本作『苕谿』，大謬。閉户爲詩，酷嗜李供奉。長洲陳三島〔一〕尤心契之。東歸，遊會稽，

〔一〕〔楊注〕三島字鶴客，所著有雪圃遺稿。東澗贈詩有『名許詩家齊下拜，姓同孺子亦長貧』之句。竹垞謂：鶴客志士，所居蓬户席門，而求友若不及，中懷孤憤，恒露眉宇之間。己亥，冰槎尚書入長江，三吳義士謀應之，鶴客與東澗皆與焉。東澗病榻消寒雜詠云：『忠驅義感國恩賒，板蕩憑將隻手遮。星散諸侯屯渤海，飆回子弟走長沙；共和六載仍周室，章武三年亦漢家；遲暮自憐長□翼，垂楊古道數昏鴉。』自注：『己亥歲與羣公謀王室事。』故是年鶴客以憂憤死。

有張近道〔一〕者，好黄、老、管、商之術，以王霸自命〔二〕，見詩人則唾之曰：『雕蟲之徒也。』而其里人朱士稚與先生論詩，極傾倒，近道見之，亦輒痛罵不置。然三人者，交相得，因此并交纘曾、三島〔三〕，稱莫逆。先生又因此與〔祈〕〔祁〕忠敏公子理孫〔校〕楊本無上二字。班孫兄弟善，得盡讀淡生堂藏書，詩日益工。然先生於酒色有沉癖，一日之間，非酒不甘，非妓不寢，禮法之士深惡之。惟祁氏兄弟竭力資

〔一〕〔楊注〕近道又名宗觀，字用賓，一字朗屋。士稚字伯虎，更字朗詣，時號『山陰二朗』。朗詣，少師文懿賡之孫也。詳見竹垞貞懿先生墓表。

〔二〕〔楊注〕小泉翁是文，亦以竹垞所撰墓表爲藍本。静志居詩話曰：『陳卧子詩云：「越國山川出霸才。」二子咸以管樂自命。誦朗讀史詩云：「英雄窮賤盡無策，天下侯王自有時。」慨當以慷，不啻擊唾壺也。』

〔三〕〔楊按〕纘曾字允武，故明諸生，歸安慈谿人。南疆逸史附魏耕傳云：『允武詩清婉緜麗，悲涼頓挫，有晞髮之風。』按慈谿志：始居烏程之陽泰里，自兵部武選司郎中鎮字守中始還居焉。嘉靖乙未進士，從唐一庵講學，學者稱爲澹庵先生。子士完巡撫山東、僉都御史，字維凝，號繼修，萬曆進士。子元慤吏部文選郎中，字孺愿，號青渠，天啓乙丑進士。子四人並有才名，長价人字瞻伯，諸生，以允武事株繫論死。次虞仲，次方叔，次丹季，均坐罪，流徙尚陽堡。吴江吴漢槎與三錢皆有寄贈詩，見秋笳集。近有妄撰吴興詩話者，謂『士完官文選郎』，是以子之官移之父。又謂『虞仲父驕縱，爲莊氏史案連染』，更謬。按元慤在崇禎中，黨人厄之，復阨于張振孫，乞歸。鼎革後，灌園招隱，不愧『東林』遺老，未聞『驕縱』。枌榆故事，妄譚不經，貽誤不淺。附辨於此。

給之，每先生至，輒爲置酒呼妓，而朱張數子左右之。久之，先生又遣死士致書延平，〔嚴注〕鄭成功。謂海道甚易，南風三日可直抵京口。己亥，延平如其言，幾下金陵。已而退軍，先生復遮道留張尚書，請入焦湖，以圖再舉〔一〕，不克。是役也，江南半壁震動，既而聞其謀出於先生，於是邏者益急，〔校〕楊本作『於是刊章名捕』。纘曾以兼金賄吏，得稍解。癸卯，有孔孟文者，從延平軍來，有所求於纘曾，不饜，并怨先生，以其蠟書首〔二〕之。先生方館於祁氏，邏者猝至，被執，至錢塘，與纘曾俱不屈以死，妻子盡沒，

〔一〕〔楊按〕蒼水碑銘：『或勸公入焦湖。慈谿魏耕遮道説公曰：「焦湖入冬水涸，不可駐軍。而英霍山寨諸營尚多，耕皆識其魁，請入説之，使迎公。」』而此云『請入焦湖以圖再舉』，大相違戾，碑文爲是。碑本北征日記。

〔二〕〔嚴注〕據曝書亭集貞毅先生墓表，當作壬寅。其事發覺在壬寅之除夕，故又可以爲癸卯也。楊鳳苞云：『發難在辛丑之夏，結案在壬寅之春，此云癸卯，本南疆逸史之謬。〔丁國鈞注〕楊大瓢賓祁奕喜李兼汝傳言：『有江陰孔元章者，遇耕于西湖，自言從煌言所來，有所需。既而知其妄，批其頰。而耕所交，元章多知之。於是僞爲耕書抵纘曾，纘曾又毆之。元章遂之鎮浙將軍告變。』云云。是孔孟文應作江陰孔元章爲得實。〔楊注〕孔孟文者，字元章，父爲瘍醫，名襟海，不知何許人，與湖州郡城西門外郁大和者友善，遂寓居焉。襟海死，孟文爲僧于長興弁山之土穀祠，往來諸山寨中游説。於時魏雪竇爲東門令史凌祥宇贅婿，聯絡山海，思得一當，與慈谿錢纘曾允武爲密友，以故孟文得交於二人。後孟文盜劫一僧舍，事敗，二人皆薄之。孟文昵一沙彌，貌姣好，祠之鄰近有貢生潘龍基悦之。會孟文犯淫戒，遂發其事于官，知長興縣事葉文鳳責逐出境外，乃挂搭于龍華寺，爲堂

頭元素位下知客，改名雪林。一日，龍基至寺，孟文哀之，不聽，復揭其短于元素。以是不容於叢林，遂徧干交游，乞助資裝，允武、雪竇以其屢敗檢也，予之稍薄，孟文嗛焉。遁至温州，得海中倡義者確耗，并内地通海者出入路徑，遂假稱海中大帥某某皆出其麾下。又僞造一册云儲糧屯某島，士卒營某嶼，戰艦泊某嶴，因與衆有隙，脱身來投誠。是時章皇帝初晏駕，顧命四大臣秉政。鎮江將軍劉某，在鎮數年無寸功，方奉嚴旨戒飭，思立奇功以自給于四大臣。孟文服僧服，去襟裏作馬上衣狀，投劉標下。劉問狀。孟文言：『海外之難平，皆因内地之人運糧饟，資軍裝，爲之接應耳。内間去，外寇可立破也。』劉喜，即疏題驛召孟文至京師陛見，賜弓刀裘馬，寵遇甚隆。當初首告時，尚圖訛詐，故舛其名，以錢允武爲錢雲五，魏雪竇爲魏西斗，潘龍基爲潘倫吉。浙撫以『無人』覆部，時在順治十八年辛丑夏也。而錢、魏不之省，未及行賄于孟文。越半載，遂换真名，注明住址，行鎮浙將軍柯奎密拿矣。是年十二月，將軍發旗下披甲五百人掩至。魏、錢已先逸去，僅執龍基赴杭。允武跳身至晟，舍閔氏一宿，閔兄弟俱連坐瘐死於獄；又至南潯朱少師文肅之孫某許，遂被執，朱亦坐絞。雪竇遁之山陰祁氏，爲邏者縛去。三家俱籍没，妻子流徙。次年壬寅，康熙改元之二月，錢、魏、潘三人俱被慘法，死於杭；祥宇坐絞；復株累允武之族人价人亦論死。右據潘具貞菊牖日記及無名氏湖城大獄記二書，述其大略如此。按謝山謂孟文自延平來以蠟丸書首告，固已謬矣。又謂事在癸卯，則更謬甚。又祁六公子墓碣銘則云『壬寅首告』，而竹垞貞毅先生墓表云『二人坐慘法死，在壬寅六月朔』，亦皆非也。蓋發難于辛丑夏，結案于壬寅春耳。又按孟文自延平來以蠟書首告之説，不自謝山始，温哂園南疆逸史已先之矣。

〔嚴按〕外集：白衣有從孫子良。班孫亦以是遣戍。

初，諸子之破産結客也，士稚首以是傾家，近道救之得出獄，而近道竟以此渡江，遇盜而死。

己亥之役，三島亦以憂憤而死。真所謂『白首同歸』者矣。嗚呼！諸子並負不世之志，而遭逢喪亂，相繼以不良死，則百六之厄也。先生既死，山陰李達、楊遷〔一〕經營其喪甚力，亦以是遣戍。而錢塘孫治，卒購得先生骨，葬之南屏〔二〕，其後改葬於靈隱石人峯下，改題曰『長白山人之墓』。而鄞人墓在湖上者，楊職方文琮，同以是年死。而次年，張尚書蒼水亦葬焉〔三〕。時呼曰『三忠之墓』。先生之居於苕上，爲晉時二沈高士故山，故有息賢堂〔四〕，因名其集曰息賢堂集，自言其前身

〔一〕案『遷』應作『越』。湛園未定稿安城楊君墓誌銘云：『君諱春華，越其更名，友聲其字。君之得禍，以友滋蔓，棄友於市，處君末減。』

〔二〕〔丁注〕據楊大瓢賓魏雪竇傳，葬魏者，前爲仁和顧豹文，後爲錢唐項溶，非孫治也。且當時因雪竇事牽連遣戍者爲李甲、楊春華，蓋緣纘曾以幼子託二人故。先生謂經營其喪，因而被戍，殆但聞當時有二人遣戍，遂强以意爲之詞，并誤記其名也。楊大瓢文中有祁奕喜（名班孫）李兼汝（名甲）合傳，載之甚詳。

〔三〕〔楊按〕蒼水被難在甲辰九月。上云『癸卯首告』，此云『次年』，自相吻合。而楊職方之死，實在癸卯，則癸卯首告，謝山誤書無疑，非傳鈔之譌也。

〔四〕〔楊按〕外集答萬西郭問魏白衣息賢堂集帖云：『居吴興別鮮山中，爲晉高士沈楨避地所居，有渡曰「息賢」，因以自題其寓。』此云『故有息賢堂』，蓋傳抄譌脱，俟求善本校改。又案謝山此説本静志居詩話，詩話云晉高士沈禎、沈聘避地所居，故曰：『二沈，高士也。』外集又漏落沈聘。

乃劉公幹也〔二〕。粤人（□□□）〔屈大均〕不可一世，獨心折先生之詩，嘗曰：『平生梁雪竇，是我最知音。一自斯人死，三年不鼓琴。』是矣（□□）〔大均〕蓋嘗再從先生寓鄞，其風格頗相近云。楊職方之墓在孤山〔三〕。

〔二〕《楊按》竹垞西陵感舊云：『鄴下劉文學，陳留蔡議郎。後身那再託，同調轉堪傷。白首憐金谷，青山棄北荒。思歸應有夢，未許訴巫陽。』劉文學謂白衣也，以其自言前身乃劉公幹也。蔡議郎則謂允武也。案是詩曝書亭集編入玄默攝提格，康熙元年壬寅也。是年夏，竹垞在湖上，貞毅墓表云：『壬寅六月朔，二人坐慘死。』蓋竹垞所親見者，不容有譌，六月必二月之錯寫耳。

〔三〕《楊按》外集楊職方塋域志：『職方絶命詞曰：「憑誰瘞我孤山上，魄在梅花鶴在魂。」故同難歸安楊炎士殯之湖南山寺之旁。』又云『南屏山色，足慰精魂。』此云『墓在孤山』，誤矣。

鮚埼亭集卷第九

〔楊注〕此卷神道碑銘一首，附札一首。

碑銘四

明故權兵部尚書兼翰林院侍講學士鄞張公神道碑銘

〔嚴注〕謚忠烈。

世祖章皇帝之下江南也，浙東拒命，雖一歲遽定，而山海之間，告警者尚累年。吾寧之首事者，爲錢、沈二公，〔楊注〕肅樂、宸荃。其間相繼殉節者四十餘人，而最後死者爲尚書張公。方錢忠介公之集師也，〔楊注〕此敘乙〔卯〕〔酉〕閏六月以後事，時尚書年二十六。移檄會諸鄉老，俱未到，獨公先至，忠介相見，且喜且泣。既舉事，即遣公迎監國魯王於天台，王授公爲行人，至會稽，賜進士，加翰林院編修，兼官如故。〔嚴注〕監國紀年云『乙酉舉人張煌言朝王於台州，授庶吉士』。黄志則云『編修』。入典制誥，出籌軍旅。公雖與忠介共事，而持議頗不盡同。閩中頒詔之使至，議開讀禮，張公國維與熊公汝霖爲一議，朱公大典與忠介爲一議。公出揭，以爲當如張公之言，因請自充報使入閩，以釋二國之嫌。王從之。及自閩還，累〔校〕楊本作『屢』。有建白，不見用。

江干之破也，〔楊注〕此敘丙戌六月以後事。公泛海入翁洲，道逢富平將軍張名振扈王入閩，公從之。既至，招討使鄭成功以前頒詔之隙，修寓公之敬於王，而不爲用。公勸名振還石浦，招散亡，以謀再舉，乃偕還。王加公右僉〔校〕楊本下有『副』字。都御史。〔嚴注〕監國紀年無加僉都一事。時威鹵侯〔案〕應作『威虜侯』，避清忌諱改。黄斌卿守翁洲，名振以石浦之軍與爲犄角。明年〔楊注〕丁亥。松江提督吴勝兆請以所部來歸，斌卿心不欲往，而故都御史沈公廷揚、御史馮公京第與公並勸名振應之，〔嚴校〕乙去『斌卿』至此二十九字，又云：勝兆之事，在順治四年丁亥。遂監其軍以行。至崇明，大風覆舟，沈公死之，公與名振等皆被執。有百夫長者識公，導之使走，乃得至公之故壬午房考知諸暨縣錢氏，七日間道復歸翁洲。時忠介已奉王出師於閩，〔楊注〕以下敘戊子、己丑二年事。浙東之山寨亦羣起遥應之，公乃集義從於上虞之平岡。山寨之起也，因糧於民，民始以其爲故國也，共餉之，而其後遂行抄掠，民苦之。其不以横暴累民者，祇李公長祥東山寨、王公翊大蘭山寨，與公而三，履畝輸賦，餘無及焉。庚寅，閩師潰，諸將以王保翁洲。名振當國，召公以所部入衛，加公兵部右侍郎，〔嚴注〕監國紀年云：『庚寅正月庶吉士張煌言入朝，超拜兵部左侍郎。』兼官如故。辛卯，浙之提督田雄、總兵張杰、海道王爾禄並以書招公，公峻詞拒之。是秋大兵下翁洲，名振奉王親擣吴淞，以牽制舟山之師，拉公同行。翁洲陷〔一〕，〔校〕楊本作『潰』。公扈王再入閩，次鷺門。時鄭成功軍甚盛，既不肯奉王，諸藩畏之，亦莫敢奉王。而公獨以名振之軍爲王衛，時時激發諸藩，使爲王致貢。然公極推成功之忠，嘗曰：『招討始終爲唐，真純臣也。』成功聞之，亦曰：『侍郎始終爲魯，豈與吾異趨哉。』故成功與公所奉不同，而其交甚睦。

癸巳冬〔二〕，復間行入吴淞，尋招軍於天台，次於翁洲。明年，〔楊注〕壬辰。軍於吴淞，會名振之師入長江趨丹陽，掠丹徒，登金山，望石頭城，遥祭孝陵，三軍慟哭失聲，烽火逮江寧。時上游故有宿約，而

〔一〕〔楊鳳苞注〕（下不另注明者皆出楊氏）辛卯六月，公治兵於鹿頸頭。秋八月，大兵三路下翁洲：浙江總督陳錦全師出定海，松江提督張天禄出崇明，金華總兵馬進寶出海門。行朝聞之，定禦敵之策：阮進率前鋒江天保獨當定海一面；張名振率葉百成、馬龍、阮美、阮驤、方簡、劉金、阮驊、朱鼎臣等堵南洋；阮駿率顧忠、鮑國祥、羅藴章、周昉、鄭麟、李英傑、符文焕、張應辰、婁黿、包完定、厲象乾等斷東洋，以任麟爲監督。既而名振會公奉王擣吴淞，以牽制三路之師。王既出而翁洲陷，九月丙子也。又嚴案監國紀年云：辛卯六月張某治兵鹿頸頭。

〔二〕『癸巳』當作『是年』，承上『辛卯』也。下文『明年』乃壬辰。考名振入長江在壬辰十月，癸巳復出師，九月次于平陽。甲午正月，再入長江。按外集定西侯碑文譌壬辰之役爲癸巳。小泉翁考證甚確，何以亦譌謬如是。又嚴案紀年云：癸巳，監國之八年也。

失期不至，左次崇明。甲午〔一〕，再入長江，掠瓜州，侵儀真，抵燕子磯，而所期終不至，復東下駐翁洲。是役也，故誠意伯劉孔昭亦以軍會。或曰：『孔昭，南都之亂臣也，公何以不絶之？』公曰：『孔昭罪與馬阮等，然馬阮再賣浙東，而孔昭以操江親兵栖遲海上者，蓋累年矣，則其心尚有可原。倘疾之已甚，使爲馬阮浙東之續，將何補乎？』聞者服之。是年，〔楊注〕乙未。名振卒，遺言以所部付公〔二〕。自公平岡入衛之後，部下不滿三百，至是始盛。

乙未，成功貽書於公，謀大舉。丙申，公軍於天台。是冬，軍於閩之秦川。丁酉，大兵遷翁洲之民，公還軍翁洲。時王已去監國號，通表滇中。戊戌，滇中遣使加公兵部左侍郎，兼翰林院學士。江督郎廷佐以書招公，公峻詞拒之。是年七月，成功以師會公北行，仍推公爲監軍，泊舟羊山。羊山多羊，見

〔一〕再敘壬辰、甲午兩次入長江復引起己亥之大舉。名振登金山題詩寺壁曰：『十年横海一孤臣，佳氣鍾山自有真，鶉首義旂方出楚，燕雲羽檄已成閩；王師枹鼓心肝一，父老壺漿涕淚新，松柏孝陵兵縞素，會看大纛禡龍津。』公亦題名壁間。

〔二〕『是年』當作『乙未』，下『乙未』當作『是年』。乙未八月，公會名振復舟山，守將巴成功以城降。十二月，台州副將馬信來輸款，納母爲質。公偕戎政司馬陳六御、定寧伯張洪德、中軍總兵虞德淵、大理寺少卿林潭、任麟同入台州，縛巡道傅某、知府劉某歸舟山。是月，名振卒，遺言以軍屬公。此言名振卒于甲午，定西侯碑文卒年同，皆誤也。惟張督師畫像記則云名振于乙未卒，爲得其實。

人馴擾不避，然不可殺，殺之則風濤立至。至是，軍士不信，殺而烹之，方熟而禍作，〔校〕楊本作『而風大作』。碎船百餘，義陽王溺焉。復還軍翁洲治舟。明年五月，成功會公於天台，悉師以行，游軍至於鄞之東鄙。師次崇沙，〔校〕楊本作『崇明』。公曰：『崇沙，江海之門户也，有懸洲可守，不若先定之以爲老營。倘有疏虞，進退可依也。』不聽〔一〕。而公請以所部爲前軍向瓜洲，時大兵於金焦間，以鐵鎖横江，所謂『滚江龍』者也；譚家洲岸皆西洋大礮雷鍧，而公孤軍出入其間。成功遣水師提督羅藴章以所部助公，又令善泅水者，斷滚江龍，而支軍進奪譚家洲礮。相約滚江龍既斷，則公即進踞上流，奪其木城，以夾擊之。滚江龍雖斷，然舟多應礮而没，不得前。公登舵樓，焚香祝天，飛火夾船而墮，遂以十七舟竟渡。公渡，而譚家洲守礮者亦走，木城俱潰，操江都御史朱衣祚被禽。〔校〕楊本作『執』〔二〕。明日，成功始至，城中出戰不利，提督管效忠走，攻城克之。議師所向，成功欲直趨江寧，公請先取鎮江。成功恐江寧之

〔一〕取崇沙以爲老營，公之老謀也。而成功不聽，其致敗之機，已先見於此。

〔二〕斷滚江龍者，材官張亮率善泅水者也。奪譚家洲者，右提督馬信、前鋒鎮統領余新也。直擣瓜洲者，中提督甘輝、翁天祐等也。是時操江朱衣祚、城守左雲龍督萬卒，背港而軍，陣未合而滚江龍已斷，對岸夾擊。左武衛統領周全斌帶甲浮渡，直抵瓜洲城下；正兵鎮韓英奪門入，城遂破。雲龍歿于陣，衣祚被執，譚家洲及木城俱潰。留援剿左鎮劉猷守之。是役也，公爲壇于譚家洲禡太祖高皇帝、毅宗烈皇帝，軍皆縞素，哭聲震百里，與壬辰遥拜孝陵作對，不可不書，謝山漏之何歟？

來援也，公曰：『吾但以偏師水道薄觀音門，彼將自守不暇，何援之爲。』成功即請公行，未至儀真五十里，士民迎降。〔校〕楊本作『來迎』。六月二十七日，成功來告鎮江之捷。公兼程晝夜進，次日抵觀音門，而致書成功，請以步卒陸行赴白下。時江督郎廷佐懼甚，〔嚴校〕乙去上八字。不意成功卒以水道來。大兵之征黔者凱旋，聞信倍道而至，請同守城，於是嚴備已具〔一〕。七月朔，公哨卒七人，乘虛入江浦。初四日，成功水師方至。次日，公所遣別將以蕪湖降書至。成功謂蕪湖爲江楚所往來之道，請公往扼之。公頗以成功年少恃勇爲憂，欲留軍中，與之共下江寧而後發，辭之不得。乃至蕪湖相度形勢〔二〕，一軍

〔一〕瓜洲既下，成功遂渡江移鎮江。提督管效忠以步兵入銀山，移騎兵駐郭外。成功以銀山迫府治，必争之地，夜引軍襲奪之。遲明，大軍分五路三疊，壓壘而陣。成功令多發火礮，多鼓鈎聲，江水震沸，士卒下馬殊死戰。官軍大潰，守將高謙降。以周全斌、黄□留守鎮江，屬邑皆下。成功將由水道赴金陵，甘輝進曰：『斷瓜洲則山東之師不下，據北固則兩浙之路不通，但坐領此，南都可不勞而定矣。』不聽。輝復進曰：『敵膽破矣。我捲甲而趨，乘其不備，一鼓可下。若水道候風，援兵至，守具備，坐頓堅城，非計也。』成功終不聽，卒以此致敗。成功不從陸路之請，卒以水道來，俾大兵之征黔者凱旋入固守城，嚴備已具，亦其致敗之由。『次日抵觀音門』：按郎廷佐奏章，公至江寧爲六月二十六日，凡先二日，與諸書皆不合。又『初四日成功水師方至』：按成功至江寧，廷佐奏章在十二日，亦與此不合，疑郎奏有譌。南疆逸史鄭成功傳云『初七日師次觀音門』，亦非也。三藩紀事本末謂下瓜州、鎮江在七月，師薄金陵在八月，則謬之尤者也。

〔二〕公至蕪湖，初七日也。以下敘公在江北，極力摹寫其招徠之遠，敷布之優，以見精忠赤誠之足感召人心也。

出溧陽以窺廣德，一軍鎮池州以遏上流之援，一軍拔和州以圖采石，一軍入寧國以逼東道。休、歙諸城，大江南北，相率來歸。其已下者：徽州、寧國、太平、池州四府，廣德、和、無爲三州，當塗、蕪湖、繁昌、宣城、寧國、南寧、〔案〕明史地理志無此縣，應作「江浦」。南陵、太平、旌德、貴池、銅陵、東流、建德、青陽、石埭、涇、巢、含山、舒城、廬江、高淳、溧水、溧陽、建平二十四縣。初，公之至蕪也，軍不滿千，船不滿百，但以大義感召人心。而公師所至，禁止抄掠，父老争出持牛酒犒師，扶杖炷香，望見衣冠，涕泗交下，以爲十五年來所未見。瀕江小艇載果蔬來貿易者如織，公軍人以舡板援之而上，江濱因呼爲「船板張公之軍」。公所至城邑，入謁先聖；遺臣故老赴見者，角巾抗禮，撫慰懇至；守令則青衣待罪，考其政績而去留之；遠方豪傑，延問策畫，勉以同仇，多有訂師期而去〔校〕楊本作「至」。者，日不暇給。於是徽州降使方上謁，而江寧之敗問〔一〕至。

初，公貽成功書，以師老易生他變，宜遣諸將分取句容、丹陽諸城邑，如白下出援，則首尾夾擊之；如其自守，則堅壁以待；倘四面克復，收兵日至，白下在掌中矣。成功以累捷，又聞江北如破竹，謂城可旦夕下，雖有遺水師提督羅藴章招撫吴會之命，而未行，但命八十三營牽連立屯，

〔一〕功垂成矣，「而江寧之敗問至」，陡勒此一筆，所謂「失勢一落千丈强」也。全段寫招撫之無難，和風甘雨也。一語入敗問之突至，疾雷震霆也。

安設雲梯、地雷，并造木栅。而蘇松總兵梁化鳳等，以馬步兵相繼至，浙之駐防兵亦來援，長驅入城，莫之遏者。前鋒將余新〔嚴校〕據監國紀年作『余日新』。銳而輕，士卒樵蘇四出，營壘一空。化鳳諜知之，以輕騎襲破前屯，擒新以去〔一〕。成功倉卒移帳，質明，軍竈未就，大兵傾城而出〔二〕，諸營瓦解。成功之良將甘輝，亦以馬躓被禽，死之，軍遂大潰。〔校〕楊本作『崩』。初議取崇沙，甘輝之言與公合，及議遏蘇常援兵，輝言亦與公合，而成功皆不聽，以致敗。公之聞信也，以爲雖敗未必遽登舟；雖登舟，未必遽揚帆；雖揚帆，亦必入鎮江，以圖再舉。故彈壓列城，秘不使諸將知，而更貽成功書，以爲勝負兵家之常，乞益百艘以相助。不知成功并撤鎮江之師，竟入海。

先是鎮江之捷，漕督以師援江寧，中道溺死。松帥馬逢知密以書請降，其自巡撫而下，皆欲出走。故

〔一〕按化鳳及提標游擊徐登第、金山營參將張國俊、水師右營守備王大成、駐防杭州固山大牙他里等皆七月十五日抵江寧。余新之被禽在二十三日，皆見郎奏。

〔二〕按大兵由陸路進者爲：昂邦章京哈哈木、梅勒章京噶褚哈、馬尔賽、蘇松總兵官梁化鳳也。由水路進者爲：漢兵提督管效忠、固山貫尔布、巴圖魯法住、巴圖魯督標副將馮武卿也。

公勸成功持久以觀變，既不得請，江督郎廷佐等復以書招公，公峻詞拒之〔二〕。廷佐乃發舟師以扼公歸路，期必得公而後已。〔楊校〕無上三字。公與諸將議〔三〕，以下流已梗，而九江一帶尚未知我之敗，我麾下已萬餘，前此豪傑來見者，又多成約，不如直趨鄱陽，招集故楊萬諸家子弟，以號召江楚。八月七日，次銅陵，與大兵之援白下者遇，公奮擊敗之，沈其四舟。是夕，大兵以不利，引而東下，礮聲轟然，而公軍誤以爲來劫營，遂潰。或勸公入焦湖，慈溪義士魏耕遮道説公，以爲焦湖入冬水涸，不可駐軍，而英霍山寨諸營尚

〔二〕己亥冬，郎廷佐復以書招公，答書曰：『大明兵部尚書張某謹復書於遼陽世冑，郎使君執事：夫揣摩利鈍，指畫興衰，庸夫聽之，或爲變色。而忠智之士則不然，所事者天經地緯，所圖者國恤家仇，所期待者豪傑事功，聖賢學問，故每氈雪自甘，膽薪彌厲，而卒以成功，古今以來，何可勝數。顧僕將略原非所長，祇以讀書知大義，痛憤氣，左袒一呼，甲盾山立，區區此志，濟則昭君之靈，不濟則全臣之節。是以不惜濡履風濤之中，縱横鋒鏑之下，迄今踰一紀矣。萬一不遂，亦惟之死靡他，豈浮詞曲説，得以動其心哉？乃執事儼然以書啟相通，視僕爲何如人，而可以利鈍興衰奪其節者！譬如虎倀戒途，雁領伺夜，既受其役，竟忘其哀。在執事固無足怪，抑知僕聞之髮且衝冠矣！雖然執事亦我朝勛舊之裔，遼左死事之孤也，稍一轉移，不失爲中興人物。顧陵夷自居，甚爲執事不取也。』餘語多悖慢不録。書尾又作詩答云：『不堪白簡弔逋臣，四顧蒼茫九死身。難挽龍髯空望鼎，惟留螳臂强當輪。謀全曹社非無鬼，哭罷秦庭那有人！可是天方崇閏位？黄雲枯草未生春。』右見孫轉菴暑窗閒話與費恭菴日記。

〔三〕當成功圍金陵也，公駐蕪湖時，客曰：『宜捨此，乘先聲直入武昌，殊覺進退有據也。』公不能用。及成功敗還，公亦將走。客曰：『敵悉兵追鄭矣。乘虛襲金陵，據之。事尚未可知也。』公又不能用。

多，耕皆識其魁，請入説之使迎公。乃焚舟登陸，士卒願從者尚數百人。十七日，入霍，山寨已受撫，不納，乃次英山。甫度東溪嶺，而追至，士卒紛竄，相依止一童一卒，迷失道，賂土人爲導，變服夜行，天明而蹤跡者多，導脱身去，又以賂解散諸蹤跡者。然而茫然不知所之，念有故人賣藥於安慶之高河，復賂一土人導以往。至則故人適他出，而其友有識公者，蓋亦以觀變從江上來至安慶者也，遂導公由樅陽出江，渡黄湓，抵東流之張灘，陸行建德祁門山中。公方病瘧，力疾零丁，至休寧，買棹入嚴陵。又恐浙人之多識之也，改而山行，自東陽義烏以出天台。公之在途中也，海上人未知所向，或曰抗節死安慶，或曰殞英霍山寨中，或曰爲浮屠矣，父老多北向泣下者。及聞公至，婦女皆加額，壺漿迎之。人謂是役也，以視文丞相空坑之逃，其險十倍過之，而其歸，則郭令公之再至河中也。遂駐節天台，樹纛鳴角，故部漸集。成功聞公還，亦喜，遣兵來助公。公巡視天台，海上有長亭鄉者，多田而苦潮，乃募諸義民築塘以捍之，至今猶蒙其利。乃遣人告敗於滇中，且引〔一〕

〔一〕初，公之出師也，自念此行倘不濟，當自言姓名，伏處都下，必不隱忍苟且死亂軍中。及脱險還天台，告敗于桂王及上監國啟曰：『臣乘風先驅，直奪鎮江，礟壘既復。孤提本轄，深入上游，傳檄而下徽、寧、池、太四郡，廣德、和、無爲三州，溧陽、高淳、建平、廬江、巢縣、舒城、含山諸邑，通計江南北府州縣三十餘城，遂駐蕪湖；且恢水陸兵至萬餘。豈意延平師潰金陵，倉卒南返。臣之孤軍，竟陷重地，敵兵百計阻絶歸路，貽書招降。臣遂焚舟登陸，思入英霍山寨，以圖震動中原，提兵三千餘衆，轉戰千里，相持二十七日，楚豫之間，蠢蠢欲動，終以勢孤援絶，士卒罷敝而敗。臣單騎突陣，竄伏山谷，由間道徒步二千餘里，賴義士扶衛，始得生還海上。』云云，據此，公登陸後，屢與大兵戰鬥矣。碑本北征録，不言曾與戰也。碑又云『士卒願從者尚數百人』，亦與此啟云『提兵三千餘衆』不合。

咎。滇中賜公專敕慰問，加官尚書，兼官如故。

明年，〔嚴注〕庚子。移師林門，尋軍於桃渚。時大兵兩道入海討成功，皆失利。而成功以喪敗之餘，雖有桑榆之捷，不足自振，乃思取臺灣以休士。公聞之不喜，辛丑引軍入閩，次於沙關。成功已抵澎湖，公遣幕客羅子木以書挽成功，謂軍有進寸無退尺，今入臺，則將來兩島恐并不可守，是孤天下之望也。成功不聽。成功雖東下，而大兵尚忌之，懼其招煽沿海之民，於是有遷界之役。沿海之民不願遷，大兵以威脅之，猶遲延不發。公頓足歎曰：『棄此十萬生靈，而争紅夷乎？』乃復以書招成功，謂可乘此機以取閩南，成功卒不能用。公遣書故侍郎王公忠孝、都御史沈公荃期、徐公孚遠、監軍曹公從龍，勸其力挽成功，而卒不克。公孤軍徘徊兩島，要其劉琨祖逖之志，未嘗一日忘也。〔嚴校〕一本無上二句。而滇中事急，公復遣子木入臺，苦口責成功以出師，成功方得臺，不能行。公乃遣職方郎中吴鉏，挾帛書間道入鄖陽山中，欲説『十三家』之軍，使之撓楚以救滇，『十三家』已衰敝不敢出師。壬寅，滇中遂陷，〔校〕楊本作『潰』。成功亦卒於臺。公哭曰：『已矣！吾無望矣。』復還軍林門。會閩南諸遺老以成功卒，謀復奉魯王監國，貽書來商。公又喜，郎以書約故尚書盧公若騰而下，勸以大舉。又擬上詔書一道。又以書約成功子經，勸以亞子錦囊三矢之業。於是公厲兵束裝，以待閩中之問。

是年浙督趙公廷臣與中朝所遣安撫使，各以書招公。公復安撫書，大略言：『不佞所以百折不回者，上則欲匡扶宗社，下則欲保捍桑梓。乃因國事之靡寧，而致民生之愈蹙。十餘年來，海上芻茭糗糒之供，樓櫓舟航之費，敲骨吸髓，可爲惕然。況復重之以遷徙，訖以流離，哀我人斯，亦已勞止。今執事既以〔保〕〔休〕從楊本改，楊校一作『罷』。兵息民爲言，則莫若盡復濱海之民，即以濱海之賦畀我。在貴朝既捐棄地以收人心，在不佞亦暫息爭端〔校〕楊本作『兵爭』。以俟天命。當與執事從容羊陸之交，別求生聚教訓之區於十洲三島間。而沿海藉我外兵以禦他盜，是珠厓雖棄，休息宜然；朝鮮自存，艱貞如故。特恐執事之疑且畏耳，則請與幕府約，但使殘黎朝還故土，不佞即當夕挂高帆，不重困此一方也。』又復督府書：『執事新朝佐命，僕明室孤臣，區區之誠，言盡於此。』閩南消息既杳，鄭經偷安海外，公悒悒日甚。壬寅〔楊校〕作『其年』二字。冬十一月，魯王薨於臺。〔楊注〕監國紀年云：『九月十七日，王病薨于金門。』公哭曰：『孤臣之栖栖有待，徒苦部下相依不去者，以吾主上也。今更何所待乎！』〔一〕癸卯，遣使祭告於王。

甲辰六月，遂散軍，居南田之懸嶴。懸嶴在海中，荒瘠無人，山南有汊港可通舟楫，而其北爲峭壁，公結茅焉。從者惟故參軍羅子木、門生王居敬、侍者楊冠玉，將卒數人，舟子一人。初公之航海也，倉卒不得盡室以行，有司係累其家以入告。世祖以公有父，弗籍其家，即令公父以書諭公。公復書曰：『願大人有兒如李通，弗爲徐庶。兒他日不憚作趙苞以自贖。』〔二〕公父亦潛寄語曰：『汝弗以我爲慮也。』壬辰，公父

〔一〕公息機詩云：『何事孤臣甘息機，魯戈不復挽斜暉。莫將晚節慚松柏，此去清風笑蕨薇。雙鬢難容五嶽往，一帆仍傍十洲歸。疊山遲死文山早，青史他年任是非。』

〔二〕當公入海時，以書別父曰：『一日有可爲之局，不肯褰裳而去，倘勢窮，惟有一死而已。』其殉國之心，蓋素定也。

以天年終，鄞人李鄴嗣任其後事。大吏又强公之夫人及子以書招公，公不發書，焚之。己亥，始籍公家，然猶令鎮江將軍善撫公夫人及子，而弗囚也。嗚呼！世祖之所以待公者如此，蓋亦自來亡國大夫所未有。而公百死不移，不遂其志不已，其亦悲夫！於是浙之提督張杰〔校〕楊本作『張公』。懼公終爲患，期必得公而後已。公之諸將孔元章、符瑞源等皆内附，已而募得公之故校，使居翁洲之補陀爲僧，以伺公。會公告糴之舟至，以其爲故校，且已爲僧，不之忌也，故校出刀以脅之，其將赴水死，又擊殺數人，最後者乃告之曰：『雖然，公不可得也。公蓄雙猿以候動静，舟在十里之外，則猿鳴木杪，公得爲備矣。』故校乃以夜半出山之背，攀藤而入，暗中執公，并子木、冠玉、舟子三人，七月十七日也。十九日公至寧，杰〔校〕楊本作『當事』。以轎迎之，〔校〕楊本上有『公』字。方巾葛衣而入，至公署，嘆曰：『此沈文恭故第也，而今爲馬廄乎？』杰以客禮延之，舉酒屬曰：『遲公久矣。』公曰：『父死不能葬，國亡不能救，今日之舉，速死而已。』數日，送公於杭，出寧城門，再拜嘆曰：『某不肖，有孤故鄉父老二十年來之望。』〔二〕杰〔校〕楊本作

〔二〕公過故里有詩云：『蘇卿仗漢節，十九歲華遷；管寧客遼陽，亦閱十九年。還朝千古事，歸國一身全。予獨生不辰，家國兩荒煙。飄零過廿載，仰止媿前賢。豈意避秦人，翻作楚囚憐？蒙頭來故里，城郭尚依然，彷彿丁令威，魂歸華表巔；有靦此面目，難爲父老言。智者哀其辱，愚者笑我頑；或有賢達者，謂此勝錦旋。人生七尺軀，百歲寧復延；所貴一寸丹，可喻金石堅。求仁而得仁，抑又何怨焉！』

『當事』。遣官護行，有防守卒史丙者，坐公船首，中夜忽唱蘇子卿牧羊曲，以相感動。公披衣起曰：『汝亦有心人哉！雖然，吾志已定，爾無慮也。』扣舷和之，聲朗朗然，歌罷，酌酒慰勞之。而公之渡江也，〔楊校〕别本作『渡江』二字爲是，『而公之』『也』四字當乙去。得無名氏詩於船中，有云：『此行莫作黄冠想，静聽先生正氣歌。』公笑曰：『此王炎午之後身也。』浙督趙公〔一〕寄公獄中，而供帳甚隆；許其故時部曲之内附者，皆得來慰問；有官吏願見者亦弗禁。公終日南面坐，拱手不起，見者以爲天神。杭人争賂守者入見，或求書，公亦應之。嗚呼！制府之賢良，在張洪範之上；然非仁祖如天之大度，則褒忠之禮，亦莫敢施；〔校〕楊本上有『然』字。非公之忠，亦無以邀仁祖之惓惓也。九月初七日，公赴市，遥望鳳

〔一〕七月終旬，公至杭，見總督趙公廷臣，長揖不拜。趙嘗致書勸公，因問曰：『節次敦請，何故不來？』公曰：『忠臣不事二君，何爲乎來。』趙又曰：『聞已散兵，便合繳僞敕印。』公曰：『洪武以來三百年正統，奈何加一「僞」字？設有人問公年，亦將曰「僞某年生」乎？』趙又曰：『本朝恩典寬宏，如某某輩陣獲，皆重用。』公笑曰：『重用者，緣有我等在外，故以此籠絡耳。煌言係大明科目，豈與若輩同年語乎？前欲披薙以偷生，今欲留髮以速死，是則頌諸君之功，抑且全吾之忠。』趙命脱鋃鐺，設坐，送油茶。公笑曰：『煌言從不曾嘗此。』右見孫轉菴暑窗閒話。

凰山一帶，曰：『好山色。』賦絶命〔一〕詞，挺立受刑，子木等三人殉焉。

公諱煌言，字〔元〕〔玄〕楊本改。箸，別號蒼水，浙之寧波府鄞縣西北廂人也。父刑部員外郎圭章，祖應斗，曾祖尹忠。太夫人趙氏，感異夢而生公。公神骨清削〔校〕楊本作『峭』。勁挺，生而跅跎不羈，喜呼盧，無以償博進，〔校〕楊本作『逋』。則私斥賣其生產。刑部怒。先宗伯公之中孫穆翁，雅有藻鑒，曰：『此異人也。』乃以己田售之，得金三百兩，爲清其逋，而勸以折節讀書。思陵以天下多故，令諸生於試經義後試射，諸生從事者新，莫能中。公執弓抽矢，三發三中，舉崇禎壬午鄉試，感憤國事，欲請纓者累

〔一〕公在獄與趙公書曰：『大明遺臣張某謹拜開府趙先生臺下』云云，凡五百餘字，書尾曰：『伏望臺下，立賜處決，俾某乘風御氣，翱翔碧落，或爲明神，或爲厲鬼，是誠臺下有造於某也。』通幅慷慨激烈，無片語自屈。九月初七日，命下，當事羣詣獄，勸公薙髮，公不從，隨頮面櫛髮，進酒一杯，與防守卒作別，一笠登輿，至鼓樓與水師王某拱手云：『重煩周旋，今告別往西湖上矣。』至督署，復舉手云：『兩月以來，多謝諸公厚意。』趙公垂首淚下，問有言否？公乞紙筆，立揮絶命詞三首：『揶揄一旅尚圖存，呑炭呑氈可共論？敢望臣靡興夏祀，祗憑帝眷答湯孫。衣冠猶帶雲霞色，旌旆仍懸日月痕。贏得孤軍如碩果，長留正氣在乾坤。』『義幟縱橫二十年，誰知國運在于闐。桐江空繫嚴光釣，震澤難回范蠡船；生比鴻毛猶負國，死留碧血尚支天。忠貞自是孤臣事，敢望千秋青史傳？』『國亡家破欲何之，西子湖頭有我師：日月雙懸于氏墓，乾坤半壁岳家祠，慚將赤手分三席，聊恃丹心借一枝，它日素車東浙路，怒潮何必讓鴟夷。』右見暑窗閒話。按孫轉菴記蒼水事，多誤謬，今録其足徵者，至云：『公子萬祺，萬禧戮於寧波。』公止一子，萬禧之名，未知誰譌造乎？

矣，而卒以此死。公初以争頒詔事，與同里楊侍御文瓚忤，遂不復面，及戊子，侍御一門死節，公哭之慟，曰：『負吾良友。』所親有失節者，公從海上貽之書曰：『汝善自衛，勿謂鞭長不及汝，吾當以飛劍斬汝。』公之初入海也，嘗遭風失維，飄至荒島，絶食，夢一金甲神告之曰：『贈君千年鹿，遲十九年還我。』次早，果得一鹿，蒼色，人食一臠，積日不餓。及被執，又夢金甲神來招之，蓋十九年矣。雅精壬遁之學，己亥之渡東溪也，占得四課空陷，方大驚，而兵至，〔案〕上二字疑衍。纙舟未返，即以金甲之夢占之，大凶。方呼居敬告之，而兵至。生於萬曆庚申六月初九日，得年四十有五。娶董氏，子萬祺，並先公三日戮於鎮江。女一，即歸予族祖穆翁爲子婦，予族母也。

初，杭有舉人朱璧者，抗詞作保狀，以百口保萬祺母子不得。今以再從子鴻福爲公後。公之未死也，嘗賦詩欲葬湖上岳忠武王、于忠肅公二墓之間。於是鄞人故御史紀五昌捐金，令公甥朱相玉購公首，而杭人張文嘉、沈横書等殮之。有朱錫九、錫蘭、錫旂、錫昌兄弟者，豫爲公買地經紀之。而鄞人萬斯大等葬之南屏之陰〔一〕，〔嚴注〕墓在邵皇親墳之西北向。從公志也。姚江黄公宗羲爲之銘，子木等三人附焉。至今七十餘年，每逢春秋佳日，游人多以炙〔校〕楊本作『隻』。雞絮酒，酹公墓下者。而吾鄉亦以公忌日祭之。

〔一〕卓子任曰：净慈寺南有邵王墳，近墳有石曰荔枝屏，公葬處也。或云有石曰霸溪界，浙人以清明私祀之。

羅子木者，名綸，以字行，溧陽人也。己亥，公在江上，子木挾策上謁。公以其少年而負奇氣，有清河李蓴之目，欲留之幕中，以父老辭。及公之蕪關，子木之族父蘊章，故在成功軍中，引見成功。江寧之敗也，子木涕泣頓首，固請成功無遽去，而不能得。成功因强子木奉父泛海，子木至海上，不欲參成功軍事。旋奉父北行，將赴公營，卒與大兵遇，格鬭，子木墜水，得救起，而其父被縛去。子木展轉閩南，思出奇計以救父，逾時不得音問，嘔血幾死。復赴公營，公勉以立功即爲報仇，遂相依不去以死。

冠玉，鄞人。制府以其年少，將脱之，固請從死。

王居敬者，字畏齋，一字采薇，黄巖人也。公被執，居敬以計得脱，其後爲僧，名超遯，頗能言公遺事，亦不負公者。而前此誘執公之故校，得以功授千户，奉大帥命巡海島，猝遇公之舊將，憤其害公，執而殺之。

予嘗謂公解軍而後，已將以懸嶴爲首陽，向非張杰生事徼功，公似可以無死。然是時公猶未五十，非甘心黄冠以老者也，若留公至十年以往，『三藩』之禍，〔校〕楊本作『亂』。公决非肯晏然坐視者，而謂中土能忘情於公乎？此文山之所以不見保於〔嚴校〕上有『留』字。夢炎也。且天下無惜死之忠臣，剖肝絶腹，正所以全歸也。

公丙戌以前，文字皆無存者，今所存者，有奇零草，甲辰六月以前之作也；冰槎集，其雜文也；北征録，己亥紀事之編也；采薇吟，則散軍以後之作，而蒙難諸詩附焉〔二〕：共八卷。公既愛防守卒史丙之義，遂日呼與語，因得藏公之集。有宜興人徐堯章者，從丙購之，曰：『公之真跡，吾日夕焚香拜之，不可以付君。』堯章乃抄以歸。

嗚呼！吾鄉死事諸公，公爲最後，而所成亦最偉。然世人但知〔夸〕〔誇〕從楊校改。公之忠誠，而予更服公之經略，故涉歷山海之間，且耕且屯，而民樂輸賦；招撫江北三十餘城，而市不易肆；小住緱城，而陂塘之利傳之無窮。惟其深仁以成遺愛，斯在古人中，諸葛孔明渭南之師，不過爾爾。諸葛有荆益之凴藉，所以得成三分之業，而公無所資，終於賫志以死，則天也。嘗有盜公之衣者，部下禽而獻之，公曰：『衣在我爲我煖，在爾爲爾煖，其煖一也。』即以其衣賜之，其大度如此。姚江黄公之志，其敘公北征稍詳，而前後

〔二〕八月初七日，公作放歌云：『吁嗟乎，滄海揚塵兮日月盲，神州陸沉兮陵谷崩。藐孤軍之屹立兮，呼癸呼庚。余憫此孑遺兮，遂息機而解兵。方壺圓嶠兮，聊稅駕以埋名。豈神龍魚服兮，罹彼豫且之罾。余生則中華兮，死則大明，寸丹爲重兮，七尺爲輕。維彼文山兮，亦羈紲于燕京。黄冠故鄉兮，非余心之所馨；欲慷慨而自裁兮，既束縛而嚴更；學謝公之絶粒兮，奈羣議之相併；等鴻毛於一擲兮，何難談笑而委形。憶唐臣之嚼齒兮，視鼎鑊其猶冰。念先人之踐土兮，忠與孝而無成。繄嗣子之牢籠兮，慎宗祀之云傾。已矣哉！荀瓊謝玉兮，亦有時而凋零。余之浩氣兮，化爲風霆，余之精魂兮，變爲日星。倘足留綱常萬禩兮，垂節氣於千齡，夫何分孰爲國祚兮，孰爲家聲？歌以言志兮，肯浮慕乎箕子之貞；若以擬夫「正氣」兮，或無媿乎先生。』

多所罣漏。至於公之官階終尚書，浙督趙公曾以其印上之，而高氏雪交亭集以爲閣學，黄氏墓志以爲侍郎，皆不合。翁洲新志則謂公於己丑已官尚書，亦不合。若杭人吴農祥所作公傳，尤誕妄不足取信。予乃考公集中諸事跡，合之野史所紀，并得之先族母之所傳者，別爲碑銘一篇。或曰：公子萬祺在鎮江，故嘗有侍婢，舉一子，守者憐其忠嗣，〔校〕楊本作『胤』。私爲育之，然今無可考矣。其銘曰：

天柱不可一木撑，地維不可一絲擎；豈不知不可，聊以抒丹誠。亦復支吾十九齡，啼鵑帶血歸南屏。他年補史者，其視我碑銘。

附舊〔楊校〕一本無此字。**寄萬編修九沙**〔楊注〕經。**札**

黄先生〔楊注〕宗羲。作蒼翁志，但據北征録爲藍本，大段疏漏，不止誤以尚書爲侍郎也。如江上争頒詔一案，是蒼翁始終爲王脈絡，中間又能轉移鄭氏使化其舊隙爲我合力，〔校〕楊本作『以爲我用』。是蒼翁最大作用。晚年欲再奉王起事，及力必不逮而後散軍，是蒼翁始終爲王結果。此乃十九年中三大節目也。而黄先生皆不及之。答王安撫書，前半如謝疊山之卻聘，後半如陳參政文龍請漳泉三府以存宋祀之旨，皆不應不録。而王之薨在壬寅冬十一月，可以考〔校〕楊本作『改』。正□□。〔校〕楊本作『明史』。別〔校〕楊本作『另』。有考。尊諭令某別〔校〕楊本作『另』。撰碑文一首，某文豈敢續黄先生之後，然考證遺事，所不敢辭。謹呈上。

鮚埼亭集卷第十

〔楊注〕此卷神道碑銘一，側記一，計二首。

碑銘五

明太傅吏部尚書文淵閣大學士〔楊注〕據監國紀年是東閣大學士。華亭張公神道碑銘

順治八年辛卯九月，大兵破翁洲，〔楊注〕破翁洲之日，監國紀年云九月丙子朔，舟山紀略則以爲初三日。太〔校〕『太』字上，楊本有『明』字。傅閣部留守華亭張公闔門死之。大兵入其家，至所謂雪交亭下，見遺骸二十有七，有懸梁間者，亦有絶繯而墜者，其中珥貂束帶佩玉者，則公也。廡下亦有冠服儼然者，則公之門下〔校〕楊本作『人』。儀部吴江蘇君兆人也。有以兵死者，則諸部將也。亦有浮尸水面者。大兵爲之驚愕卻步，歎息遷延而退，命扃其門。

鄞之諸生聞性道，時在隨征府倅喬鉢幕中，聞而亟往視之，思爲之殯，顧滿城鼎沸，無所得棺。公之故將汝都督應元，已爲僧補陀，公前此曾託孤者也，翌日入城謁帥府，乞葬故主。諸大將皆怒曰：〔楊校〕一本作『大帥怒曰』。『汝主久〔校〕楊本作『人』。抗天命，以拒天兵，汝其餘孽也，方竄伏不暇，敢來葬此骨耶？』命驅出斬之。應元曰：『山僧本戴頭而來，得葬故主，當歸就僇，乞假命一日耳。』提督金礪憫之，乃曰：『是出家人，姑貰〔校〕楊本作『恕』。之。』於是應元舁公尸出城，性道與定之諸生謝歸昌及補陀僧心蓮〔楊校〕一本作『心邁』。等，募鄉民舁公眷屬及賓從等尸出城。然卒無所得棺，乃以火化之，貯以三大甕：其一貯公骨，其一貯公四姬、一婦、一女孫、諸婢骨，其一貯儀部以下骨，葬於補陀之茶山。茶山者，應元所築寶稱菴，以避人者也。時公尚有一孫茂滋，遺命勿死，以全宗祀，以俘入鄞，次年十月始得放還。茂滋將負公骨以歸，應元以道梗，令先載木主歸，祔瘞〔楊校〕一本作『葬』。先塋，而徐俟後期。未幾茂滋亦卒，公無後，應元乃不復歸公骨，而身居寶稱菴，以奉公墓。未幾應元亦卒，寶稱菴圮，公墓遂没於榛莽間。雍正丙午，予遊補陀，諸僧導予遊故蹟，予概弗往，而先登茶山，求公埋骨之地，尚有一石，題曰『張相國墓』。隱秀菴僧百成，予宗人也，謂予曰：『子既肅拜公墓，曷爲文以紀之，某麗牲之石，吾當謀之，以爲山中之重。』嗚呼！荒山野冢，非有石麟、〔校〕楊本作『麐虎』。辟邪、翁仲之儀也，非有墓田、丙舍之寄也，然則百成之惓惓于此，其亦重可感也。予乃博考唐魯二王野乘，參之明史，折衷於茂滋所述，論定其異同，以爲公碑。

按公諱肯堂，字載寧，别號鯢淵，南直隸松江府華亭〔校〕楊本下有『縣』字。人也。天啟乙丑進士，釋褐知大名之濬縣。流寇方充斥河南、彰德等府，烽火相望，與大名祇隔一河。公練民兵，沿河立堡團甲禦寇。寇至，舉礮擊之，莫敢渡者。大名守盧公象昇以爲能，令濱河諸縣皆倣〔校〕楊本作『效』。之，因盡行其法於畿南，其後所謂『天雄軍』者也。以考最，擢御史。崇禎八年，流賊陷鳳陽，皇陵震驚。公疏劾閣臣，且條上滅賊方略有五。尋出按福建。時撫軍沈公猶龍，亦松產良吏也，公與之同心勦撫海寇，閩氛稍輯。力薦徐公世明〔校〕楊本作『世蔭』。之廉，卒爲安撫。還朝，掌河南道，疏言：『監司營競紛紜，意所欲就，則保留久任；意所欲避，則易地借才。今歲燕秦，明歲閩粵，道路往返，動以數千，程限稽遲，多踰數月。故有一番之更移者，必多一番之擾害。』帝是之。十二年，疏言：『裁練之法，當以屯實練。如欲求練總、練備之官，先於衛所世弁求之，而即屬以清核本屯之任。欲得兵卒，宜即於衛所官軍餘子中選之，而即令補其久虛之伍。欲求兵餉，宜盡查各衛所軍産原額復之，而即課以開墾之事。舉一練務，即可復一屯職。選一新兵，即可還一舊餉。河北、山東地相錯，一方奏效，餘可迎刃辦也。』章下所司。當是時，亡國之政，莫甚於練餉，而屯田雖有二撫，不過虛語，使能以公言實力行之，可救其弊，而爲時已晚，終不能用。楊嗣昌出督師，逮熊文燦，公知嗣昌之必仍用撫也，疏言：『文燦喪師辱國，今輔臣出，賊又必〔校〕楊本作『必又』。以撫乞憐，伺間而動。請著爲例，〔楊校〕一本作『令』。自今有爲撫議者：議出編氓行伍，以奸細反間論；議出道將紳衿，以通賊論；議出督撫鎮帥，以誤國論。』疏入，嗣昌果大愠，奉旨詰責。十四年，言嗣昌受事且二年，賊勢日横，宜解其權。詔未報，而嗣昌已死。是冬，公言：『今討賊之人甚多，巡撫之外，更有撫治；總督之上，又有督師。位號雖殊，事權無别。今楚自報捷，豫自報敗。甚至南陽失守，禍中宗藩，督師職掌安在？試問今督師者，將居中而運，以發從指示爲功乎？抑分賊〔校〕楊本作『職』。而辦，以焦頭爛額爲事乎？今爲秦保二督者，將兼領〔校〕楊本作『顧』。提封，相爲犄角之勢乎？抑遇賊即勦，專提出境之師乎？今爲撫者，將一稟督師之令，進退惟其指揮乎？抑兼視賊之急，可以擇利乎？凡此肯綮，中樞冥冥而決，諸臣憒憒而任。至失地喪師，中樞糾督撫以自解，督撫又互相委〔校〕楊本作『諉』。以謝愆，而疆事不可問矣。』下所司詳議。於時天子憂勞殊甚，頗成操切之治，大吏稍不當意，輒置於理。而荒殘之地，逋税至數十萬，征輸愈迫，流亡愈多。適大祲，二京、山東西、河南、陝西等處，人相食。大吏以餉匱乏，故令有司催科如故。公疏言：『天災可畏，宜行寬大之政。今任繭絲之吏，以求必不可得之糧，弱者轉死溝壑，强者嘯聚山林，是驅之爲盜也。長官一切以法從事，囹圄盈滿，而盜不可除。其不爲盜者，皆以餓致奄奄，何以禦盜。宜下肆赦之條，捐逋欠，招流亡，赦過誤，開自新，庶幾可以挽回天意。』會召舊輔周延儒入京，公面陳要務，延儒是公言，捐糧五百餘萬，清冤獄以千計，皆公之力。十六年，疏請休復向來言事諸臣，謂：『諸臣率意敷陳，罪止成於狂戇；在聖明薄從降罰，法姑予以困横。然夷考諸臣所言，或議征求宜緩，或陳刑獄宜寬，或糾行間功罪之淆，或争朝端名節之重，或糾巨奸於氣燄方張之日，或詆近侍於威權思竊之時，一腔忠愛，天日臨之，偶爾摧折，使作逐臣。雖盛世原無棄人，何官不可自效，然使之回翔下位，何如竟予賜環。』得旨俞允。於是原降科臣李清等，皆得召用。自公掌道，凡所敷陳，不墮同時門户詭激之習，皆其可見之施行者。

是年，陞大理寺丞。尋以都御史撫福建。時調閩師赴登，需餉七萬，公陛辭面奏，言恐力難猝〔校〕楊本作『獨』。任。于是大學士黄公景昉助公，請分其半于粤。初下車，平漳南大盜。總兵鄭芝龍舊以作亂海上，受撫，官至大將，頗倚巢窟跋扈。芝龍招大盜五十餘人，報〔校〕楊本作『投』。公，欲爲標下用，公曰：『勦盜，元戎職也。未有朝命，而擅受降，則不可。』以疏告於朝，得嚴旨，悉斬之，芝龍以此恨公。

南中稱制，遣部將周蕃帥師助防江，璽書獎諭。汀州賊閻王豬婆營盤踞簾子洞，南贛巡撫李永茂告急。公親征之，招撫數百人，令知寧化縣于華玉率以勤王。詔復用閩督學郭之奇爲翰林，且予超擢，公力言其非而止。南中失守，芝龍弟鴻逵奉唐王至，公具啟迎之。王復書，以『兩京淪没，陵寢暴露，懷枕戈復讎之志而無其地，流離蹈海，幾作波臣。惟天南一片地，先生保障，以待中興。高皇在天之靈，實式憑之。』書至，急以書約漳浦黄尚書道周。尚書故自浙入閩，馳至，芝龍意頗猶豫，而以其弟鴻逵所迎，勉就約。六月，監國。七月，稱制，晉公副樞，再晉總憲。公面陳恢復大計，因言江干之禍，皆由罪輔馬士英，又加以棄主而逃，今聞其在浙，法所不赦，故唐王登極詔中即發其罪。士英叩關自理，七疏皆不納。而芝龍力爲之請，詔令其恢復杭州始申雪。於是士英竟不得入，芝龍益恨。王鋭意中興，顧后曾氏以知書，又前同在高牆中，食淡攻苦相憐，頗參預外事。王臨朝，則后垂簾座後，共聽政。公疏言：『本朝高文二后，皆有聖善之德，助成王業。然皆宮闈之中，嘿爲贊助。若垂簾之制，非聖世所宜，不可以示遠人。』疏入，曾后恚，王遂疏焉。說者謂唐王在烈廟〔校〕楊本下有『之』字。時，有英察之稱，而溺于內愛如此，有以知其不能成大功〔校〕楊本作『事』。也。芝龍無意恢復，亦惡公之日以親征勸王，思黜之，猶以翌戴功，晉太子少師，官冢宰，仍兼憲長，而以其私人爲巡撫奪其兵，又令總理留務造器轉餉。八月，又遣監臨秋試，蓋外之也。尋詔以冢宰專〔校〕楊本下有『管』字。掌院事，而以銓事屬之曾公櫻。

丙戌正月，公累疏請兵，詔加公少保，兼户部工部〔校〕楊本作『兵部』。尚書，總制北征。〔校〕楊本作『伐』。雖奉旨賜劍，撫鎮以下許便宜從事，而不過空言。時公孫茂滋家居，方遣汝應元歸省之，而吳淞兵起，夏文忠公允彝、陳公子龍爲之魁。汝應元者，雄俊人也，以公命奉茂滋發家財助軍，閩中授應元御旗牌總兵官。已而兵敗，徐公孚遠浮海赴公，而茂滋亦與應元至，爲公言吳淞雖事不克，而敗卒猶保聚相觀望，倘有招之者，可一呼而集。公乃請王自親征由浙東，而己以舟師由海道抵吳淞，招諸軍爲犄角，所謂水師之議也。曹文忠公學佺力贊之，謂徼天之幸，在此一舉，乃捐餉一萬以速其行，且言當乘風疾發。公請以徐公孚遠、朱公永祐、趙公玉成參其軍，皆故吳淞諸軍領袖也。周公之夔，則故蘇推官，舊與東林有隙者，至是家居，起兵報國甚勇，且熟于海道，故公亦用之。而以平海將軍周鶴芝爲前軍，定洋將軍辛一根爲中軍，樓船將軍林習爲後軍。詔晉公大學士，行有日矣，芝龍密疏止之，以郭必昌將步卒先公發，而令公待命島上。必昌受命，遂不出三關一步。而公以數舟入海，徘徊島上者半載，朝事不復相聞，郵筒亦隔絕。六月，復下督師之命。軍資器械，并餉三萬，已爲芝龍所取，公自募得六千人。

七月，聞王親出師延平，且幸贛州，方引領望消息，而芝龍引大兵入，追王及之。公痛哭誓不欲生。時公屯鷺門，其旁爲東石，即芝龍所居也。會鶴芝軍至，勸公：以爲封疆之臣，封疆失則死之。今公奉北伐之命，非封疆臣也，不如振旅以爲後圖。公乃入其軍。鶴芝亦以盜起海上，至大將，然其人忠順，非芝龍比，故公之出師，欲以爲先鋒。時鶴芝爲楊耿所糾，公請宥而用之。及芝龍之降，以書招鶴芝計事，鶴芝會之，道遇公，公止之。鶴芝不信，既至，知其決降，遂與公謀出師，破海口諸城。大兵勢盛，鶴芝度不能抗，由閩入浙。〔楊注〕以上敘閩事。

有周洪益者，蕩湖伯〔案〕當作『蕩胡伯』，避清忌諱改。阮進部將也，劫公於路，踉當〔校〕楊本作『蹌』。入翁洲。翁之總兵官黃斌卿者，無遠略，雖外致隆禮，館公於參將故署，而公所言弗用也。但謀據翁，厚自封殖，以偷安海外。鶴芝議乞日本師，已有成約，蓋鶴芝故與日本國王善故也。斌卿沮之，鶴芝怒，入閩。斌卿乃自遣其弟孝卿副安昌王以行，日本不見鶴芝，師卒不出。

公不得志，栽花種竹於圃中，作寓生居記以見志，其詞曰：

張子以視師之役，航海就黃侯虎痴于翁。侯〔校〕楊本作『洲』，屬上句。館余參戎之署，中有舊池臺焉，張子葺治之，踰兩春秋，稍成緒，忽自咎曰：『余何人也？兹何時也？不養運甓之神，而反躬灌園之事，余其有狂疾哉？』偶讀本草，寓生之木一名續斷，則又憮然歎曰：『有是哉！是木之類余也。夫是木之植本也，不土而滋，有似于丈夫之志四方。其附物也，匪膠而固，有似于君子之交。有是哉！是木之類余也。雖然，是木之自託其生也甚微，而利天下之生也甚溥，余安能比於斯木哉。』余也生世寡諧，而姓名時爲【校】楊本作『爲時』。人指，以故不能爲有用之用，如楩楠栝柏之大顯於時；而又不能爲無用之用，如擁腫拳曲之詭覆其短。以至戴鼇三傾，縈曦再昃，疆孤撑而羣撼之，蝥先登而下射之，浸假而朝宁之上，荆棘生焉，余因爲溝斷。浸假而棄置之餘，風波作焉，余因爲梗飄。浸假而師旅之命，湯火蹈焉，余因爲槎泛。斯時身萍世絮，命葉愁山，直委此七尺，以幾幸於死之得所，而吾事畢矣。寧計海上有島，島中有廬，廬傍有圃，又有地主如黄侯，舍蓋公堂，下孺子榻乎？夫既適然遇之，則亦適然寓之而已。聞之三宿桑下，竺乾氏所訶，而郭林宗逆旅一宿，無問焚掃。予嘗校其意趣，以爲竺先生似伯夷，蓋視天下無寓非累，而是處欲祛之者也。郭先生似柳下惠，蓋視天下無寓非適，而是處欲安之者也。今余將空無生之累，以就有道之安，則文山之牽舟住岸，其視易京、鄜塢，將孰險孰夷【校】楊本有『也』字。耶？彼其榮悴於同臭之根，而保貞萎於特生之幹，亦若是則已矣。若夫死不徒死，必有補於綱常；生不徒生，必有裨於名教。如兹木之佐俞扁而起膏肓，則余方以此自期，世亦以此相責，非兹言所能概也，然而感慨係之矣！

又貽姚江黄都御史宗羲書曰：『銅槃之役，僕惡敢後。顧飄梗隨流，安假黄鵠之一羽。』皆指斌卿之擅命，不肯與諸軍協力，而思據彈丸以老也。無何，而張名振等奉魯王至，公力勸斌卿奉迎，不聽。諸軍問罪於翁，斌卿累敗，乃求救于公。公爲之上章待罪，請使之改心事君，名振等不可，斌卿遂死。〔楊注〕以上敘斌卿拒命，不用公言以致敗，見公隨處不得行其志也。

王入翁，以公爲大學士輔政。公虚所居邸以爲王宫。時從王至者，太保沈閣部宸荃，以公耆德宿望，讓爲首揆。宸荃以疾請休，公獨相，加太傅。張名振之殺王朝先也，公力解之而不能得。國事盡歸名振，公亦不得有所豫，每飛書發使，不如意者十九，則憤恨不食，咄咄終日。然老成持正，〔校〕楊本作『重』。中外倚之。〔楊注〕公雖爲首揆，復阨于名振，愈不得志矣。翁人有欲納女於王者，公聞其已嘗許嫁於人，疏諫，王遽卻之。

築雪交亭于邸中，夾以一梅一梨，開花則兩頭相接，嘗歎謂蘇兆人、汝應元曰：『此吾止水也。』兆人對曰：『公死，兆人必不獨生。』公撫其孫茂滋，顧應元曰：『下官一綫之託，其在君乎？』應元曰：『諾。』於是應元披緇赴補陀，而兆人始終從公。

又二年，而〔楊校〕一本無『而』字。大兵至，張名振奉王擣吴淞，思以牽制大兵，而以公爲留守。公遣蕩湖伯〔校〕楊本『湖』作『胡』，是。阮進邀擊大洋。風反，師熸，大兵直抵城下。安洋將軍劉世勛固守，力竭城陷。

先一夕，少保禮部尚書吴公稚山至，作永訣詞：〔校〕楊本下有『云』字。『虚名廿載誤塵寰，〔嚴校〕作『著人間』。晚節〔嚴校〕作『志』。空愁〔嚴校〕作勞。學圃閒。難〔嚴校〕作『漫』。賦歸來如〔嚴校〕作『慙』。靖節，聊歌〔嚴校〕作『存』。正氣續文山。君恩未報徒長恨，〔嚴校〕作『勞悴』。臣道無虧在克艱。留與〔嚴校〕作『傳』。千秋青史筆，衣冠二字莫輕删。』因集家屬曰：『無爲人辱。』及晨，諸姬方氏、周氏、畢氏，冢婦沈氏，即茂滋母也，女孫茂漪，俱先投繯。諸姬姜氏案二字疑衍。投水，畢姬先登，姜姬止之曰：『死亦當以序，莫匆匆也。』公曰：『善。』乃以序而上，及諸僕婦、諸婢之從死者。公謂茂滋曰：『汝不可死，其速去，然得全與否，非吾所能必也。』公投繯，梁塵甫動，家人報蘇儀部縊廡下矣。公亟呼酒往酹之，曰：『君少待我。』復入繯，九月初二日也。茂滋狂號欲共死，中軍將林志燦、林桂掖之行。甫出門而亂兵集，茂滋脱去，志燦、桂等以格鬭死。守備吴士俊，家人張俊、彭歡，皆絶脰死。茂滋尋被執，其得生也，賴應元與鄞諸生陸宇燝、前户部董守論、董德偁、崇明諸生宋龍、大名前鄉貢進士蕭伯闇、閩劉鳳翥、定海諸生范兆芝等，救之以免。詳見茂滋所著餘生録。蓋自天兵南下，所向不血刃，其以一郡抗命者，曰贛，曰金華。其以一縣抗命者，曰江陰。至翁洲，不過孤島如黑子，而竟相支拄，多所夷傷，至使諸將皆以爲南下所未有，于二京殆有光焉，則元老之所以報國者，良無媿矣。

嗚呼！公以經世之才，牽絲則爲循吏，入臺省則爲名諫臣，撫軍則爲賢節度，顧皆不久其任，未得展其用，乃遭喪亂。先翼戴於閩中，事猶或可爲也，而厄於悍帥。及己丑以後，延殘息耳。方〔校〕楊本作『直』。肅（魯）〔虜〕、定西、平西、蕩湖案：『湖』當作『胡』虎争之際，公卿危於朝露，賴以至誠宿望調護其間。

試讀寓生亭記，令人黯然神傷，零丁惶恐之情形，如在目前。其云『死不徒死』，則止水之先（懺）〔讖〕從嚴校改。也。補陀爲大士道場，顧儒者所弗信，得公之骨葬焉，海島爲有光矣。而制府聞公有絶命詞手跡，懸賞募之。一老兵得以獻，制府賞之，其人不受，曰：『以慰公昭忠之意耳，非羡公金也。』聞者賢之。公生平以用世爲學，不以詞章自見，及蕭寥島上，始稍有述作以遺日，而高雅有承平之遺風，惜兵革之後，所存無百一。而雪交亭自亂後，公所植一梅一梨獨無恙。浙東諸遺民，如黄公宗羲，接其種於姚江；高公宇泰，接其種於甬上；至今二郡亦皆有雪交亭。其銘曰：

小白華峯，睡香翩翩兮；海印池邊，玉盤盂如船兮；縞衣素簪，足清歡兮。遥望雪交，南枝團團兮；公乎驂箕，遊此間兮。百年過者曰：是唐宰相魯公之阡兮。

附録

一身真可繫危安，垂死威儀尚漢官。魄返黄壚應化碧，顔留青史節還丹。千秋共惜遺金鑑，十載何慙戴鐵冠。也識公歸箕尾上，定依日月倍芒寒。

紗籠名姓迥無瑕，晚節何如五柳家。欲報君恩餘白髮，祇留相業在黄麻。樓空燕子從風墜，門冷龍孫帶雨斜。先生諸姬盡殉，一孫被囚，故云。一自墨胎歌斷後，華亭鶴唳更堪嗟。

右蒼水挽張肯堂詩二首。乙亥十一月二十日，元照。

明太傅大學士張公神道碑側記

唐顔太師撰宰相宋廣平公神道碑，別有神道碑側記，蓋即碑陰一種，補碑中所未及者也。予撰張太傅碑既畢，隱秀菴僧百城，以蘇儀部從公而死，雖其事已見於碑中，而未得其詳，請更記之。予乃援廣平神道碑之例，略序一通，附於其側。

蘇儀部，〔嚴注〕謚節愍。諱兆人，字寅侯，南直隸蘇州府吴江縣人也。諸生，少師事太傅。江南失守，亡命海上。太傅相於翁洲，薦授中書舍人，尋晉儀部主事。嘗謂太傅曰：『先生他日必死國事，兆人當爲先驅。』時江陰黄公介子殉節，或傳其獄中詩至翁，〔校〕楊本下有『洲』字。太傅和之曰：『生死蜉蝣一瞬過，於今踵頂正堪摩。三年碧釀千秋血，方寸丹排萬丈魔。比宿定知親日月，騎鯨猶覺劫風波。六旬往矣聊乘化，無事空嗟老去何。』儀部亦和之曰：『人生若寄易爲過，忠孝家傳舊揣摩。不改衣冠可爲士，誤移頭面即成魔。浮雲過我空諸境，止水澄心定衆波。就義從容古所尚，浩然正氣去如何。』吴尚書稚山以下皆和之。當時海上諸臣，晨夕聚首，惟以一死相期而已。及翁〔校〕楊本下有『洲』字。陷，賦絶命詞曰：『保髮嚴□□，〔嚴校〕作『夷夏』。扶明一死生。孤忠惟自許，義重此身輕。』書之衣上，先拜太傅曰：『兆人行矣。』即縊於雪交亭下。太傅拜且哭，以酒酹而後縊。鄞〔校〕楊本作『董』。户部郎董

〔校〕楊本無此字。守諭作翁洲七哀詩，其第一首爲太傅，第七首即儀部也。

嗚呼！太傅於甲申以前，已至開府，負天下重望，不死固無以見魯衛之士。儀部甫受一命於荒朝，舍生恐後，其有光於師門，不亦大乎？且太傅斷無不死之理，而儀部若惟恐其不決者，而以身先之，較之生祭文山者更苦。洛伽山水清佳，儀部長隨太傅翱翔其間。在昔文山幕府如趙時賞、杜滸輩，同室同穴，生死相從者，鮮矣。此可以爲太傅師弟淵源之樂事也。

鮚埼亭集卷第十一

〔楊注〕此卷神道碑一首，附跋一首。

碑銘六

梨洲先生神道碑文

〔楊注〕丙辰，年三十二。

康熙三十四年，歲在乙亥，七月初三日，〔校〕龍尾本上有『明故都察院左副都御史』十字〔一〕姚江黄公卒。其子百家爲之行略，以求埏道之文於門生鄭高州梁，而不果作，既又屬之朱檢討彝尊，亦未就，迄今四十餘年無墓碑。然予讀行略中，固嗛嗛多未盡者，蓋當時尚不免有所嫌諱也。公之理學文章，聖祖仁

〔一〕紹聲按：梨洲碑文起首似不宜大書康熙年月日，謝山此作，病不在删去官銜也。校者似但知論文，不知作者用意。

皇帝知之，固當炳炳百世。〔校〕楊本作『年』。特是公生平事實甚繁，世之稱之者，不過曰始爲黨錮，後爲遺〔校〕楊本作『隱』。逸。而中間陵谷崎嶇，起軍、乞師、從亡諸大案，有爲史氏所不詳者，今已再易世，〔嚴評〕四字亦屬語病。又幸逢聖天子蕩然盡除文字之忌，使不亟爲表章，且日就湮晦。乃因公孫千人之請，捃摭公遺書，參以行略，爲文一通，使歸勒之麗牲之石，并以爲上史局之張本。公之卒也，及門私謚之曰文孝。予謂私謚非古，乃温公所不欲加之横渠者，恐〔校〕楊本上有『亦』字。非公意，故弗稱。而公所歷殘明之官，則不必隱，近觀〔校〕楊本作『見』。明史，於乙酉後諸臣，未嘗不援炎興之例大書也。

公諱宗羲，字太沖，海内稱爲梨洲先生，浙江紹興府餘姚縣黄竹浦人也。忠端公尊素長子，太夫人姚氏，其王父以上世系，詳見忠端公墓銘中。公垂髫讀書，即不瑣守章句，年十四補諸生，隨學京邸，忠端公課以舉業，公弗甚留意也。每夜分秉燭觀書，不及經〔嚴校〕下有『生』字。藝。忠端公爲楊左同志，逆奄勢日張，諸公昕夕過從，屏左右論時事，或密封急至，獨公侍側，益得盡知朝局清流、濁流之分。忠端公死詔獄，門户𨈊𡰚，而公奉養王父以孝聞。夜讀書畢，嗚嗚然哭，顧不令太夫人知也。莊烈〔校〕楊本作『思宗』。即位，公年十九，袖長錐，草疏，入京頌冤，至則逆奄已磔。有詔死奄難者，贈官三品，予祭葬，祖父如所贈官，蔭子。公既謝恩，即疏請誅曹欽程、李實。忠端之削籍，由欽程奉奄旨論劾，李實則成丙寅之禍者也。得旨，刑部作速究問。五月，會訊許顯純、崔應元，公對簿，出所袖錐錐顯純，流血蔽體。顯純自訴爲孝定皇后外甥，律有議親之條。公謂顯純與奄搆難，忠良盡死其手，當與謀逆同科；

夫謀逆，則以親王高煦尚不免誅，況皇后之外親。卒論二人斬，行略誤以爲論二人決不待時，今據逆案。妻子流徙。公又毆應元胸，拔其鬚，歸而祭之忠端公神主前。又與吴江周延祚、光山夏承共錐牢子葉咨、顔文仲，應時而斃。時〔楊校〕一本無『時』字。欽程已入逆案。六月，李實辨原疏不自己出，忠賢取其印信空本，令李永貞填之，故墨在硃上。又陰致三千金於公，求弗質，公即奏之，謂實當今日猶能賄賂公行，其所辨豈足信。復於對簿時，以錐錐之。然丙寅之禍，確由永貞填寫空本，故永貞論死，而實末〔校〕楊本作『得』。減。獄竟，偕同難諸子弟設祭於詔獄中門，哭聲如雷，聞於禁中。莊烈〔校〕楊本作『思宗』。知〔校〕楊本作『問』。而歎曰：『忠臣孤子，甚惻朕懷！』〔校〕楊本作『心』。

既歸，治忠端公葬事畢，肆力於學。忠端公之被逮也，謂公曰：『學者不可不通知史事，可讀獻徵録。』〔校〕楊本作『徵獻録』。公遂自明十三朝實録上溯二十一史，靡不究心，而歸宿於諸經。既治經，則旁求之九流百家，於書無所〔校〕嚴乙所字。不窺者。憤科舉之學錮人生平，〔校〕楊本作『一生』。思所以變之。既盡發家藏書讀之，不足，則抄之同里世學樓鈕氏、〔楊注〕石溪。澹生堂祁氏，〔楊注〕承㸁。按當作㸁。南中則千頃齋黄氏，〔楊注〕居中之子虞稷。吴中則絳雲樓〔□〕〔錢〕從楊本補。氏，窮年搜討。游屐所至，遍歷通衢委巷，搜鬻故書，薄暮，一童肩負而返，乘夜丹鉛，次日復出，率以爲常。是時山陰劉忠介公〔楊注〕唐王謚『忠正』，乾隆中改謚『忠介』，應作『忠正』。倡道蕺山，忠端公遺命令公從之游。而越中承海門周氏之緒餘，援儒入釋，石梁陶氏奭齡爲之魁，傳其學者沈國模、管宗聖、史孝咸、王朝式輩，鼓動狂瀾，翕然從之。姚江之緒，至是大壞，忠介〔校〕楊本作『忠正』。憂之，未有以爲計也。公之及門，年尚少，奮然起曰：『是何言與！』乃〔校〕楊本無『起』字至此七字。約吴越中高材生六十餘人，共侍講席，力摧其説，惡言不及〔校〕楊本作『入』。於耳。故蕺山弟子如祁章諸公，皆以名德重，而四友禦侮之助，莫如公者。蕺山之學，專言心性，而漳浦黄忠烈公兼及象數，當是時擬之程邵兩家。公曰：『是開物成務之學也。』乃出其所窮律曆諸家相疏證，亦多不謀而合。一時老宿，聞公名者，競延致之相折衷，經學則何太僕天玉，史學則〔□〕〔錢〕侍郎〔□□〕〔謙益〕，莫不傾筐倒庋而返。因建續抄堂於南雷，思承東發之緒。閣學文文肅公嘗見公行卷，曰：『是當以大著作名世者。』都御史方公孩未亦曰：『是真古文種子也。』有弟宗炎字晦木，宗會字澤望，並負異〔楊校〕一本作『奇』。才，公自教之，不數年皆大有聲，於是儒林有『東浙〔校〕楊本作浙東。三黄』之目。

方奄黨之錮也，東林桴鼓復盛，慈谿馮都御史元颺兄弟，浙東領袖也，月旦之評，待公而定。而踰時中官復用事，於是逆案中人，彈冠共冀然灰。在廷諸臣或薦霍維華，或薦吕純如，或請復涿州〔注〕馮銓。冠帶。陽羨〔楊注〕周廷儒。出山，已特起馬士英爲鳳督，以爲援阮大鋮之漸。即東林中人如常熟，〔楊注〕錢謙益。亦以退閑日久，思相附和。獨南中太學諸生，居然以東都清議自持，出而厄之，乃以大鋮觀望南中，作南都防亂揭；宜興陳公子貞慧、寧國沈徵君壽民、貴池吴秀才應箕、蕪湖沈上舍士柱共議：以東林子弟推無錫顧端文公之孫杲居首，天啟被難諸家推公居首，其餘以次列名，大鋮恨之刺骨，戊寅秋七月事也。薦紳則金壇周儀部鑣實主之。説者謂莊烈帝十七年中善政，莫大於堅持逆案之定力，而太學清議，亦足以寒奸人之膽，使人主聞之，其防閑愈固，則是揭之功不爲不鉅。壬午，入京，陽羨欲薦公以爲中書舍人，力辭不就。一日遊市中，聞鐸聲，曰：『非吉聲也。』遽南下。已而大兵果入口。

甲申難作，大鋮驟起南中，遂案揭中一百四十人姓氏，欲盡殺之。時公方之南中，上書闕下，而禍〔校〕楊本作『難』。作。公里中有奄黨，首糾劉忠介公并及其三大弟子，則祁都御史彪佳、章給事正宸與公也。祁章尚列名仕籍，而公〔校〕楊本下有『則』字。以朝不坐、燕不與之身，挂於彈事，聞者駭之。繼而里中奄黨徐大化姪官光禄〔校〕楊本下有『寺』字。丞者，復疏糾，遂與杲並逮。太夫人歎曰：『章妻滂母乃萃吾一身耶？』貞慧亦逮至，鑣論死，壽民、應箕、士柱亡命，而桐城左氏兄弟入寧南軍。晉陽之甲，雖良玉自爲避流賊計，然大鋮以爲揭中人所爲也。公等惴惴不保，駕帖尚未出，而大兵至，得免。

南中歸命，公踉蹌歸浙東，則劉公已死節，門弟子多殉之者。而孫公嘉績、熊公汝霖以一旅之師，畫江而守。公糾合黄竹浦子弟數百人，隨諸軍於江上，江上人呼之曰『世忠營』。公請援李泌客從之義，以布衣參軍。不許，授職方。尋以柯公夏卿與孫公等交舉薦，改監察御史，仍兼職方。方王跋扈，諸亂兵因之，總兵陳梧自嘉興之乍浦浮海至餘姚，大掠。王職方正中方行縣事，集民兵擊殺之，亂兵大噪。有欲罷正中以安諸營者，公曰：『借喪〔校〕楊本無上兩字，作『乘』。亂以濟其私，致干衆怒，是賊也。正中守土，即當爲國保民，何罪之有。』監國是之。尋以公所作監國魯元年大統曆頒之浙東。馬士英在方國安營，欲入朝，朝臣皆言其當殺。熊公汝霖恐其挾國安以爲患也，好言曰：『此非殺士英時也，宜使其立功自贖耳。』公曰：『諸臣力不能殺耳。春秋之孔子，豈能加於陳恒，但不得謂其不當殺也。』熊公謝焉。又遺書王之仁曰：『諸公何不沉舟決戰，由赭山直趨浙西，而日於江上放船鳴鼓，攻其有備，蓋意在自守也。蕞爾三府以供十萬之衆，北兵即不發一矢，一年之後，恐不能支，何守之爲？』又曰：『崇明，江海之門户，曷以兵擾之，亦足〔校〕楊本下有『以』字。分江上之勢。』聞者皆是公言，而不能用。張國柱之浮海至也，諸營大震。廷議欲封以伯，公言於孫公嘉績曰：『如此，則益横矣，何以待後？請署爲將軍。』從之。公當搶攘之際，持議嶽嶽，悍帥亦懾於義，不敢有加。自公力陳西渡之策，惟熊公嘗再以所部西行，攻下海鹽，軍弱不能前進而返。至是，孫公嘉績以所部火攻營卒盡付公，公與王正中合軍，得三千人。正中者，之仁從子也，其人以忠義自奮，公深結之，使之仁不以私意撓軍事。故孫、熊、錢、沈諸督師，皆不得支餉，而正中與公二營獨不乏食。查職方繼佐軍亂，披髮走公營，巽〔校〕楊本作『藏』。於牀下。公呼其兵責而定之，因爲繼佐治舟，使同西行，遂渡海，劄潭山，烽火遍浙西。太僕寺卿陳潛夫以軍同行，而尚寶司卿朱大定、兵部主事吴乃武等皆來會師，議由海寧以取海鹽。因入太湖招吴中豪傑，百里之内，牛酒日至，軍容甚整，直抵乍浦。公約崇德義士孫奭〔嚴校〕作『孫爽』，并云『字子度』。

等爲内應，會大兵已纂嚴，不得前，於是復議再舉，而江上已潰。按是役也，正中實以敗歸，公爲正中墓表，不無溢美，予考正之，不敢失其實也。公遽歸入四明山結寨自固，餘兵願從者尚五百餘人。公駐軍杖錫寺，微服潛出，欲訪監國消息，爲扈從計。戒部下善與山民相結，部下不能盡遵節制，山民畏禍，潛焚其寨，部將茅翰、汪涵死之。公無所歸，於是姚江跡捕之檄累下。公以子弟走入剡中。

己丑，聞監國在海上，乃與都御史方端士赴之，晉左僉都御史，再晉左副都御史。時方發使拜山寨諸營官爵，公言諸營之强，莫如王翊；其乃心王室，亦莫如翊；諸營文臣輒自稱都御史、侍郎，武臣自稱都督，其不自張大。亦莫如翊：宜優其爵，使之總臨〔校〕楊本無此字。諸營，以捍海上。朝臣皆以爲然，定西侯張名振弗善也。俄而大兵圍健跳，城中危甚，置靴刀以待命，蕩湖〔校〕楊本作『蕩胡』。救至，得免。時諸帥之悍，甚於方王，文臣稍異同其間，立致禍：如熊公汝霖以非命死，劉公中藻以失援死，錢公肅樂以憂死。公既失兵，日與尚書吴公鍾巒坐船中，正襟講學，暇則注授時、泰西、回回三曆而已。

公之從亡也，太夫人尚居故里，而中朝詔下，以勝國遺臣不順命者，録其家口以聞。公聞而歎曰：『主上以忠臣之後仗我，我所以棲棲不忍去也。今方寸亂矣，吾不能爲姜伯約矣。』乃陳情監國，得請，變姓名，間行歸家。公之歸也，吴公棹三板船送之二十里外，嗚咽濤中。

是年，監國由健跳至翁洲，復召公副馮公京第乞師日本，抵長埼，不得請，公爲賦式微之章，以感將士。是馮公第二次乞師事。公既自桑海中來，杜門匿景，東遷西徙，靡有寧居。而是時大帥治浙東，凡得名籍與海上有連者，即行翦除。公於海上，位在列卿，江湖俠客多來投止，而馮侍郎京第等結寨杜嶴，即公舊部，風波震撼，齮齕日至。當事以馮王二侍郎與公名，並懸象魏。又有上變於大帥者，以公爲首，而公猶挾帛書，欲招婺中鎮將以南援。時方搜勦沿海諸寨之竊伏與海上相首尾者，山寨諸公相繼死。公弟宗炎首以馮侍郎交通有狀，被縛，刑有日矣，公潛至鄞，以計脱之。辛卯夏秋之交，公〔校〕楊本下有『日』字。遣間使入海告警，令爲之備，而不克。甲午，定西侯間使至，被執于天台，又連捕公。丙申，慈水寨主沈爾緒禍作，亦以公爲首。其得以不死者，皆有天幸，而公不爲之懾也。熊公汝霖夫人將逮入燕，〔校〕楊本作『京』。公爲調護而脱之。

其後，海氛澌滅，公無復望，乃奉太夫人返里門，于是始畢力於著述，而四方請業之士漸至矣。公嘗自謂受業蕺山時，頗喜爲氣節斬斬一流，又不免牽纏科舉之習，所得尚淺，患難之餘，始多深造，於是胸中窒礙爲之盡釋，而追恨爲過時之學，蓋公不以少年之功自足也。問學者既多，丁未，復舉證人書院之會於越中，以申蕺山之緒。已而東之鄞，西之海寧，〔校〕楊本上兩『之』字，皆作『至』。皆請主講，大江南北從者騈集，守令亦或與會。已而撫軍張公以下，皆請公開講，公不得已應之，而非其志也。〔馮注〕謝山修川小集題詞云：『安陽許侍郎之令海昌也，延姚江黄先生設皋比，招致高材生。中吴徐侍郎果亭，扁舟涉江，來問證人之學。』貞羣曾見梨洲畫像，題跋滿紙，皆海昌人，蓋此講學海寧時所圖者。公謂明人講學，襲語録之糟粕，不以六經爲根柢，束書而從事於遊談，故受業者必先窮經。經術所以經世，方不爲迂儒之學，故兼令讀史。又謂讀書不多，無以證斯理之變化，多而不求於心，則爲俗學，故凡受公之教者，不墮講學之流弊。公以濂洛之統，綜會諸家：横渠之禮教，康節之數學，東萊之文獻，艮齋、止齋之經制，水心之文章，莫不旁推交通，連珠合璧，自來儒林所未有也。

康熙戊午，詔徵博學鴻儒。掌院學士葉公方藹先以詩寄公，從臾就道。公次其韻，勉其〔校〕楊本作『以』。承莊渠魏氏之絶學，而告以不出之意。葉公商於公門人陳庶常錫嘏，曰：『是將使先生爲疊山、九靈之殺身也。』而葉公已面奏御前。錫嘏聞之大驚，再往辭，葉公乃止。未幾，又有詔以葉公與同院學士徐公元文監修明史。徐公以爲公非能召使就試者，然或可聘之修史，乃與前大理評事興化李公(□)〔清〕從嚴補。同徵詔督撫以禮敦遣。公以母既耄期，己亦老病爲辭。葉公知必〔校〕楊本無此字。不可致，因請詔下浙中督撫抄公所著書關史事者，送入京。徐公延公子百家參史局，又徵鄞萬處士斯同、萬明經言同修，皆公門人〔楊校〕一本作『下』。也。公以書答徐公，戲之曰：『昔聞首陽山二老托孤於尚父，遂得三年食薇，顔色不壞。今吾遣子從公，可以置我矣。』是時聖祖仁皇帝純心正學，表章儒術不遺餘力，大臣亦多躬行君子，廟堂之上，鐘吕相宣，顧皆以不能致公爲恨。左都御史魏公象樞曰：『吾生平願見而不得者三人：夏峯、梨洲、二曲也。』工部尚書湯公斌曰：『黄先生論學，如大禹導水導山，脈絡分明，吾黨之斗杓也。』刑部侍郎鄭公重曰：『今南望有姚江，西望有二曲，足以昭道術之盛。』兵部侍郎許公三禮，前知海寧，從受三易洞璣，及官京師，尚歲貽書問學。庚午，刑部尚書徐公乾學因侍直，上訪及遺獻，復以公對，且言：『曾經臣弟元文奏薦，老不能來。此外更無其倫。』上曰：『可召之京，朕不授以事，如欲歸，當遣官送之。』徐公對以篤老，恐無來意。上因歎得人之難如此。嗚呼！公爲〔校〕楊本作『以』。勝國遺臣，蓋瀕九死之餘，乃卒以大儒耆年，受知當宁，又終保完節，不可謂非貞元之運護之矣。

公於戊辰冬，已自營生壙於忠端墓旁，中置石牀，不用棺槨。子弟疑之，公作葬制或問一篇，援趙邠卿、陳希夷例，戒身後無得違命。公自以身〔校〕楊本無此字。遭國家之變，期於速朽，而不欲顯言其故也。公雖年逾八十，著書不輟。乙亥之秋，寢疾數日而歿〔校〕楊本作『卒』。遺命一被一褥，即以所服角巾深衣殮，得年八十有六，遂不棺而葬。妻葉氏，封淑人，廣西〔校〕楊本作『東』。按察使憲祖女也。三子：長百藥，娶李氏，繼娶柳氏；次正誼，娶孫氏，閣部忠襄公嘉績孫女，户部尚書延齡女，繼〔校〕楊本下有『娶』字。虞氏；次百家，〔嚴注〕百家本字正誼，因託人援例，其人誤以百家、正誼爲二，乃改名。梨洲之不得爲明之遺民也，審矣。謝山雖竭力回護，何益。聘王氏，侍郎翊女，未笄殉節，娶孫氏；百藥、正誼皆先公卒。女三：長適朱朴，〔校〕楊本作『朱林』。次適劉忠介公孫茂林，忠端被逮，忠介送之豫，訂爲姻〔校〕楊本作『婚』。者也；次適朱沅。孫男六，千人其季也。孫女四。公所著：有明儒學案六十二卷，有明三百年儒林之藪也。經術則易學象數論六卷，力辨河洛方位圖說之非，而遍及諸家，以其依附於易似是而非者爲内編，以其顯背於易而擬作者爲外編。授書隨筆一卷，則淮安閻徵君若璩問尚書而告之者。春秋日食曆一卷，辨衛樸所言之謬。律吕新義二卷，公少時嘗取餘杭竹管肉好停匀者，斷之爲十二律與四清聲試之，因廣其説者也。又以蕺山有論語、大學、中庸諸解，獨少孟子，乃疏爲孟子師説四卷。史學則公嘗欲重脩宋史而未就，僅存叢目補遺三卷。輯明史案二百四十四卷，有〔弘光紀年一卷，隆武紀年一卷，永曆紀年一卷，魯紀年一卷〕從楊本補。〔嚴校〕弘光紀年當作監國紀年。贛州失事〔紀〕從楊本補。一卷，紹武争立紀一卷，四明山寨紀一卷，海外慟哭紀一卷，日本乞師紀一卷，舟山興廢一卷，沙定洲紀亂一卷，賜姓本末一卷。又有汰存録一卷，糾夏考功幸存録者也。曆學則公少有神悟，及在海島，古松流水，布算簌簌。嘗言：『勾股之術，乃周公、商高之遺，而後人失之，使西人得以竊其傳。有授時曆故〔校〕楊本作『考』。一卷，大統曆推法一卷，授時曆假如一卷，西曆、回曆假如各一卷，外尚有氣運算法、勾股圖説、開方命算、測圜要義諸書，共若干卷。行略尚有元珠密語，其實非公所作。其後，梅徵君文鼎本『周髀』言曆，世驚以爲不傳之秘，而不知公實開之。文集則南雷文案十卷，外集一卷，吾悔集四卷，撰杖集四卷，蜀山集四卷，子劉子行狀二卷，詩歷四卷，忠端祠中神絃曲一卷。後又分爲南雷文定，凡五集；晚年又定爲南雷文約，今合之得四十卷。明夷待訪録二卷，留書一卷，則佐王之略，崑山顧先生炎武見而歎〔校〕楊本下有『之』字。曰：『三代之治可復也！』思舊録二卷，追溯山陽舊侣，而其中多庀史之文。公又選明三百年之文，爲明文案，其後廣之爲明文海，共四百八十二卷，自言多與十〔五〕從楊本補。朝國史，多〔校〕此字疑衍。彈駁參正者。而别屬李隱君鄴嗣爲明詩案。隱君之書未成而卒。晚年，於明儒學案外，又輯宋儒學案、元儒學案，以志七百年來儒苑門户。於明文案外，又輯續宋文鑑、元文抄，以補呂蘇二家之闕，尚未成編而卒。又以蔡正甫之書不傳，作今水經。其餘四明山誌、台宕紀游、匡廬〔校〕楊本下有『紀』字。游録、姚江逸詩、姚江文略、姚江瑣事、補唐詩人傳、病榻隨筆、黄氏宗譜、黄氏喪制及自著年譜諸書，共若干卷。

公之論文，以爲唐以前句短，唐以後句長；唐以前字華，唐以後字質；唐以前如高山深谷，唐以後如平原曠野。故自唐以後，爲一大變，然而文之美惡不與焉，其所變者詞而已，其所不可變者，雖千古如一日也。此足以掃盡近人規橅字句之陋，故公之文不名一家。晚年忽愛謝皋羽之文，以其所處之地同也。公雖不赴徵書，而史局大案，必咨於公：本紀則削去誠意伯撤座之説，以太祖實奉韓氏者也。曆志出於吴檢討任臣之手，總裁千里貽書，乞公審正，而後定其論。宋史別立道學傳爲元儒之陋，明史不當仍其例，時朱檢討彝尊方有此議，湯公斌出公書以示衆，遂去之。其於講學諸公，辨康齋無與弟訟田之事，白沙無張蓋出都之事，一洗昔人之誣。黨禍則謂鄭鄤杖母之非真，寇禍則謂洪承疇殺賊之多誕。至於死忠之籍，尤多確核，如奄難則丁乾學以牖死，甲申則陳純德以俘戮死，南中之難則張捷、楊維垣以逃竄死，史局依之，資筆削焉。地志亦多取公今水經爲考證。蓋自漢唐以來大儒，惟劉向著述，强半登於班史：如三統曆入曆志，鴻範傳入五行志，七略入藝文志，其所續史記，散入諸傳；列女傳雖未録，亦爲范史所祖述；而公于二千年後，起而繼之。公多碑版之文，其於國難諸公表章尤力，至遺老之以軍持自晦者，久之或嗣法上堂。公曰：『是不甘爲異姓之臣者，反甘爲異姓之子也。』故其所許者，祇吾鄉周囊雲一人。〔嚴注〕名齊曾。又云：此語不確，梨洲不嘗爲惲仲叔序其文乎？不嘗爲張秀初誌墓乎？公弟宗會，晚年亦好佛，公爲之反覆言其不可。蓋公於異端之學，雖其有託而逃者，猶不肯少寬焉。初在南京社會，歸德侯朝宗每食必以妓侑，公曰：『朝宗之尊人尚書尚在獄中，而燕樂至此乎？吾輩不言，是損友也。』或曰：『朝宗賦性不耐寂寞。』公曰：『夫人而不耐寂寞，則亦何所不至矣。』時皆歎爲名言。及選明文，或謂朝宗不當復豫其中，公曰：『姚孝錫嘗仕金，遺山終置之南冠之〔例〕〔列〕從嚴校改。不以爲金人者，原其心也。夫朝宗亦若是矣。』乃知公之論人嚴，而未嘗不恕也。紹興知府李鐸以鄉飲大賓請，公曰：『吾辭聖天子之召，以老病也。貪其養而爲賓，可哉？』卒辭之。

公晚年益好聚書，所抄自鄞之天一閣范氏、歙之叢桂堂鄭氏、禾中倦圃曹氏，最後則吴之傳是樓徐氏，然嘗戒學者曰：『當以書明心，無玩物喪志也。』當事之豫於聽講者，則曰：『諸公愛民盡職，即時習之學也。』身後，故廬一水一火，遺書蕩然，諸孫僅以耕讀自給。〔校〕楊本下有『苦於貧』三字。乾隆丙辰，千人來京師，語及先澤，爲悵然〔嚴校〕下有『者』字。久之。今大理寺卿休寧汪公瀠，鄭高州門生也，督學浙中，爲置祀田，以守其墓。高州之子性，又立祠於家，春秋仲丁祭以少牢，而葺其遺書於祠中，因屬予曰：『先人既没，知黄氏之學者，吾子而已。』予乃爲之銘曰：

魯國而儒者一人〔嚴評〕此語可妄用耶？矧其爲甘陵之黨籍，厓海之孤臣。寒芒熠熠，南雷之村。

更億萬年，吾銘不泯。〔校〕楊本末二句作『斯其更億年，而不泯者耶？』

公有日本乞師紀，但載馮侍郎奉使始末，而于己無豫，諸家亦未有言公曾東行者，乃避地賦則有曰：『歷長埼與薩〔校〕楊本作『薩』。斯瑪兮，方粉飾夫隆平；招商人以書舶兮，七昱緣於東京。予既惡其汏侈兮，日者亦言帝殺夫青龍；返旆而西行兮，胡爲乎泥中。』則是公嘗偕馮以行，而後諱之，顧略〔校〕楊本無此字。見其事於賦。予以問公孫千人，亦愕然不知也。事經百年，始考得之。

〔楊評〕是碑以學術爲脈絡。梨洲大節，始也訟冤對簿，繼也鈎黨被逮，終也起兵從亡。而其究得保完節以老，逐層鋪敘，無不歸於學術，若網在綱，有條不紊。

〔嚴評〕梨洲暮年潦倒頹唐，遺民一席，難于位置。考竹垞明詩綜録其弟晦木之詩，而不及梨洲，可以瞭然矣。又案：『蒼水集有送黄金吾馮侍御乞師日本詩云『中原何地足倀倀，惆悵徵師日出方。龍節護持豸斧客，魚書泣捧豹頭郎。黄河北去浮青鶴，滄海東迴獻白狼。佇聽無衣萬里外，繡衣應復拄扶桑。』

〔蔣注〕鏞嘗見梨洲年譜，係其親筆，絶不載乞師事。若以爲有所諱，則譜中於結寨山中，從亡海上，其嫌忌甚於乞師，何以不諱彼而諱此？若謂乞師爲非計而諱之，則簹谿墓志，至比之包胥，豈於簹谿則極稱其忠，而於己獨諱其失乎？想避地賦云云，或赴海上翁洲時，偶飄至長埼，而非必副侍郎以行也。先生好蒐軼事，故因賦中一語，即爲補入，竊謂尚屬疑案，且在梨洲，亦不待增此一事爲重耳。

鮚埼亭集卷第十二

〔楊注〕此卷亭林、二曲、潛齋三先生，皆大儒也。學術雖不同，而不降志、不辱身則一也。故合爲一卷。

碑銘七

亭林先生神道表

〔楊注〕戊辰，年四十四。

顧氏世爲江東四姓之一，五代時由吴郡徙徐州，南宋時遷海門，已而復歸於吴，遂爲崑山縣之花浦村人。其達者，始自明正德間，曰工科給事中、廣東按察使司僉事溱及刑科給事中濟。刑科生兵部侍郎章志。侍郎生左贊善紹芳及國子生紹芾，贊善生官蔭生同應。同應之仲子曰絳，即先生也；紹芾生同吉，早卒，聘王氏，未婚守節，以先生爲之後。

先生字曰寧人，乙酉改名炎武，亦或自署曰蔣山傭，〔車守謙注〕蔣山即鍾山，後更名神烈山，先生嘗僑居山下也。學者稱爲亭林先生。少落落有大志，不與人苟同，耿介絶俗，其雙瞳子中白而邊黑，見者異之。最與里中歸莊相善，共遊復社，相傳有『歸奇顧怪』之目。於書無所不窺，尤留心經世之學。其時四國多虞，太息天下乏材，以至敗壞。自崇禎己卯〔楊注〕是年亭林年二十有七。後，歷覽二十一史、十三朝實録、天下圖經、前輩文編、説部，以至公移、邸抄之類，有關於民生之利害者，隨録之，旁推互證，務質之今日所可行，而不爲泥古之空言，曰天下郡國利病書。然猶未敢自信，其後周流西北且二十年，遍行邊塞亭障，無不了了而始成。其別有一編曰肇域志，則考索利病之餘，合圖經而成者。予觀宋乾、淳諸老，以經世自命者，莫如薛艮齋，而王道夫、倪石林繼之，葉水心尤精悍，然當南北分裂，聞而得之者多於見，若陳同甫則皆欺人無實之大言。故永嘉、永康之學，皆未甚粹，未有若先生之探原竟委，言言可以見之施行，又一稟於王道，而不少參以功利之説者也。〔嚴評〕真能言先生之學者。最精韻學，能據遺經以正六朝、唐人之失，據唐人以正宋人之失，欲追復三代以來之音，分部正帙，而究其所以不同，以知古今音學之變，其自吴才老而下廓如也，則有曰音學五書。性喜金石之文，到處即蒐訪，謂其在漢唐以前者足與古經相參考，唐以後者亦足與諸史相證明，蓋自歐、趙、洪、王後，未有若先生之精者，則有曰金石文字記。晚益篤志六經，謂古今安得別有所謂理學者，經學即理學也。自有舍經學以言理學者，而邪説以起，不知舍經學則其所謂理學者，禪學也。故其本朱子之説，參之以慈谿黄東發日抄，所以歸咎於上蔡、横浦、象山者甚峻。於同時諸公雖以苦節推百泉、二曲，以經世之學推梨洲，而論學則皆不合，其書曰下學指南。或疑其言太過，是固非吾輩所敢遽定；然其謂經學即理學，則名言也。而日知録三十卷，尤爲先生終身精詣之書，凡經史之粹言具在焉。蓋先生書尚多，予不悉詳，但詳其平生學業之所最重者。〔楊評〕篇中詳敘謁陵，正以表先生之志節。其昌平山水記，爲十三陵之摧毀而作也，亦著述之最大者，雙韮獨遺之何歟？鄙意當補書于此，以作謁陵之引脈。

初，太安〔校〕楊本作碩，下同。人王氏之守節也，養先生於襁保中。太安人最孝，嘗斷指以療君姑之疾，崇禎九年，直指王一鶚請旌於朝，報可。乙酉之夏，〔楊注〕亭林年三十有三。太安人〔校〕楊本下有『年』字。六十，避兵常熟之郊，〔嚴注〕按張編年譜：甲申四月，先生侍母，遷居常熟之唐市。謂先生曰：『我雖婦人哉，然受國恩矣。果有大故，我則死之。』於是先生方應崑山令楊永言之辟，與嘉定諸生吳其沆及歸莊共起兵，奉故鄖撫王永祚以從夏文忠公於吳。江東授公兵部司務，事既不克，永言行遁去，其沆死之，先生與莊幸得脱。而太安人遂不食卒，遺言後人莫事二姓。次年，〔楊注〕丙戌。〔嚴注〕按譜，唐王遥授先生兵部職方司主事，在乙酉之秋。閩中使至，以職方郎召，欲與〔校〕楊本作『説』。族父延安推官咸正赴之，念〔校〕楊本作『會』。太安人尚未葬，不果。次年，〔楊注〕丁亥。幾豫吳勝兆之禍，更欲赴海上，道梗不前。

先生雖世籍江南，顧其姿禀頗不類吳會人，以是不爲鄉里所喜，而先生亦甚厭裙屐浮華之習，嘗言：『古之疑衆者，行僞而堅。今之疑衆者，行僞而脆，了不足恃。』既抱故國之戚，焦原毒浪，日無寧晷。

庚寅，有怨家欲陷之，乃變衣冠作商賈，遊京口，又遊禾中。次年〔楊注〕辛卯。之舊都，拜謁孝陵，癸巳再謁，是冬又謁而圖焉。次年，〔楊注〕甲午。遂僑居神烈山下，遍遊沿江一帶，以觀舊都畿輔之勝。顧氏有三世僕曰陸恩，見先生日出遊，家中落，叛投里豪。丁酉，〔楊校〕作乙未。〔嚴注〕陸恩事在乙未，詩集可考。張譜亦繫於乙未，此繫之丁酉，非也。里豪，乃葉嵋初也，歸玄恭莊有書詆之甚力，今楓涇謝氏以其書刻入望雲樓帖。先生四謁孝陵歸，持之急，乃欲告先生通海。先生亟往禽之，數其罪，湛之水。僕婿復投里豪，以千金賄太守，求殺先生，不繫訟〔校〕楊本作『法』。曹而即繫之奴之家，危甚。獄日急，有爲先生求救於（□□）〔牧齋〕從楊本補，下同。者，（□□）〔牧齋〕欲先生自稱門下，而後許之。其人知先生必不可，而懼失（□□）〔牧齋〕之援，乃私自書一刺以與之。先生聞之，急索刺還不得，列揭於通衢以自白，（□□）〔牧齋〕亦笑曰：『寧人之卞也。』曲周路舍人澤溥者，故相文貞公振飛子也，僑居洞庭之東山，識兵備使者，乃爲愬之，始得移訊松江，而事解。於是先生浩然有去志，五謁孝陵，始東行，〔楊注〕五謁孝陵在丙申閏五月十日。次年丁卯（案應爲丁酉）元日，六謁孝陵。當改爲『五謁孝陵，次年元月六謁孝陵，始東行。』〔嚴注〕案張譜作『丁酉，六謁孝陵』。墾田於章丘之長白山下以自給。戊戌，遍遊北都諸畿甸，直抵山海關〔嚴注〕按張譜：『己亥出山海關。』外，以觀大東。歸至昌平，拜謁長陵以下，圖而記之。〔楊注〕己亥。〔嚴注〕按張譜：『己亥初謁天壽山。』次年，〔楊注〕庚子。再謁。既而，念江南山水有未盡者，復歸，六謁孝陵，〔楊注〕應作七謁。〔嚴注〕按張譜：『庚子，抵金陵，七謁孝陵。』東遊直至會稽。〔楊注〕東遊會稽在辛丑，謁思陵在壬寅三月十九日。按壬寅，康熙改元之歲，亭林年五十矣。謁攢宫文云：『行年五十，慨駒隙之難留；涉路三千，望龍髯而愈遠。』是也。次年，〔楊注〕壬寅。復北謁思陵，由太原、大同以入關中，直至榆林。是年，〔嚴注〕按張譜，史禍在癸卯年。浙中史禍作，先生之故人吴、潘二子死之，先生又幸而脱。甲辰，四謁思陵，事畢，墾田於雁門之北，五臺之東。初，先生之居東也，以其地濕，不欲久留，每言馬伏波、田疇，皆從塞上立業，欲居代北，嘗曰：『使吾澤中有牛羊千，則江南不足懷也。』然又苦其地寒，乃但經營創始，使門人輩司之，而身出遊。丁未，之淮上，次年自山東入京師。萊之黄氏有奴告其主所作詩者，多株連，自以爲得，乃以吴人陳濟生所輯忠義録〔嚴校〕作『節義録』。指爲先生所作，首之。書中有名者三百餘人，先生在京聞之，馳赴山東，自請勘。訟繫半年，富平李因篤自京師爲告急於有力者，親至歷下解之，獄始白。復入京師，五謁思陵。〔楊注〕己卯。〔嚴注〕按張譜：『己酉，五謁思陵。』自是，還往河北諸邊塞者，幾十年。丁巳，六謁思陵，始卜居陜之華陰。

初，先生遍觀四方，其心耿耿未下，謂秦人慕經學，重處士，持清議，實他邦所少，而華陰綰轂關河之口，雖足不出户，而能見天下之人，聞天下之事。一旦有警，入山守險，不過十里之遥。若志在四方，則一出關門，亦有建瓴之便，乃定居焉。王徵君山史築齋延之。先生置五十畝田於華下，供晨夕，而東西開墾所入，别貯之，以備有事。又餌沙苑蒺藜而甘之，曰：『啖此久，不肉不茗可也。』凡先生之遊，以二馬二騾載書自隨，所至阨塞，即呼老兵退卒，詢其曲折。或與平日所聞不合，則即坊肆中發書而對勘之。或徑行平原大野，無足留意，則於鞍上嘿誦諸經注疏，偶有遺忘，則即坊肆中發書而熟復之。

方大學士孝感熊公之自任史事也，以書招先生爲助，答曰：『願以一死謝公，最下則逃之世外。』孝感懼而止。戊午大科詔下，諸公争欲致之，先生豫令諸門人之在京者辭曰：『刀繩具在，無速我死。』次年，大修明史，諸公又欲特薦之，貽書葉學士訒菴請以身殉，得免。或曰：『先生盍亦聽人一薦，薦而不出，其名愈高矣。』先生笑曰：『此所謂釣名者也。今夫婦人之失所天也，從一而終，之死靡慝，其心豈欲見知於人。若曰盍亦令人强委禽焉，而力拒之以明節，則吾未之聞矣。』華下諸生請講學，謝之曰：『近日二曲亦徒以講學故得名，遂招逼迫，幾致凶死。雖曰威武不屈，然而名之爲累則已甚矣。又〔楊校〕一本作『而』。況東林覆轍，有進於此者乎？』有求文者，告之曰：『文不關於經術、政理之大，不足爲也。韓文公起八代衰，若但作原道、諫佛骨表、平淮西碑、張中丞傳後〔敘〕從楊本補。諸篇，而一切諛墓之文不作，豈不誠山斗乎？今猶未也。』其論爲學，則曰：『諸君，關學之餘也，横渠、藍田之教，以禮爲先。孔子嘗言「博我〔校〕楊本作學。以文，約之以禮」，而劉康公亦云「民受天地之中以生，所謂命也，是以有動作禮義威儀之則以定命」。然則君子爲〔校〕楊本作『之』。學，舍禮何由？近來講學之師，專以聚徒立幟爲心，而其教不肅，方將賦茅鴟之不暇，何問其餘。』尋以（乙）〔己〕從楊本改。未春，出關，觀伊洛，歷嵩少，曰：『五嶽遊其四矣。』會年饑，不欲久留，渡河至代北，復還華下。

先生既負用世之略，不得一遂，而所至每小試之，墾田度地，累致千金，故隨寓即饒足。徐尚書乾學兄弟，甥也，當其未遇，先生振其乏，至是鼎貴，爲東南人士宗，四方從之者如雲，累書迎先生南歸，願以別業居之，且爲買田以養，皆不至。或叩之，答曰：『昔歲孤生，飄搖風雨，今兹親串，崛起雲霄，思歸尼父之轅，恐近伯鸞之竈。且天仍夢夢，世尚滔滔，猶吾大夫，未見君子，徘徊渭川，以畢餘年，足矣。』

庚申，其安人卒於崑山，寄詩挽之而已。次年，卒於華陰，無子，徐尚書爲立從孫洪慎以承其祀，年六十九。〔楊注〕亭林卒於辛卯，康熙二十年也。生於萬曆四十一年癸丑。〔嚴注〕按張譜：『壬戌年先生卒，年七十歲。』門人奉喪歸葬崑山之千墪。高弟吴江潘耒收其遺書，序而行之，又別輯亭林〔楊校〕一本下有『先生』二字。詩文集十卷，而日知録最盛傳。歷年漸遠，讀先生之書者雖多，而能言其大節者已罕，且有不知而妄爲立傳者，以先生爲長洲人，可哂也。徐尚書之家孫涵〔楊注〕徐涵，字季容，康熙三十八年副貢生，歷任肇慶道。持節粤中，數千里貽書以表見屬。予沈吟久之，及讀王高士不菴〔楊注〕王不菴，名煒。屈翁山寄詩云：『苦憶君公白髮長，牆東依舊水雲鄉。漢家男子惟垂釣，楚國騷人正采芳。匏葉浮沉難涉水，菊花甘苦總含霜；何人再拜還林下，知已凋零在白楊。』之言曰：『寧人身負沈痛，思大揭其親之志於天下，奔走流離，老而無子，其幽隱莫發。數十年靡訴之衷，曾不得快然一吐，而使後起少年，推以多聞博學，其辱已甚。安得不掉首故鄉，甘於客死，噫可痛也！』斯言也，其足以表先生之墓矣夫。其銘曰：

先生兀兀，佐王之學。雲雷經綸，以屯被縛。渺然高風，寥天一鶴。重泉拜母，庶無愧怍。

〔楊評〕是表以年月爲經，遊歷爲緯，而詳書南北謁陵，以見亭林之大節。至其學案、著書，則總撮于前，已後按時順敘，結引王不庵之言，所謂『身負沈痛』『幽隱莫發』者，以作通篇之歸宿。

〔嚴評〕文中序事歲月，以亭林詩集按之，頗多舛互，未能校定也。亭林初不藉後人表章，今既欲爲之，而又不肯遜心考核，其意果何居乎？

二曲先生窆石文

慈谿鄭義門西遊，拜於二曲先生之墓曰：『吾不及登其門也夫』，因願爲之碑其墓。而屬予以文。予曰：『夫不有豐川〔嚴注〕王豐川，名心敬，字爾緝，鄠縣人，棄諸生，從學於二曲，有文集，未見。諸高弟之作乎？』義門曰：『吾以爲未盡也，異日國史將取徵焉，子其更爲之。』惟予豈足以知先生之學，而義門之睠睠，〔楊校〕一本作『惓惓』。則固古人之意，不敢辭。

按先生姓李氏，諱容〔案〕當作『諱顒』，避清嘉慶帝名改。字中孚，其別署曰二曲、土室病夫，學者因稱之爲二曲先生，西安之盩厔縣人也。其先世無達者。父可從，字信吾，烈士也，以壯武從軍爲材官。崇禎壬午督師汪公喬年討賊，信吾從監紀孫兆禄以行，時賊勢已大張，官軍累敗，信吾臨發，抉一齒與其婦彭孺人曰：『戰危，事如不捷，吾當委骨沙場，子其善教兒矣。』中途三寄書，以先生爲念。當是時，先生甫十有六歲，家貧甚。督師竟敗，死之；監紀亦死之；信吾衛監紀不克，亦死之。五（十）〔千〕從楊本改。餘人盡没。彭孺人聞報，欲以身殉，先生哭曰：『母殉父固宜，然兒亦必殉母，如是則父且絶矣。』彭孺人制淚撫之，然而無以爲生，其親族謂孺人曰：『可令兒爲傭，得直以養。』或曰：『令其給事縣廷。』孺人不可，令先生從師受學，而脩脯不具，師皆謝之。彭孺人曰：『經書固在，亦何必師。』時先生已粗解文字，而孺人能言忠孝節義以督之。母子相依，或一日不再食，或連日不舉火，恬如也。但聞其教先生甚遠大，里巷閭閻而哂之。乃先生果能自拔於流俗，以昌明關學爲己任。家無書，俱從人借之，其自經史子集以至二氏之書無不觀，然非以資博覽，其所自得，不滯於訓詁文義，曠然見其會通。

其論學曰：『天下之大根本，人心而已矣。天下之大肯綮，提醒天下之人心而已矣。是故天下之治亂，由人心之邪正；人心之邪正，由學術之晦明。』嘗曰：『古今名儒倡道者，或以主敬窮理爲宗旨，或以先立乎大爲宗旨，或以心之精神，或以自然，或以復性，或以致良知，或以隨處體認，或以正脩。愚則以悔過自新爲宗旨。蓋下愚之與聖人，本無以異，但氣質蔽之，物欲誘之，積而爲過。此其道在悔，知悔必改，改之必盡。夫盡，則吾之本原已復，復則聖矣。曷言乎自新？復其本原之謂也。悔過者不於其身於其心；於其心，則必於其念之動者求之。故易曰「知幾其神」，而夫子以爲顏子其庶幾，以其有不善〔校〕楊本下有『之』字。必知，知必改也。顏子所以能之者，由於心齋，靜極而明，則知過矣。上士之於過，知其皆由於吾心，則直向其根源剗除之，故其爲力易；中材稍難矣，然要之以靜坐觀心爲入手。靜坐，乃能知過。知過，乃能悔過。悔過，乃能改過以自新。』其論朱陸二家之學曰：『學者當先觀象山、慈湖、陽明、白沙之書，闡明心性，直指本初，熟讀之，則可以洞斯道之大源。然後取二程、朱子以及康齋、敬軒、涇野、整菴之書，玩索以盡踐履之功，收攝保任，由工夫以合本體，下學上達，内外本末，一以貫之。至於諸儒之説，醇駁相間，去短集長，當善讀之。不然，醇厚者乏通慧，穎悟者雜竺乾，不問是朱是陸，皆未能於道有得也。』於是關中士子，争向先生問學。關學自横渠而後，三原、涇野、少墟，累作累替，至先生而復盛。

當事慕先生名，踵門求見，力辭不得，則一見之，終不報謁，曰：『庶人不可入公府也。』再至，并不復見。有餽遺者，雖十反亦不受。或曰：『交道接禮，孟子不卻，先生得無已甚？』答曰：『我輩百不能學孟子，即此一事，稍不守孟子家法，正自無害。』當事請主關中講院，先生方謀爲馮恭定公設俎豆，勉就之。既而悔曰：『合六州鐵，不足鑄此錯也。』亟去之。陝撫白君欲薦之，哀籲得免。陝學許君欲進其所著書，亦不可。然關中利害在民者，則未嘗不爲當事力言。少墟高弟隱淪不爲世所知者，言之當事，皆表其墓以傳之。

初，彭孺人葬信吾之齒曰『齒塚』，以待身後合葬，先生累欲之襄城招魂，而以孺人老，不敢遠出，且懼傷其心。乙巳，彭孺人卒，居憂三年。庚戌，始徒步之襄城，繞城遍覓遺蜕不得，乃爲文禱於社，服斬衰，晝夜哭不絶聲，淚盡繼之以血。知襄城縣張允中聞之出迎；適館，不可，乃亦爲先生禱於社，卒不得。先生設招魂之祭，狂號。允中議爲信吾立祠，且造冢於故戰場，以慰孝子之心。知常州府駱鍾麟，前令盩厔，師事先生，至是聞已至襄城，謂祠事未能旦夕竣，請先生南下謁道南書院，以發顧高諸公遺書，且講學，以慰東林學者之望。先生赴之，來聽講者雲集。凡開講於無錫，於江陰，於靖江，於宜興，晝夜不得休息。忽静中涕下如雨，搥胸且悔且詈曰：『嗚呼！不孝，汝此行爲何事，而竟喋喋於此間，尚爲有人心者乎？雖得見顧高諸公書，亦何益！』申旦不寐，即戒行。毗陵學者固留不能得。時祠事且畢，亟還襄城，宿祠下，夜分鬼聲大作，蓋先生祝於父祠，願以五千國殤之魂同返關中故也，聞者異之。允中乃爲先生設祭，上則督師汪公、監紀孫公，配以信吾，下設長筵，遍及同時死者。先生伏地大哭，觀者皆哭，於是立碑曰『義林』，〔嚴注〕有襄城紀事，亭林有詩。奉招魂之主，取其冢土西歸，告於母墓，附之『齒冢』中，更持服如初喪。

癸丑，陜督鄂君竟以隱逸薦，先生遺之書曰：『僕少失學問，又無他技能，徒抱皋魚之至痛，敢希和靖之芳蹤哉？古人學真行實，輕於一出，尚受謗於當時，困辱其身，況如僕者而使之應對殿廷！明公此舉，必當爲我曲成。如必不獲所請，即當以死繼之，斷不惜此餘生，以爲大典之辱。』辭牘八上，時先生以病爲解，〔校〕楊本作『辭』。得旨：『俟病愈，敦促入京。』自是大吏歲歲來問起居，欲具車馬，送使覲天子。先生遂自稱廢疾，長卧不起。戊午，部臣以海内真儒薦，復得旨召對。時詞科薦章遍海内，而先生獨以昌明絶學之目，中朝必欲致之，且將大用之。大吏勸行益急，檄屬吏守之。先生固稱病篤，舁其牀至行省，大吏親至榻前從臾。先生遂絶粒，水漿不入口者六日，而大吏猶欲强之。先生拔刀自刺，陜中官屬大駭，乃得予假治疾。先生歎曰：『將來强我不已，不死不止，所謂「生我名者殺我身」。不幸而有此名，是皆平生學道不純，洗心不密，不能自晦之所致也。』戒其子曰：『我日抱隱痛，自期永棲堊室，平生心跡，頗在堊室録感一書。今萬一見逼而死，斂以粗衣白棺，即懷堊室録感，以當含飯。權厝堊室三年，方可附葬母墓，萬勿受弔，使我泉下更抱憾也。』當道亦知其必不肯出，不復迫之。自是以後，荆扉反鎖，遂不復與人接，雖舊生徒亦罕覯。〔校〕楊本作『覯』。惟吴中顧寧人至，則款之。已而天子西巡，欲見之，令陝督傳旨，先生又驚泣曰：『吾其死矣！』辭以廢疾不至。特賜『關中大儒』四字以寵之，大吏令表謝，先生曰：『素不諳廟堂文字，奈何？』强之，乃上一表，文詞蕪拙，大吏哂曰：『是恐不可以塵御覽也。』置之。時有宰相自負知學，遂以文采不足誚先生，君子哂之。

先生四十以前，嘗著十三經糾繆、廿一史糾繆諸書，以及象數之學，無不有述，其學極博。既而以爲近於口耳之學，無當於身心，不復示人。所至講學，門人皆録其語，而先生曰：『授受精微，不在乎書，要在自得而已。故其巾箱所藏，惟取反身録示學者。晚年遷居富平，四方之士，不遠而至。然或才名遠播，著書滿家，而先生竟扃户不納，積數日悵然去者；或出自市廛下户，而有志自修，先生察其心之不雜，引而進之。當是時，北方則孫先生夏峰，南方則黄先生梨洲，西方則先生，時論以爲三大儒。然夏峰自明時已與楊、左諸公稱石交，其後高陽相國折節致敬，易代而後，聲名益大。梨洲爲忠端之子，證人書院之高弟，其後從亡海上，故嘗自言平生無責沈之恨，過泗之慙。蓋其資格皆素高。先生起自孤根，上接關學六百〔校〕楊本下有『餘』字。年之統，寒餓〔校〕楊本作『飢寒』。清苦之中，守道愈嚴，而耿光四出，無所憑藉，拔地倚天，尤爲莫及。子二：慎言、慎行。慎言雖以門户故，出補諸生，終未嘗與科舉之役，其後陜學選拔，貢之太學，亦不赴。兄弟皆能守其父之志。嗚呼！先生所以終身不出，蓋抱其二親之痛。然而襄城有其父祠，盩厔有其母祠，立身揚名，其道愈尊，斯可謂之大孝也矣。乃更爲之銘，以復義門，其詞曰：

匡時要務，在乎講學。當今世而聞斯〔校〕楊本作『此』。注：一本作『斯』。言，或啓人之大噱。又惡知夫世道陵夷，四維安託？架漏過日，馴將崩剥。一旦不支，發蒙振落。斯則甚於洪水猛獸之災，其能無驚心而失魄！先生崛起，哀兹後覺。苦身篤行，振彼木鐸。格言灌灌，廉頑敦薄。嗟江河之日下，渺一壺之難泊。誰將西歸，先民可作。試看墓門，寒芒嶽嶽。

應潛齋先生神道碑〔校〕楊本作『表』。〔楊注〕戊辰，年四十四。

應先生之没六十年，遺書湮没，門徒凋落且盡，同里後進，莫有知其言行之詳者。〔嚴注〕馮山公解舂集有應先生傳，謝山殆未之見。予每過杭，未嘗不爲之三歎息也。年來杭堇浦稍爲訪葺其遺書，以授之契家子趙一清。歲在戊辰，一清因以先生墓文爲請，曰：『微吾丈，莫悉諸老軼事也。』其盍〔校〕楊本作『曷』。敢辭。

應先生，諱撝謙，字嗣寅，學者稱爲潛齋先生，杭之仁和縣人也。其父尚倫，〔楊注〕字思橋。故孝子。先生之生也，有文在其手曰『八卦』，左重耳，右重瞳。少即以斯道爲己任。踰冠，作君子貴自勉論，偕其同志之士，曰虞畯民，曰張伏生，曰蔣與恒，爲狷社，取有所不爲也。其時，大江以南社事極盛，杭人所謂讀書社、小築社、登樓社者，不過以文詞相雄長。先生於其中稍後出，而狷社之所相淬厲者，乃別有在。其母病，服勤數年，母憐之曰：『吾爲汝娶婦以助汝。』先生終不肯入私室，母卒除喪，始成禮。坦白子諒，表裏洞然，於遺經皆實踐而力行之，不以勦説。一筵一席，罔不整肅。其倦而休，則端坐瞑目。其寤而起，則遊息徐行。終日無疾言遽色，所居勵足蔽風雨，簞瓢累空，恬如也。生平不爲術數之學，一日見〔校〕楊本下有『梁上』二字。白蛇墮地，曰『此兵象也』，奉親逃之山中。既遭喪亂，自以故國諸生，絶志進取，歎曰：『今日唯正人心，而維世教，庶不負所生耳。』乃益盡力於著書。

戊午，閣學合肥李公天馥、同里項公景襄以大科薦，先生輿床以告有司曰：『撝謙非敢卻聘，實病不能行耳。』俄而范公承謨繼至，又欲薦之，先生遂稱廢疾。蓋其和平養晦，深懼夫所謂名高者。海寧令許酉山請主講席，造廬者再，不見；致書者再，不赴。既而思曰：『是非君子中庸之道也。』扁舟至其縣，報謁。許令大喜曰：『應先生其許我乎？』先生逡巡對曰：『使君學道，但從事於愛人足矣。彼口説者，適所以長客氣也。』許令嘿然不怡。既出，先生解維疾行。弟子問曰：『使君已戒車騎，且即至，何恝也？』先生笑曰：『使君好事，吾雖不就講席，彼必有束帛之將，拒之則益其愠，受之則非心所安也。行矣，莫更濡遲也。』異日，杭守嵇叔子以志局請，辭之，則曰：『願先生暫下榻郡齋數日，以請益。』先生但一報謁而已，蓋不爲踰垣鑿坏以自異，而卒不能奪也。同里姜御史圖南以視鹺歸，於故舊皆有餽，嘗再致，先生不受。一日，遇於塗中，方盛暑，先生衣木棉之衣，蕉萃躑躅。御史歸，以越葛二端投之曰：『雅知先生不肯受人一丝，然此區區者，聊以消暑，且非自盜跖來也，幸無拒焉。』先生謝曰：『吾尚有絺綌在笥，昨偶感寒，欲其鬱蒸耳。感君意良厚，然實不需也。』竟還之。

先生弟子甚多，因以『樓上』、『樓下』爲差，如馬融例。里中一少年使酒，忽扣門來求聽講，同門欲謝之，先生獨許之曰：『來者不拒，去者不追，是孟子之教也。』其人聽三日，不勝拘苦，不復至，使酒如故。一日，其人醉，持刀欲擊人於道上，洶洶莫能阻者，忽有人曰：『應先生來。』其人頓失魄，投刀垂手，汗出浹背。先生至前，撫之曰：『一朝之忿，何至於此？曷歸乎！』其人俛首謝過而去。

晚年益以義理無窮，歲月有限，歉然常不足於心。康熙二十六年病革，尚手輯周忠毅公傳，未竟而卒，春秋六十有九。〔楊注〕潛齋生于明萬曆四十七年己未。鼎革時，年二十有六。子二。

先生不喜陸王之學，所著書二十有八種，其大者：周易集解、詩傳翼、書傳拾遺、春秋傳考、禮樂〔楊校〕作『學』。彙編、古樂書、論孟拾遺、學庸本義、孝經辨定、性理大中、幼學蒙養編、朱子集要、教養全録、潛齋集，共如干卷，其無悶先生傳，則自述也。一清方將次第抄而傳之。姚江黄丈晦木〔嚴評〕謝山與晦木遠不相及，何『丈』之有？嘗曰：『大好潛齋，可謂人中之鳳。惜所論述未能博學而詳說之，其墨守或太過耳。其足師表末俗，蓋不在此。』以予觀之，昔人或誚伊川宜向山中讀通典十年，或誚象山宜賜以一監之書，或誚魯齋爲學究，是皆過情之訾。若晦木之言，不可謂非先生之良友，而近日之唯阿論學者，尤當以此語爲藥石。然先生之深造自得，固非隨聲附和者。世但知先生不喜陸王之學，而不知其與朱學亦不盡同：如論易則謂孔子得易之乾，老子得易之坤。雖未必然，然別自有名理可思，善學者當能知之。要以先生之踐履篤實，涵養沖融，是人師也。其於經師之品，則其次也。況其發明大義，固已多矣。先生之門人曰凌嘉印文衡，曰沈士則志可，皆能傳其學；曰姚洪任敬恒，有篤行。先生葬於龍井山下，今二子皆無後，一抔之土，固私淑者所當念也。〔一〕其銘曰：

遯世無悶，隱約蓬門；其身彌高，其道彌尊。荒荒劫運，剪其後昆；不朽者學，春木長芚。

〔一〕《楊注》無悶先生傳云：『學不適時，不好禪，不喜陸王家言。爲文章，不詭合，自怡悦而已。密友多窮交，經年不見，與日見異。足跡不出百里，而泰、華、溟、渤，皆于書册中見之。生不及古人，而羲農堯舜，若接聲響也。著書若干萬言，人來觀者亦不吝。』

鮚埼亭集卷第十三

〔楊注〕此卷墓碣銘二，神道表二，計五首。沈、李、施三先生苦節不可貞，鷗鴣、咒林稍尚奇矣，然其不肯臣事二姓，皆爲完人，是則同，故合爲一卷。

碑銘八

沈旬華先生墓碣銘

沈先生，諱蘭先，字旬華，其後更名昀〔校〕楊本作『畇』。字朗思，〔校〕楊本作『思朗』。浙之仁和人也。曾祖某，祖某，父某，世爲學官弟子。年十六，受知於提學黎元寬。時蕺山劉忠正公講學越中，先生渡江往聽講。向來杭士有讀書社、小築社、登樓社，皆以詞章之業爲尚，先生亦與焉。至是始爲正學，而應先生潛齋和之。甲申之變，年二十七，即棄諸生。

其學以誠敬爲本，刻苦清厲以自守，推而至於事物之繁，天地古今之變，則以適於世用〔校〕楊本作『用世』。者爲主。其言無一不切於人心。力排佛老，曰：『其精者傍吾儒，其異者不可一日容也。』聞四方之士有賢者，即書其姓氏置夾袋中，冀得一見之，然不肯妄交。于取與尤介，授徒自給，三旬九食以爲常，每連日絶粒，采階前馬蘭草食之。有聞之者，餽米數斗，先生不受，其人固請則固辭。時先生餓甚，宛轉辭謝，益困，遂仆于地，其人皇駭而去。先生良久始甦，笑〔校〕楊本作『嘆』，楊改作『笑』。曰：『其意可感，然適以困老子耳。』嘗展蕺山墓，徒步來往西陵。自是，里中子弟習知先生清節，亦有好事者，極意求爲繼粟、繼肉之舉，而莫敢前，以先生必不受也。潛齋嘆曰：『生平於辭受一節，自謂不苟，然以視沈先生猶媿之。』以末世喪禮不講，重輯士喪禮説，薈萃先儒之言，定其可行者，以授弟子陸寅。又葺四子略、五子要言、家法論、升降編、言行録、居求編，疏通簡要，不涉殘明講學習氣。蕺山身後，弟子爭其宗旨，各有煩言，先生曰：『道在躬行，但騰口説，非師門所望於吾曹也。』

疾革，門人問曰：『夫子今日之事，何如？』先生曰：『心中並無一物，惟知誠敬而已。』夜半卒，年六十三，〔楊注〕沈先生生於明萬曆四十六年戊午，卒於康熙十九年庚申。無以爲斂。潛齋經紀其喪，不知所出，涕泣不食，或問之，曰：『吾不敢輕受賻襚，以玷先生也。』潛齋之徒姚生敬恒〔校〕楊本作『恒敬』。趨前問曰：『如某可以斂先生乎？』潛齋曰：『子篤行，乃沈先生夙所〔校〕楊本作『所夙』。許，殆可也。』于是姚生遂斂先生，而葬之于湖上之某原。子二，毅中、純中，皆承家學。惟先生與潛齋皆以淳心篤行，師表人倫，乃其風節尤爲殊絶。顧世或有知潛齋者，而先生沈冥更甚，百年以來，求其遺書，竟不可得。萬編修九沙謂予曰：『沈先生墓上之石未立，杭人知學者少，斯吾子之責也。』予乃據所聞於前輩者，爲詮次而系之，銘曰：〔校〕楊本上二字作『詩曰』。

三年食薇，餓死不悔。胡奴之米，麾之户〔校〕楊本作『門』，注：一本作『户』。外。蕺山高弟，心傳罔媿。千秋宰木，庇兹書帶。

㞧園先生神道表

㞧園先生殁七十有餘年，再絶世，遺文散佚，其從曾孫錫楨始裒其叢殘之作，合爲數卷，乞表章於當世。予惟先生之大節在天壤，無人不知，顧生平顛末，則未有詳述之者，異日國史隱逸傳，將何所考，乃略爲摭拾，纂文一通，使表之墓。

先生〔姓李氏〕從楊本補。諱天植，字因仲，浙之平湖乍浦人也。曾祖某，祖某，父某。父有隱德。先生少而蕭散，其於世事泊如也，嘗曰：『無欲則心清，心清則識朗，識朗則力堅；無欲則心真，心真則情摯，情摯則氣厚。』時時以誨學者。亦頗躭清言。登崇禎癸酉鄉薦，浦上之以科名起者，自先生始。三上公車，癸未，其子諸生觀卒，自以爲有隱慝，痛自刻責，遂絶意仕進，改名確，字潛夫。〔楊注〕號龍湫山人。彭仲謀作先生傳，以爲國難後始改名者，非也。

既洊遭喪亂，遣妾遣婢殆盡，尚有田四十餘畝，宅一區，并家具一切，分畀所後子震與其女。髡其髮，别其妻，逕入陳山。自是足不至城市，訓山中童子以自給，其自署曰村學究、老頭陀。居山十年，陳山之僧開堂，先生避喧，始返其蜃園，復與妻居，賣文取食，不足則與其妻爲棕鞋、竹筥以佐之。時有好事者，約爲月給，供先生米，力辭不受。有司慕其高，訪之，踰垣而避。其所賦詩，皆弔甲申以來之殉節者。蜃園者，乍浦勝地，可以望見海市者也。又十年，先生益困，不復能保其園，乃復以妻委之婿家，而身寄食於僧寺。戚友憐之，相與贖蜃園而歸之。於是先生復與妻居，則年已七十矣。所後子震亦禀先生教，棄諸生，顧以謀食走四方。二老相對，時時絶食，歎曰：『吾本爲長往之謀，顧蠟屐未能，乘桴又未能，至於今日，悔之無及，待死而已。』有餽之食者，非其人終不受。或問以身後，曰：『楊王孫之葬，何必棺也。』又十年，蜃園但存二楹。雙耳失聰，〔校〕楊本作『聽』。又苦下墜，終日仰卧。客至，以粉版相問答。魏凝叔自江西來，造其廬，相對而泣，臨别以銀五錢贈之，五反不受。凝叔固以請，曰：『此非盜跖物也。』乃納之。〔嚴評〕魏凝叔五錢之銀，五反而後受，而蜃園之贖，出自戚友，何以受之，此不可解也。凝叔因屬曹侍郎倦圃糾同志，復爲繼粟之舉，且謀其身後。〔嚴注〕凝叔以此事託周青士，有書與之，今在集中，謝山豈未之見耶。徐昭法聞之曰：『李先生不食人食，聽其餓死可矣。』俄而使至，則言先生果堅拒不受。凝叔歎曰：『吾淺之乎爲丈夫也！』嗚呼！信夫凝叔之淺也，但知爲先生謀食，而不知爲先生謀施食之人。夫偻圃，新朝之貴人也，先生肯食其食，亦何待凝叔。故昭法之在吴中，能食之者，惟一退翁禪師，餘莫能也。昭法聞凝叔之舉，而卜先生之必不食，其可謂相知以心者矣。不數月，先生死。其時有鄭嬰垣者，亦乍浦人也，孤孑絶俗，與先生稱金〔校〕楊本無此字。石交，前數年凍死雪中，而先生亦竟以餓死。仲謀又言，先生能豫知死日，賦詩而逝，意以爲禪定之功也。予謂先生披緇而未嘗談空，蓋其静極而明，何必從蔥嶺得力乎？〔楊注〕仲謀傳，未嘗以豫知爲禪定之功，并不言潛夫曾爲僧。謝山辨之，不可解也。

先生生於萬曆十有九年〔楊注〕辛卯。九月二十八日，卒於康熙十有一年〔楊注〕壬子。二月初九日，其年八十有二。娶黄氏。葬於牛橋之西。其所著屢園集，自震死乏嗣，十不存一，惟續修乍浦九山志，世間尚有傳者。其銘曰：

餓死事小，失節事大！正叔之言，先生不媿。百年宰木，護兹遺蜕。

鷓鴣先生神道表

姚江黄忠端公有子五，其受業蕺山劉忠正公之門者三：伯子即梨洲先生，其仲〔校〕楊本作「次」。則所謂鷓鴣先生者也，叔子曰石田先生。梨洲學最巨，先生稍好奇，而石田尤狷，天下以「三黄子」

稱之。

鷓鴣先生諱宗炎，字晦木，一字立谿。崇禎中，以明經貢太學。其學術大略與伯子等，而孱岸幾有過之。己卯秋試不售，與叔子約，以閉關盡讀天下之書，而後出而問世。

『畫江』之役，先生兄弟盡帥家丁，荷殳前驅，婦女執爨以餉之，步迎監國於蒿壩。伯子西下海昌，先生留龕〔校〕楊本作『臨』。山以治輜重，所謂世忠營者也。事敗，先生狂走。尋入四明山之道岩，參馮侍郎京第軍事，奔走諸寨間。庚寅，侍郎軍殲，先生亦被縛。侍郎之嫂，先生妻母也，匿於其家，又跡得之，待死牢户中。伯子東至鄞，謀以計活之。故人馮道濟，尚書鄴仙子也，慨然獨任其責，高旦中等爲畫策，而方僧木欲挺身爲請之幕府。道濟曰：『姑徐之，定無死法。』及行刑之日，旁〔嚴校〕作『魄』。晚始出，潛載死囚隨之，既至法場，忽滅火，暗中有突出負先生去者，不知何許人也。及火至，以囚代之。冥行十里，始息肩，忽入一室，則萬户部履安白雲莊也。〔校〕楊本無此字。負之者，即户部子斯程也。鄞之諸遺民畢至，爲先生解縛，置酒慰驚魂。先生陶然而醉，隔岸聞絃管聲，棹小舟往聽之，尋自取而調之，曰：『廣陵散幸無恙哉！』未幾，侍郎故部復合，先生復與共事，慈湖寨主沈爾緒又寄帑焉。伯叔二子交阻之，不得。〔楊注〕所謂孱岸幾過伯子。丙申再遭名捕，伯子嘆曰：『死矣！』故人朱湛侯、諸雅六〔校〕楊本作『大雅』。救之而免。於是盡喪其資，提藥籠遊於海昌、石門之間以自給；不足則以古篆爲人鐫花乳印石；又不足則以李思訓、趙伯駒二家畫法，爲人作畫；又不足則爲人製硯。其賈值皆有定，世所傳賣藝文者，是也〔一〕。其詞多玩世，然壬寅高元發之難，浙東震動，先生所以營護之者不遺餘力，不以前事恷，蓋其好奇如此。〔楊注〕惟其奡岸，所以好奇也。以下敍其著書，并録論易諸篇，所謂學術大略與伯子等。

先生兄弟於象緯、律吕、軌革、壬遁之學，皆有密授。既自放，乃著憂患學易以存遺經，著六書會通以正小學。雅不喜先天、太極之説，其辨先天八卦方位曰：『邵子引天地定位一章，造爲先天八卦方位，謂天地定位者，乾南坤北也；山澤通氣者，艮西北兑東南也；雷風相薄者，震東北巽西南也；水火不相射者，離東坎西也。夫所謂定位者，即天尊地卑而乾坤定之義，何以見其爲南北也。山能灌澤成川，澤能蒸山作雲，是謂通氣，何以見其爲西北、東南也。雷宣陽，風盪陰，兩相逼薄而益盛，

〔一〕〔楊注〕吕晚村賣藝文略曰：東莊有貧友四：爲四明鷓鴣黄二、檇李麗山農黄復仲、桐鄉殳山朱聲始、明州鼓峯高旦中。鷓鴣貧十倍東莊，而又有一母、五子、二新婦、一妾。居剡中化安山，有屋三間，深一丈，闊才二十許步，牀竈、書籍、家人，屯伏其中；烈日霜雪，風雨流水，繞伏其外。絶火動及旬日，室中至不能啼號，鼓峯雖以醫佐之，不給也。而又有金石玩好之性，喜鑿印章，結構摹秦漢，間作南唐圖書記，或摹松雪朱文，筆法高雅可愛。至其精論六書，則斯邈俗吏，茫昧古法，殆不可與語。東莊謂賣此頗可飽腹，謀之鼓峯，云鷓鴣技不止此，若其可以玩世者，則又善李思訓、趙伯駒二家法，精致微妙。出是，亦可以得錢。

何以見其爲東北、西南也。水火燥濕違背，然又有和合之用，故曰不相射，何以見其爲東西也。蓋邵氏所謂乾南坤北者，實養生家之大旨。謂人身本具天地，但因水潤火炎，失其本體，是故損乾之中畫以爲離，塞坤之中畫以爲坎，乃後天也。今有取坎填離之法：浥坎水一畫之奇，歸離火一畫之偶，如所謂鍊精化氣、鍊氣化神者，益其所不足，而離復返爲乾；如所謂五色、五聲、五味，鑿竅喪魄者，損其所有餘，而坎復返爲坤；乃先天也。養生所重，專在水火，比之爲天地。既以南北置乾坤，不得不移坎離於東西，亦以日月之方在東西也。火中木、水中金之説，蓋取諸此。然而東南之兑，西北之艮，西南之巽，東北之震，直是無可差排，勉强位置。緣四卦者，在丹鼎爲備員，非要道也，奈何以此駕三聖人之易而上之乎？』其辨横圖曰：『八卦既立，因而重之，得三畫即成六畫，得八卦即成六十四卦。何曾有所謂四畫、五畫、十六卦、三十二卦者。四畫、五畫成何法象？十六卦、三十二卦，成何貞悔之體？何不以三乘三，以八加八，直捷且神速乎？焦氏之易，傳數不傳理，其分爲四千九十六卦，實統諸六十四卦。是一卦具六十四卦之占，非别有四千九十六卦之畫也。兩間氣化，自有盈縮，陰陽或互有多少。夫物之不齊，物之情也。造化之參差，義理之所由以立也。如邵子是一定之易也，非不可典要之易也。故曰邵子乃求爲焦、京而未逮者也。』其辨圓圖曰：『邵子以乾一、兑二、離三、震四爲已生之卦，數往，順天左旋。巽五、坎六、艮七、坤八爲未生之卦，知來，逆天右旋。鑿空立説，分卦背馳，數當以自一而下爲順，今反以四三二一爲順；以自八而上爲逆，今反以五六七八爲逆。』又曰：『易數由逆成，若逆知四時之謂。然則震、巽、〔校〕楊本作『離』。兑、乾無當於易，是冗員也。易道非專爲曆法而設，曆法亦本無取乎卦。氣至日閉關，偶舉象之一節耳。今必以六十四卦配入二十四氣，則亦須一氣得二卦有奇，而後適均也。乃自冬至之後，閲頤、屯、益、震至臨，凡十七卦，始得二陽，已是卯半，爲春分矣。又閲損、節、中孚至泰，凡八卦，始得三陽，已是巳初，爲立夏矣。從此閲大畜、需、小畜，而爲大壯之四陽，是巳半爲小滿矣。乃閲大有，即爲五陽之夬，是午初之芒種；即比連爲六陽之乾，是午半之夏至。六陰亦然，何其不均也。邵子蓋欲取長男代父、長女代母之義，以震、巽居中，震順天左行，自復至乾三十二卦，遇姤而息；巽逆天右行，自姤至坤三十二卦，遇復而息。夫兩間氣運循環，其來也非突然而來，即其去，而來已豫徵；其去也，非決然而去，即其來，而去已下伏。焉得分疆别界如此？』其辨方圖曰：『方圖之説曰：「天地定位，否泰反類。山澤通氣，咸損見意。雷風相薄，恒益起意。水火相射，既濟未濟。」蓋所謂十六事者，但取老長中少，陰陽正對，稍比諸圖可觀。然何不確守乾坤一再三索〔校〕楊本作『一索再索』。之序，而演之爲勝也。且以西北置乾，東南置坤，又與先天卦位故武不同，何也？』其辨皇極經世〔校〕楊本有『書』字。曰：『邵子所云「日月星辰，水火〔校〕楊本作『木』。土石，寒暑晝夜，風雨露雷，性情形體，草木飛走，耳目口鼻，聲色臭味，元會運世，歲月日辰，皇帝王霸，易、詩、書、春秋」，似校説卦爲詳，然不知愈詳而挂漏疏罔愈甚。』其辨太極圖説曰：『河上公作無極圖，魏伯陽得之以著參同者也。圖自下而上，其第一層曰「玄牝之門」，即太極圖之第五層也。其第二層曰「鍊精化氣，鍊氣化神」，即太極圖之第四層也。其第三層曰「五氣朝元」，即太極圖之第三層也。其第四層曰「取坎填離」，即太極圖之第二層也。〔其〕從楊本補。第五層曰「鍊神還虛，復歸無極」，即太極圖之第一層也。方士之秘，在逆而成丹，故自下而上。周子在順而成人，故自上而下。夫老莊以虛無爲宗，静篤爲用。今方士之術，又其旁門。周子之圖，窮其本而返之老莊，可謂拾瓦礫而得精蘊者矣，但遂以爲易之太極，則不可也。』自先天、太極之圖出，儒林疑之者亦多，然終以其出自大賢，不敢立異，即言之，嗛嗛莫敢盡也，至先生而悉排之，世雖未能深信，而亦莫能奪也。

先生酷嗜古玩，癸未遊於金陵，一日買漢唐銅印數百，市肆爲之一空，〔楊評〕好奇。亂後散失殆盡，猶餘端石紅雲研一〔二〕、宣銅乳罏一，其後又得黄玉笛一，然終以貧不守，歎曰：『奪我希世珍，天真扼我！』然入其室，陶尊瓦缶，皆有古色。已而窮益甚，守之益堅。嘗繙澹歸〔嚴注〕金堡。遍行堂集，笑

〔二〕〔楊注〕呂晚村友硯堂記略曰：紅雲硯，餘姚黄宗炎所贈也。石青紫而有紅文，若覆雲者，故名。晦木以黄金屈巵一、銀數兩得之。其製闊邊小槽。晦木(遭)亂後，物皆散盡，惟此硯廑存，出入必偕。其第三子百世尚未婚，晦木云：『吾將以此聘佳婦也。』已，見予嗜硯，即以畀予。而晦木子適爲予婿，晦木因作紅雲硯詩以贈。

曰：『甚矣，此老之耄也。不爲雪菴之徒，而甘自墮落於沿門託鉢之堂頭，又盡書之於集，以當供狀，以貽不朽之辱。』

門人有問學者，曰：『諸君但收拾聰明，歸之有用一路足矣。』嘗解易離之三曰：『人至日昃，任達之士，託情物外，則自謂有觀化之樂，故鼓缶而歌。不然，憂生嗟老，戚戚寡歡。不彼則此，人間惟此二種，皆凶道也。君子任重道遠，死而後已，衛武公之所以賢也。』生平作詩幾萬首，沉冤淒結，令人不能終卷。晚更頹唐，大似誠齋。性極僻，〔楊注〕惟其性僻，所以好奇而奡岸也。雖伯子時有不滿其意者。〔嚴注〕晦木與梨洲志行不同。梨洲晚年頗涉世事，晦木赤貧自守，梨洲絶不過問。晜弟之間，有難言者，此文謂不滿于伯子者是也。要之晦木雖僻，不愧明之遺民。竹垞詩綜録晦木而遺梨洲，去取之旨微矣。嘗曰：『束髮交賢豪長者不爲不多，下及屠狗之徒，亦或瀝心血相示。雖然，但有陸文虎、萬履安二人，爲知我〔校〕楊本作『已』。耳。』

先生雖好奇字，〔校〕楊本作『乎』。然其論小學，謂揚雄但知識奇字，不知識常字，不知常字乃奇字所自出。三致意於六書會通，乃歎其奇而不詭於法也。

生於萬曆四十四年〔楊注〕丙辰。某月日，卒於康熙二十五年某月日。前孺人徐氏，後孺人馮氏，子二，葬於化安山先兆旁。

先生憂患學易一書，其目曰：周易象詞十九卷，尋門餘論二卷，圖學辨惑一卷〔一〕，自故居被火不存；并六書會通及二晦、山栖諸集俱亡。從孫千人以予銘其大父梨洲先生之墓，爲〔校〕楊本作『而』。能盡其平生之志，請更表先生之墓。惟是遺書既不可見，而耆老凋喪，亦更無人能言其奇節，乃略具本末，而詳載其論易諸篇之幸而未泯者，以付千人，使勒之墓上。或曰先生晚年嘗作一石函，錮其所著述於中，懸之梁上，〔楊評〕石函之錮，亦先生之好奇也。謂其子曰：『有急，則埋之化安山丙舍。』身後果有索之者，其子遂埋之，而今其子亦卒，莫知所在，非火也。予因令千人禱於先生之靈以求之。嗚呼！先生好

〔一〕〔勞注〕憂患學易一書，今尚存。昔歲甲申，余年十三，借閱于同里尋則齋董氏。其象詞十九卷，本六書之義以言易。每卦每爻，取文之象形、會意、指事、轉注，詳繹而釋之。其言曰：『上古朴直，如人名、官名，俱取類于物象，若以鳥紀官，及夔龍、木虎、熊羆之屬是也。易者，取象于公，其色一時一變，一日十二時，改換十二色，即分析易也。自其倏忽變更，借爲移易、變易之用。易，易之爲文，象其一首四爻之形。周易卦次，俱一反一正，兩兩相對。每卦六爻，兩卦十二爻，如析易之。十二時，一爻象其一時。在本卦者，象日之六時；在往來之卦者，象夜之六時。』其持論皆如此，亦好奇之過也。尋門餘論二卷，雜記易義曰：『尋門者，以乾坤爲易之門，見得門而入之難也。』圖學辨惑一卷，即前先天八卦方位、圓圖、方圖諸辨。惜乎，尋則遺書，散如烟雲，無由再送一瓻，細讀一過。來歲甲子，去初閱時，已歷第四甲矣；余初生時，則歷第六甲也。日月不居，追想前期，恍焉如昨，令我興角丱突竟之嗟。癸亥仲冬二十二日爨夫記。

奇，其獨不能使遺書復出以慰予耶？其銘曰：

逃劍鋩以亡命兮，保黄箭之餘生。啖野葛幾一尺兮，猶能據臯比以鏗鏗。我過剡上兮，如聞黄玉笛之哀鳴。嗟石函其竟安往〔校〕楊本作「在」。兮？徒使人惆悵而屏營。

施石農先生墓志銘

石農先生姓施氏，諱相，字贊伯，杭之仁和湖墅人也。故明諸生，乙酉後，棄衣巾爲遺民。杭有幽勝之地曰河渚，四面皆水，所謂西谿者也。法華諸山臨之，古梅數萬本，夾峯相望，花時舟行其下，暗香疏影中，時聞欸乃。當宋時，爲洞霄宫輦道所經，顧未聞有名人居之。明嘉靖中甬上萬都督鹿園丙舍在焉〔楊注〕鹿園居士墓在月桂峯歐家山，見杭州府志。以故萬氏子孫多守墓於此。其後有鄒氏草堂，則鄒孝直〔楊注〕名質士，錢唐人，注名復社。避人處也，招集諸耆老觴詠其間，河渚之名始著〔一〕。孝直卒，草堂客

〔一〕〔楊注〕張遂辰孤山慵隱卷序云：「河渚草堂，鄒孝直之别業。」釋大善和西谿百詠序云：「泊庵在秋雪庵南，荻葦叢中，乃鄒孝直之莊，鄰有王之聲、孫元襄、李蟠玉、胡彦遠，鱗次蘆洲，構隱釣讀。」〔嚴注〕其時有方巨萬者，史閣部之部曲，居河渚。予於前輩詩集自注見之，惜未知其名。

散。先生游其地，樂之，築豳居，〔校〕楊本作『幽』，楊改作『豳』。自城北徙宅焉。徐先生狷石者，故先生之學侶，來依以同居，而萬先生公擇亦自甬上來。丙舍中，三人相得驩甚，于是谿上遂成講堂。公擇乃爲先生首賦豳居二十四絶，同志張止菴、秦開地輩俱和之，世所稱豳居唱和詩者也。公擇嘗曰：『石農雖謝人事，然其中耿耿者未下，傷曹檜之不振，望西都之〔□□〕〔復興〕，從嚴校補。思深哉，非田園之音也。』

先生論學，不傍門户，不標宗旨。公擇之學出於姚江，而狷石以應潛齋爲友，各有源流。然先生皆不相依泝，獨以所見，自成其是。狷石性孤梗，諤諤多所否，晚而於潛齋亦間有糾繩，顧獨推先生，故四十年相依如一日。先生有子雲蒸，亦賢，杜門養父。其事狷石如父，顧日益貧，先生乃拉狷石返其故居，父子迭出謀食，以養狷石。未幾狷石卒，先生父子適皆出，門人疑所殯。雲蒸之婦曰：『徐先生大故，焉有不於正寢者。』遂盡出簪珥以成禮。先生歸而喜曰：『不愧吾婦。』未幾先生亦卒，無以爲喪，故人或爲禾中守，或爲苕中令，各以百金來致襚。雲蒸再拜謝之曰：『是非吾先人意也。』使者感嘆良久而去。嗚呼！即先生之子若婦觀之，而平日之立身可概見矣。

先生之没已再世，予屬金觀察江聲求其遺書，既得之矣，觀察之家不戒于火，先生之集亦遭其厄，僅存遺詩一卷。年來豳居且三易主，萬氏丙舍僅餘一椽，并開地之暫栖閣，皆成陳迹。河渚木鐸消沈殆盡，予每過谿上，輒爲神傷者久之。吾友王瞿〔嚴注〕名曾祥。居湖墅，予令其訪先生之軼事，良久不得報。乃據所知爲文，令納先生之墓。瞿有事于杭之文獻，如先生者，豈可聽其脱落不傳乎？醇儒高士，任所位置，予文聊以充爾居之掌故焉。其銘曰：

匪風惻惻，下泉騷騷。志士夢周，亦復徒勞。花隖離離，柳泉滔滔，我歌一曲，以當大招。

祁六公子墓碣銘

順治二年，江南内附，貝勒遣將東渡，駐營蕭然山下，遣使以貂參聘遺老，凡六人：其一爲故大學士膠州高文忠公，時方寓山陰也，其一爲故左都御史劉忠正公，其一爲故右僉都御史巡撫蘇松祁忠敏公〔一〕，皆死節；其一爲故大理寺丞章公，求死不得，乃起兵，尋行遯去。而二人者竟降，亦卒不得用。於是别稱爲『四忠』。

祁六公子者，諱班孫，字奕喜，小字季郎，〔校〕楊本作『秀郎』。忠敏第二子也。其兄曰理孫，字奕

〔一〕〔楊注〕忠敏，名彪佳，字弘吉，號虎子。五世祖司員，御史，池州知府。曾祖清，陝西右布政使。伯祖汝東，兩淮鹽運使。父承㸁，（案當作㸁。下同。）江西右參議。

慶，以大功兄弟次其行，故世皆呼曰祁五、祁六兩公子。初，忠敏夫人商氏〔一〕嘗夢老衲入室，生公子。美姿容，白如瓠，而雙足重趼，頗惡劣，日堪行數百里，又時時喜跏趺。娶朱氏，故少師滇黔制府忠定公燮元女孫，都督後府都事兆宣女也。忠敏死未二旬，東江兵起，恩恤諸忠，而忠敏贈兵部尚書，理孫賜任。祁氏羣從之長曰鴻孫〔楊注〕名奕遠。者，故嘗與忠敏同講學於蕺山，至是將兵江上，思以申忠敏之志，而公子兄弟罄家餉之。事去，公子之婦翁戒之曰：『勿更從事於焦原矣。』不聽。

〔一〕〔楊注〕商夫人景蘭，字媚生，吏部尚書周祚女，會稽人。女弟景薇，字嗣音，著咏雛堂集，上虞徐咸清室。毛西河徐徵君墓誌：『仲商夫人』者，冢宰公周祚女也，與女兄蘇松巡撫祁公夫人俱能詩，世稱『伯仲商夫人』。徵君遘家難，落拓無生人趣，及與夫人行嘉會禮，乃就故居稽山門，闢寢前廣庭，構以藥欄，設長筵當中，發故所藏書散垛之，而對坐縱觀之。暇則抽牘各爲詩。如是有年。天台老尼從萬年來，遥望見夫人，合掌曰：『此妙色身如來也，蓮花化身，相好光明。』既而咄嗟曰：『善持之，幾見曼陀長人間耶？』於是徵君與夫人約：『吾當著一書，而子且從老尼請，發願寫妙法蓮華經三部，以延其年。』夫人然之。按陶元藻全浙詩話云：『媚生國色稱，有天台老尼過其室，大驚曰：「此妙色身如來也，不意在此處！」』則老尼云云，謂伯商夫人，非嗣音也，與西河之言異。

祁氏自夷度先生以來，藏書甲於大江以南〔一〕，其諸子尤豪，喜結客，講求食經，四方簪履望以爲膏粱之極選，不脛而集。及公子兄弟自任以故國之喬木，而屠沽市販之流亦兼收並蓄。家居山陰之梅墅，其園亭在寓山，柳車踵至，登其堂，複壁大隧，莫能詰也。慈谿布衣魏耕者，狂走四方，思得一當，以爲亳社之桑榆。公子兄弟則與之誓天稱莫逆。魏耕之談兵也有奇癖，非酒不甘，非妓不飲，禮法之士莫許也，公子兄弟獨以忠義故，曲奉之。時其至，則盛陳越酒，呼若耶谿娃以荐之。又發淡生堂壬遁劍術之書以示之，又偏約同里諸遺民如朱士稚、張宗道輩以疏附之。壬寅，或告變於浙之幕府，刊章四道捕魏耕，有首者曰：『苕上乃其婦家，而山陰之梅墅乃其死友所嘯聚。』大帥亟發兵，果得之，縛公子兄弟去。既讞，兄弟争承。祁氏之客謀曰：『二人并命，不更慘歟？』乃納賂而宥其兄。公子遣戍遼左。其後，理孫竟以痛弟鬱鬱而死，而祁氏爲之衰破。然君子則曰：『是固忠敏之子也。』

〔一〕〔楊注〕夷度先生名承㸁，字爾光，萬曆甲辰進士，仕至江西右參議，有澹生堂集，忠敏父也。夷度先生，又號曠翁。澹生堂藏書，册首首有小篆圖章，銘曰：『澹生堂中儲書籍，主人手校無朝夕。讀之欣然忘飲食，典衣市書恒不給。後人但念阿翁癖，子孫益之守弗失。曠翁銘。』祁氏寓山園亭榭之勝凡二十：曰水明廊，曰讀易居，曰呼虹幌，曰讓鷗池，曰踢香隄，曰浮影堂，曰聽止橋，曰沁月泉，曰谿山草閣，曰茶塢，曰冷雲居，曰友石榭，曰太古亭，曰小斜川，曰松徑，曰櫻桃林，曰選勝亭，曰虎角庵，曰袖海，曰鉼隱。

當是時，禁網尚疏，寧古塔將軍得賂，則弛約束。〔丁〕〔乙〕從楊改。巳〔楊注〕按乙巳，康熙四年也，卒于癸丑，康熙十二年也。丁巳則十六年也。公子脱身遯〔校〕楊本作『逃』，注一本作『遁』。歸，已而里社中漸物色之，乃祝髮於吴之堯峯。尋主毗陵馬鞍山寺，所稱咒林明大師者也〔一〕。薦紳先生皆相傳曰：『是何浮屠，但喜議論古今，不談佛法。每及先朝，則掩面哭。』然終莫有知之者。嘗偶於曲簟座上，摩其足而嘆曰：『使我困此間者，汝也。』癸丑〔楊注〕康熙十二年也。十一月十一日，忽沐浴，曳杖繞堂曰：『我將西歸。』入暮，跏趺垂眉久之，既又張目，久之始卒。發其篋，所著有東行風俗記、紫芝軒集，且得其遺教欲歸祔，乃知爲山陰祁公子，自關外來者。于是得歸葬。公子性終好奇，其東歸也，留一妾焉。及披緇時，亦累東游，東人或與之談禪，受其法，稱弟子。嘗曰：『寧古塔蘑姑足稱天下第一，吾妾所居籬下出者，又爲寧古塔第一，令人思之不置。』東人至今誦其風流。

〔一〕〔楊注〕咒林，名弘修。商盤越風曰：『咒林坐魏耕累戍塞外，時宜興陳璣玉衡亦以季父株連謫邊，兩人爲患難交。陳先歸，咒林送之曰：「君歸遇急，取我贈筆敲之，當得解。」既而陳病風腫，困甚，把筆敲之几上，管中露一藥線，香氣襲人，抹之，疾如掃矣。其異如此。後遇赦南旋，入靈隱山爲僧。化時，鼻端垂玉筯尺餘，老僕囊其骨歸葬寓園，妾死邊外，同日櫬至，人益異之。』又按紹興府志亦云『遇赦歸』，恐非事實，當以謝山之言爲是。

孺人朱氏者，工詩，其來歸也，與君姑商夫人、姒張氏、小姑湘君〔楊注〕名德茝。時相唱和。商夫人字冢婦曰楚纕，〔楊注〕名德蕙。字介婦曰趙璧，〔楊注〕名德容。以志閨門之盛。公子被難，孺人尚盛年，朱氏哀其煢獨，以姪從之，遂撫爲女，孤燈緇帳，歷數十年未嘗一出廳屏也。其所撫之女，後歸杭之趙氏，是爲吾友谷林徵士之母〔一〕。谷林兄弟聚書之精，其淵源頗得之外家。谷林之子一清，每爲予言，公子大節，有光於忠敏矣，而駱丞行遯之蹤，世多未諗，請爲文以表之，聊據所聞志之，使勒之

〔一〕〔楊注〕按静志居詩話：『祁、商作配，鄉里有金童玉女之目，伉儷相重，未嘗有妾媵也。公懷沙日，夫人僅四十有二，教其二子理孫、班孫，三女德瑂、德瓊、德茝及子婦張德蕙、張德蓉，葡萄之樹，芍藥之花，題咏幾徧。經梅市者，望若十二瑶臺。』馬按：德蕙，總憲諭德元忭之女孫也。伯商夫人以國色稱，祁公亦美丰儀。理孫、班孫悉娟秀白皙。越中閨閫工詩者，又莫盛于祁氏。故時謂祁氏有『男盡佳人，女皆才子』之語。德瑂嫁姜廷梧，德瓊嫁王鰐林，德茝嫁沈子合，三婿皆能文，而廷梧爲知名士；三女皆能詩，而德茝爲尤勝。又仲商夫人女徐昭華，著花間集，毛西河女弟子也。其親表亦有才如此，可謂盛矣。昭華，諸暨駱加采室。湖海樓婦女集云『越郡詩選凡例曰：「閨秀則梅市一門，甲于海内。忠敏擅太傅之譽，夫人孕京陵之德。閨中顧婦，博學昌才；庭下謝家，尋章摘句。楚纕、趙璧，援婦誡以著書；卞客、湘君，樂諸兄之同硯。其他巨室名姝，香奩繡帙，薰陶徐鄭，詠覽頗多；玉映、静因，流傳最久。編題姓氏，約十二家，閨閣風流，莫此爲甚。」識者以爲實録云。』山陰徐緘詩曰：『箕子國中許小妹，錦官城内黄夫人，風流曠代不相接，筆陣一門驚有神。』今觀諸祁才藻，以方許黄，似猶過之。

墓前。嗚呼！自公子兄弟死，淡生堂書星散，豈特梅墅一門之衰，抑亦江東文獻大厄運也。其銘曰：

嗚呼！是爲鄧林之石，不磨不泐。杜鵑過之，有味焉食。我歌大招，旌兹幽宅。

鮚埼亭集卷第十四

〔楊注〕此卷墓表二，此詞一，墓石表一，墓志銘一，墓石志一，墓石碑一，計七首。陸、朱、高、李、楊、錢六先生，皆鄞之遺民，故合爲一卷。退翁則方外之遺民，無可附，姑殿于卷末。

碑銘九

中條陸先生墓表

〔校〕楊本列忍辱道人此詞後。

有明中葉以後，上國風雅之枋，遞有所屬，而吾鄉輒與之桴鼓相應。嘉隆之交，張尚書東沙〔楊注〕名時徹。其最也。神廟時則屠儀部長卿。天崇而後，王涪州右仲、〔楊注〕名嗣奭〔一〕。楊尚寶齊莊、〔楊注〕

〔一〕〔楊注〕王嗣奭，萬曆二十八年舉于鄉，教授黄巖、宣平，知宿遷縣，左遷達州經歷，擢知永福縣，遷知涪州，與監司忤，罷歸。執贄劉宗周之門，曰：『吾以罪失官，反以罪得學，可謂失魚而得熊也。』年八十三卒。少時〔工詩〕，爲余寅所賞，〔以爲〕酷似杜老。嘗夢見少陵，與握手論句法。及官涪州，以事至錦官城，過浣花草堂，見遺像，宛如夢中。

名德周〔一〕。陸舍人敬身並長騷壇。王楊遭〔校〕楊本作『當』。革命之厄，〔校〕楊本作『時』。齒髮已高，旋下世，而舍人又以身任風雅之寄者二十年。顧但以風雅目〔校〕楊本作『屬』。舍人，則尚爲知其粗者，而百年以來，幽光未啟，雖鄰比通家如予，亦至今始知之。故國有貞臣，乃斸置之詩人之列，苟不亟爲表章，豈非里社後死者之過乎？

先生諱寶，字敬身，一字青霞，學者稱爲中條先生，鄞之白檀里人也。陸氏爲甬上四姓之一，其家在細湖之西畔，門施棨戟者相望，鄞人各以其房別之：曰『尚書房』，曰『副使房』，曰『都御史房』，曰『布政房』，曰『榜眼房』，曰『翰林房』，曰『大廷尉房』，曰『給諫房』〔二〕，則以先生尊人大參之官著。而〔校〕楊

〔一〕〔楊注〕楊德周，字南仲，守阯曾孫。萬曆四十年舉於鄉，官金華教授，擢古田令，遷知高唐州，致仕。魯王監國，以尚寶卿召，不赴。德周工詩，晚與王嗣奭、葛世振爲『汐社三老』。王有杜臆及密娛齋集。楊有杜詩解及淞庵、光溪、六鶴堂三集，又有玉田吟卷。

〔二〕〔楊注〕『尚書房』，瑜也。瑜字廷玉，宣德八年進士，官刑部尚書，謚康僖。『副使房』，偁也。偁字君美，弘治六年進士，官福建按察副使，瑜之從孫。『都御史房』，鈳也。鈳字容之，正德九年進士，官巡撫保定都御史。『布政房』，銓也。銓字選之，嘉靖二年進士，官廣東右布政使。『榜眼房』，釴也。釴字舉之，正德十六年進士，一甲第二人，官山東提學副使。鈳、釴皆偁之子。『翰林房』，泰也。泰字□□，嘉靖三十二年進士。『大廷尉房』，世科也。世科字從先，萬曆三十五年進士，官南京大理寺卿，卒贈右都御史。『給諫房』，懋龍也。懋龍字珍所，萬曆八年進士，兵科給事中，出爲湖廣參政。

本無此字。先生所居有雙桂，皆藤本，先生使工人環而結之，其狀如井絡，故鄞人別稱曰桂井陸氏。先生貴公子，其田園宅里，甲于甬上，乃少即喜爲詩。屠儀部與沈尚寶雲將〔一〕爲社集，引爲小友。先生本從王涪州受詩法，而驟出與之齊名，當時稱爲『王陸』。先生退避，乃與楊尚寶並稱『楊陸』。以太學高等授舍人，典誥敕。其時京洛詩人葛震甫、〔楊注〕名一龍。汪遺民、〔楊注〕名逸。林茂之〔楊注〕名古度。唱和無虚日。

先生雅志在用世，己巳以邊事請纓自效，思宗下詔褒答。劉侍郎之綸出師，先生戒以莫浪戰，侍郎然其言，卒不能用而衄。已而以母老乞養，不復出。時楊尚寶亦家居，乃糾合里中詩人李封若、〔楊注〕名桐。周農半〔二〕共爲甬東〔校〕楊本作『上』。詩括一書，三百年之風雅，始有所萃。其後杲堂本之以爲甬上耆舊集，盛行於時，而詩括遂爲所蓋，〔嚴校〕作『掩』。然非詩括爲之綜羅於前，杲堂亦無〔校〕楊本作『何』，注一本作『無』。從得藍本也。有別業：一在仲夏，一在夏禹王廟〔三〕前，北里南館，絶不以家事關懷。會國難作，傾

〔一〕〔楊注〕『沈泰鴻，字雲將，一貫子，以蔭仕尚寶司丞。能詩，工書法。家居與屠隆、汪禮約及湖南詩僧相唱酬，有閒止樓集。

〔二〕〔楊注〕浙江通志：甬東詩括十三卷，崇禎戊寅，郡人楊德、周隆賓、陳朝輔。李桐同輯。續甬上耆舊傳與通志同，皆無周農半。

〔三〕〔楊注〕案鄞縣志：夏禹王廟，縣西南十里。嘉靖郡志譌謝女王廟。國朝康熙二十六年，知府李煦據聞性道呈，改正。

家輸餉，諸督師皆援之入朝，不赴。事去，遁入仲夏。而城居爲〔□〕〔北〕從嚴校補。來大將軍所據，馬湩羊酪，雜遝其間，〔校〕楊本作『門』。先生匿景不還者五年，幸大將軍去，得歸。及行鄉飲〔校〕楊本下有『酒』字。禮，當事欲延之賓筵，力辭不應。年逾八秩，詩逾萬首，封羊祭三百篇以來之詩人，盡集同社詩人，餕餘曰：『吾不媿放翁之後矣。』次年卒。先生之才名，頗以素封掩，即以其詩，已鮮有知其根柢者，顧就令知之，亦不過以其詩，而先生之志節又以詩掩蓋。先生之初集曰霜鏡，次集曰辟塵，三集曰悟香，其餘别種，獨爲小集，尚數十種，唯霜鏡盛行於時，辟塵亦稍不著，而悟香則雖開雕，而未嘗以示世。予觀霜鏡之詩，出入中唐，然尚未盡免竟陵習氣，非其至者。辟塵則詩已進步，放筆直陳，所言皆有關係。至於悟香乃當改步之後，國事君讐，惓惓魂夢，鄧林心事，頌言不諱，故緘固深藏，世皆莫得一見。近者，先生後人喪失其家，青氈故物，遂無一草一木之得保，於是棗梨之屬皆出，而予始得見之，乃與老友陳南皋爲之流涕而讀，讀已長慟久〔楊校〕别本無以上五字。之。嗚呼！是亦眢井之藏也矣〔校〕楊本作『已』。

先生藏書最富，多善本，吾鄉之以藏書名者，天一閣范氏，次之四香居陳氏，又其次則先生南軒之書也。三十年來亦四散，予從飄零之後摭拾之，尚得其宋槧開慶、寶慶四明二志〔校〕嚴校『寶慶』在『開慶』上，是。及草廬春秋纂言，〔嚴評〕外集春秋纂言跋則又言抄自陳同亮家；與萬九沙書則又言得自書賈。此公喜隨口説如此。皆世間所絶無〔校〕楊本下有『者』字。也。

嗚呼！先生之志節至今日而始白，然而論先生者，〔楊校〕刊本亦有『者』字，非。不當但以其詩，而先生之〔校〕楊本無上四字。所以至今日而得白者，亦終賴其詩。司空表聖雖忠，不讀一鳴集無以知也；韓致光〔校〕楊本作『堯』。雖忠，不讀翰林集無以知也。斯則立言之功，所以在三不朽之一也。先生墓在夏禹王廟前，游人皆呼爲『陸紫薇墳』，今且華表、翁仲俱不可問，不特丙舍之荒也。予乃即其墓上梅園一片石，勒志文焉，庶幾有見而愍然者，因爲呵護而省視之乎？是則所深望於有心者也。

忍辱道人壙詞

道人姓朱氏，諱金芝，字漢生，亂後別署〔忍辱〕道人，從楊本補。浙之寧波府鄞縣人也。朱氏以好古世其家，城南所稱五岳軒書畫庫者，鼎彝金石，無所不備〔一〕。而道人更喜講學，漳浦黄公授徒大滌洞天，道人從之游。漳浦之學，兼綜名理、象數諸家，其所謂三易洞璣者尤邃。故道人於學極博，而亦以易爲專門，復社諸公争引重之。至其揮灑翰墨，則先世所傳之餘技也。

〔一〕〖楊注〗甬上耆舊傳：朱勳，字定國，少謁太倉王世貞，即留館中，使其子師事之。萬曆二十五年舉人，授靖江令，遷同知松江，罷歸。性嗜古，所居五岳軒，購先代彝器、名蹟充其中。博古家所載某物在四明朱氏，即五岳軒也。漢生，勳從孫。

甲申，道人方在北都，遭逢大難，削髮南遯，流滯陪都，又遇兵禍。『截江』之役，道人以隔絕不得豫，遂往來英霍諸山寨，及太湖軍中，蓋幾死者數矣。時故鄉諸公，力爲海上扶殘疆，道人不知也。董推官若思者，其親家，道人以書邀之，令遊吴楚間，以觀事會。而推官答以海上之局，勸道人歸赴同仇。道人始返里門，甫至，而推官死於告變之手。道人不爲怵，好事益甚。未幾亦牽連被捕，亡命深山。久之，喟然襆被長往，有叩以所之者，則曰：『吾將排閶闔，故先訪三閭。』自是蹤跡遂絕，其兄弟求之，消息杳然；或曰道人直抵辰沅，客中湘王幕，中湘殉節，不知所終。或云曾入滇中，崎嶇扈從，卒死王事。或云投鄖陽山中爲道士。究之，不可得而詳也。嗚呼！漳浦門下死事，〔校〕楊本作『節』。如劉太僕振之、姚太僕奇允、華職方夏、王評事家勤，皆吾浙産；其從死于南中：趙職方士超、賴中書惟謹、蔡秀才春溶，則皆閩産；毛通判玉潔、吴訓導士繡，則皆楚産。其困守遺民之節以死：如彭觀察士望、涂上舍仲吉，亦皆楚産；葉侍郎廷秀則閩産；董户部守諭、何秀才瑞圖、吕秀才叔倫，則皆浙産；尚有爲聞見之所未備者。道人之耿耿不下，其亦如謝皋父〔校〕楊本作『羽』。所云『死無所藉手以見信公』，而爲此恝絕之行乎？死于兵耶？死於餓耶？死於緇黄耶？要之不媿于師門，其仁一也。

道人所著，有竹谿小記、賑荒議、湘帆集、練川倡和集、登樓集、汝南懷古集、玉笙篇、彈鋏篇、許可篇、素心艸、〔嚴校〕『素』作『蕙』。瀫谿留别草、八音艸。其有關於大節者：曰慟餘吟，則北中所作也；曰聞變詩，〔楊校〕别本『變』下空二字。則紀乙酉、丙戌事也；曰哭馮詩，則輓簟谿侍郎作也。餘尚有擣衣、落葉、聞砧等詩箋，共〔校〕楊本無此字。二十餘種，多佚不傳。

道人無子，孺人某氏以窮死。其從弟曰廷試，曰釴，皆有高節〔一〕，爲道人葬衣巾，而以孺人祔之。今五嶽軒已衰圮，圖書散蕩，〔嚴校〕作『落』。朱氏子孫無能言道人之大節者。嗚呼！茫茫桑海，季漢月表之不作，志士之埋〔嚴校〕作『湮』。没，蓋亦多矣。予以其族孫德言之請，爲之志。其大招之詞曰：

天南迢迢，渺孤魂些；滇王、竹侯，零落無存些。汨羅於邑，空吐吞些，衹餘江蘺，猶映芳孫些。杜鵑哀鳴，促羈人些，瘴雲如墨，莫判朝昏〔校〕楊本作『皆』，楊改『昏』。些。故鄉之樂，曷云可懷些；湖山湛湛，浄塵霾些。墓堂〔校〕楊本作『暮雲』。潔治，雙闕崔嵬些；宰木紛〔校〕楊本作『從』，楊改『紛』。披，具百材些。〔楊校〕以上六句，別本無。域中萊婦，目斷夜臺些；我詞酹君，倘歸來些。

明故兵部員外郎蘗菴高公墓石表

高公諱宇泰，初字元發，改字虞尊，別字隱學，晚年自署宮山，已而又署蘗菴，浙之寧波府鄞縣人

〔一〕〔楊注〕朱廷試，有章谿集。朱釴，字仲爽，勳孫，休寧知縣陛子，以結客傾其家，有柳堂詩存六卷，與徐鳳垣、林時躍善。

也。陝西巡撫兼制川北副都御史斗樞之子，光禄寺署丞翻之孫，廣東肇慶知府萃之曾孫，而宋儒萬竹先生元之之後。都御史以孤軍守鄖陽，三禦闖賊，語在姚江黄公所作志銘。〔校〕楊本作『墓志』。

公爲都御史長子，負才名，性地尤忠醇。乙酉六月之役，〔校〕楊本作『後』。都御史尚在軍，而公輔錢忠介公起兵于鄞，監國手諭獎之，以爲不媿江東喬木，版授兵部郎，綰武選。尋以奉使過里門，而江上陷。其時都御史入陝，陝已内附，還鄖，鄖亦内附，旁皇無之，念光禄公尚在家，間道來歸。而海上諸公方思揮魯陽之戈，以挽落日，勾餘遺老，呼吸響應，公父子輒豫之。丙戌之冬，蠟書自海至，諜者得之，公首被捕。戊子之夏，華王事洩，再隨都御史囚繫。辛卯，幾復株累，劚得脱。壬寅之逮，尤爲震撼，雖幸得保，而家已破。都御史諸弟斗權字辰四、後改允權。〔校〕楊本此注爲本文。斗魁字旦中，皆遺民之苦節者，時人并公稱爲『四高』。

公雖累遭困折，其于故國之感不少衰，嘗自序曰：『在昔辛壬之歲，里中諸名士，大會于南湖，華王其執牛耳者，而予亦以卧子先生所許，濫竽其間。國難以來，華王得追隨范倪諸老遊於虞淵，而予覥顔視息，雖鍵户屏絶人事，以期不負此初盟，然以視亡友則可恥也。志趣不齊，菀枯隨之，向之同社，半已出山，攘攘如也。咸淳面目，守之亦希，不可悼哉！』於是爲梓鄉耆會，其豫選者甚嚴，王水功〔嚴注〕名壬書。林荔堂〔嚴注〕名時躍。徐霜皋〔嚴注〕名鳳垣。之徒，僅九人焉。嘗曰：『謝皋羽非易及矣，然而月泉之集，何其會之濫也，得無有妄豫其中者乎？惜不起而問之。』〔校〕楊本自『嘗曰』至此作『晚年愈困，故人有通顯者，將往訪之。或曰：「此非周粟耶？」公瞿然謝之，竟不復往。公之在獄也，或授以琴法，始以琴自遣』。此下至『竟不往謁』，楊本無。壬寅之在囚也，終日鼓琴。有仁和令者，亦解人也，以慮囚入，聞琴聲而異之，及見其壁上所題詩，皆危言，嘆曰：『先生休矣！』顧左右曰：『爲我具酒餚來。』既至，拉公飲風波亭上。公固辭，令曰：『無傷也。』是日遂劇飲至漏下，相與賦詩而别。是後，隔一日必至。及公事解，遣人謝之，竟不往謁。

所著有雪交亭集。雪交亭者，張公肯堂翁洲所寓，樹一梅、一梨，東西相接，公愛之，取以名其集。蓋自甲申十九人以後，分年爲死節諸公立傳，而附詩文於末。有敬止録，〔馮注〕今所傳敬止録四十卷，爲徐時棟重編本，稿藏倪椿如家。高氏原書凡百卷。則甬上舊聞也，考證最博，如黄公林之譌黄姑林，大禹廟之譌謝女廟，其後聞性道所改正者，皆本之。公〔校〕楊本無此字。有肘柳集，乃所作詩文諸種。公生於某年某月某日，〔校〕楊本下有『卒於某年某月某日』。宜人某氏，葬於某鄉某原，子某，孫某。其雪交集手稿，予從陸披雲先生書庫得之，而肘柳集亦尚存於家，獨敬止録殘斷不復傳。公之太夫人黄氏，先侍郎外女孫也，故高氏於予家爲重表，而先贈公兄弟以遺民尤相睦。公之卒也，墓上之文未備，至是予始爲之銘，其詞曰：

墓樹垂垂枝指南，朱鳥集之聲喃喃，有書早已出枯函，有銘聊以昭幽潛。

李駕部墓志銘〔校〕手稿本作『故駕部礐樵李先生墓表』。〔楊注〕戊午，年三十四。

李駕部文纘，字昭武，一字夢公，鄞人也，學者稱爲礐樵先生。少以詩古文詞受知尊宿。天啟丁卯，年二十一，爲叔氏封若先生作寒香閣賦，楊高唐南仲見而驚曰：『軼齊梁而上矣！』兼工書畫，時稱三絶。以上七十六字，手稿作『吾鄉李氏稱右姓，國難後多以世臣子弟自持風格。其著者曰：耕石先生文純、礐樵先生文纘、杲堂先生文胤，時人稱爲「三李」。而礐樵先生節尤奇。先生少負清才，工爲詩古文詞，兼精書畫稱三絶。會南都亡』。

錢忠介公起兵，諸生〔校〕稿本作諸李。最〔校〕稿本作『首』。先從〔校〕稿本作『赴』。之者，先生也。授駕部郎，疏附奔走其間。〔校〕稿本無以上十字，作『而族弟文燿繼之。忠介疏上其功，江上以駕部用，奔走疏附其間』。已而事去，其中〔校〕稿本作『心』。之悒悒，〔校〕稿本作『耿耿』。卒不可化。〔校〕稿本作『下』。丁亥夏，由天台故道入翁洲，因謀從王於閩。翁洲諸公方倚先生以中土之事，勸其歸，於是連染『五君子』之難。〔楊注〕五君子爲華夏、王家勤、楊文琦、屠獻宸、董德欽是也。方難之初發，所獲帛書中人〔校〕稿本下有『皆』字。自分必死，降臣夫已氏〔校〕稿本作謝三賓。亦思一網盡之，〔校〕稿本作『亦請盡殺之』。賴華公過宜〔校〕稿本作『賴檢討華公夏』。獨承其事。而里中義士亦營救，大行金帛，〔校〕以上十二字：稿本作『請勿濫及無辜』。故『五君子』

外，多得免者。然諸公廷訊，不能不爲遜詞以求免，〔校〕稿本無『然』字至此，作『他人當廷訊日稍不能遜詞以求脱』。而先生獨强項，斬斬不撓。華公嘆曰：『君故文弱諸生耳，不意骨力若〔校〕稿本無『若』字，作『乃如』。此。』先生在囚中日，與同難楊公圓石〔校〕稿本作『圓石楊公文瓚』。分〔校〕稿本下有『韻』字。賦雁字詩，一月之中，遂成卷帙。未幾，司獄者盡取諸囚分繫他所，〔校〕上六字，稿本作『他人，改囚别所』。而獨留華公，相傳以爲大吏將獨殺華公而釋其餘。先生獨〔校〕稿本無此字。自請留伴之，司獄者大駭，乃怵之曰：『汝不畏死耶？』先生笑曰：『白首同歸，吾亦何恨。』適評事倪公端木〔校〕稿本作『端卿』。亦以蓄髮被首下獄，三人共一狴户，相與歌傳奇中『木公〔校〕稿本作『木王』。不肯屈魔鬼』錦纏道諸闋，〔校〕稿本無上二字。以爲笑樂，聞者益〔校〕稿本作『皆』。驚，遂伴華公過冬。明年再訊，先生再被拷，〔校〕稿本無上三字。終不屈，而〔校〕稿本下有『卒以』二字。華公力辨之，乃放歸。〔校〕稿本無上三字，作『而免』二字。先生嘆曰：『過宜生我，過宜之義，我之慙也。雖然我不求生，過宜自成其義耳。嗚呼！過宜何曾死，我虚生矣。』〔校〕稿本下有『過宜，華公字也』六字。已而楊公圓石亦死，先生以其子騮娶其女，〔校〕以上七字，稿本作『取其長女以配己子』。因撫之，追踐囚中之諾也。

己亥，蒼水長江之役，間道歸至天台，先生遇之途中，時關津戒嚴，以死士衛之，得復入林門。亂定，遨遊四方以老，皆倣謝翱爲游録。臨終，其子問遺言，命取紙筆，則題曰：『衆人皆醒，〔嚴校〕作『清』。

非夫也！』瞋〔校〕楊本作『瞑』。目而卒。

先生學極博，生平露抄雪纂，手録〔校〕以上『己亥』至『手録』八十八字，稿本作『先生諱文瓚，字昭武，世爲浙之鄞人，曾祖某，祖某，父某。娶某氏，子某。晚年喜抄書』。至三千餘卷，〔校〕以下至『言其』八十二字稿本無。上自星緯、律曆、方輿、禮樂、名物，以至詩話、叢談，無〔校〕楊本下有『一』字。不具，依稀宋儒王厚齋之風。及成公寶慈〔嚴注〕諱勇。以戍來鄞，先生從之講學，益深造自得，又私淑高忠憲公之學。〔校〕楊本上有『因』字。難後入秦，尤與李中孚相契。晚年尚作小楷。薈萃諸儒言，其所著：於三禮則有注疏、詮集，於易則有舌存，〔校〕稿本無上六字。於春秋則有魯書，皆不肯苟同宋人之學。其詩古文詞，曰殖閣草，曰跪石吟，〔校〕稿本無上四字。曰賜隱樓集。其〔校〕稿本下有『説部則』三字，無以下至『閑課』十四字。緝香諸編：有三峻聽雪，有石臼閑課，有鹿谿新語，有井中録〔校〕稿本無上四字。今皆散佚少傳者，惟鹿谿新語存。

先生之墓在城東，其曾孫某乞〔校〕楊本上有『予』字。銘，乃爲之詞曰：〔校〕自『存』字至此十九字。稿本無，作『三卷，予家藏之，又摭拾其殘詩一卷。先大父贈公與先生厚，故予家所有先生書畫最多。先贈公嘗欲表先生之奇節而不果，今先生之子孫微矣，予紹先志而銘之。至其戊子同謀之詳，已見予所作五君子狀中，不複出。而與先生同起之文爟，亦授評事，其後行遁終身，有夏司集。其銘曰』。

是爲『五君子』之孑遺，忼慨對簿而無咿哷，天網恢恢，以護周之餘黎。

天多老人墓石志

〔校〕楊本此下爲南岳和尚退翁第二碑。〔楊注〕刊本列第十六卷末，非。

天多老人姓楊氏，諱秉紘，字祁牧，浙之〔校〕楊本作『江』。寧波府鄞縣人，太僕卿益美曾孫也。明楊氏自文懿、康簡公以來，宅望爲鄞第一。〔嚴注〕文懿名守陳，碧川名守阯，康簡名守隨。老人於推官瑶仲兄弟爲父行，國難時，共從戎江上〔校〕以上八字，别本作『國難後』，楊按别本是。老人見事不可爲，不受官。及推官兄弟、娣姒六人仗節死，而老人以遺民力扶『汐社』，爲楊氏宗老。

老人最多學，讀書不徇古人成見，尤精考索。里中後輩，遥望見老人曳杖來，輒雜還迎之，聽其談故國事，滔滔汩汩，以爲異聞。先公嘗述老人言：『初年，聞項仲昭誤抹艾千子文不自愧，反陷之停科；又抑陳大士而進李青，妄以爲楊維斗。及行賂於嘉定伯，再入闈，求雪恥，而所得又爲陳名夏，輒思唾其面。及項亡命至慈水，匿馮氏園，慈人捽其髮投諸水，復提而問之曰：「降賊者，汝耶？」如是者三而死，是生平一快事。』又言：『閻古古勸史道鄰清君側。然觀其所言兵事，尚不足望辛幼安項背，即用之，亦未必能扶危疆。特其壯志則百死不折。』當是時，老人雒誦古古劄子，如河注海。又言：『近聞澹歸〔嚴注〕金堡。晚節稍委蛇，諸公可爲我審之，如其果耶，則其人可絶；如其不然，莫妄言。』蓋先公所聞於老人者極多，晚年所記祇此，然皆榷史之助也。

老人自丙戌以後，頹然自放，所著書甚多，其浙江水利考，尤關於實用。顧早喪其子文麟，有孫如童烏，年十四而殤，忽忽不自得。踰八十，更〔校〕楊本作『又』。遭大火，其書盡焚，偕其老妻匍匐烈燄中厲免，嘆曰：『我已無國無家，今又無書，是天多我也。』因自號天多老人。然神明尚不衰，常言苟得容膝之地，衣食粗足自贍，平生著述尚可一一記出。適有延之課子者，老人以爲如願，欣然而往。既適館，設崇筵于絳帳，含杯未飲而卒。嗚呼！老人之窮如此，遂無片詞〔校〕楊本作『紙』。隻字存於人間。然則鄭所南之沈井，其亦有見於此而豫裁之耶？謝臯羽之殉葬，幸免生前，而終憂其不保耶？是則大造之酷，有不可解者。生於某年某月某日，卒於某年某月某日。娶某氏，葬於某鄉某原。今楊氏宗支，衰落甚矣。予爲老人作志，蓋先公之意也。其銘曰：

世所希，天所多。書可爇，銘不磨。

錢東廬徵君墓表

鄭高州寒村之歿也，謂其子云：『吾有不了事二：其一則姚江黄先生墓文，其一則老友東廬錢丈墓文也。』歲在丙辰，予爲黄先生纂神道碑，東廬先生仲子際盛見而喜曰：『是足以畢高州之一憾矣。惟吾先子之志，子其并爲高州畢之。』予曰：『諾。』會連遭先人之變，不及爲，而際盛卒，然其病中尚惓惓以此爲屬。既除喪，先生伯子中盛又以其亡弟之言來速，予曷敢辭。

先生諱廉，字稚廉，别號東廬，〔楊注〕錢氏畫像云更名肅鎰，一字彭武。浙之寧波府鄞縣人也，明山東提學副使啓忠之子。副使以講學名於世，世所稱清谿先生者也。先生少孤，副使之卒，方三歲；其丁國難，方四歲。當是時，先生之從兄太保忠介公舉義，已而航海，家被籍。太恭人挈先生避兵武林，依外家，遂從外家之姓爲高氏，事定始復姓。長而勵志讀書，以名節自任，不屑爲里巷曲謹之儒。副使之講學，在明儒中，爲蔡雲怡。黄海岸、朱震青一派，頗參以宗門之旨。及姚江黄先生講學於鄞，則申明蕺山之傳，錢氏子弟多從之游。而先生才氣横溢，思爲王霸有用之學，以見於世，故自象數、兵法、地險無不推究，遥接同甫、稼軒一輩，其於家學固爲轉手，其於黄門亦爲别派也。

聊城師相傅公〔嚴注〕以漸。嘗欲薦爲中書舍人，不就。耿藩之亂，和碩康親王提軍至浙，鄴園李公爲制府，鄴園固出副使門下，延先生問策。先生授以秘傳火攻之法，皆按壬遁支干行之，師遂有功。王命敘先生從征功，授官，先生以母老固辭不赴。鄴園亦欲薦之，先生中夜遁去。

先生豁達伉爽，篤於友朋之誼，故鄭高州寒村曰：『管夷吾稱鮑叔推財，以我爲〔校〕楊本作『爲我』。貧，吾於東廬見之。』性介特，姚江黄先生之卒，先生素車往弔，徑哭其墓，不見喪主而返。雅稱契家子萬承勳之才，其後忽有不可，斥之甚至，而承勳感先生之意愈〔校〕楊本作『益』。厚。有姊適杭許觀察文岐爲子婦，觀察死難，姊寡居無子，先生迎養之終身。副使有妾葉氏，隨任江西，後爲尼，先生歸骨祔葬之。蓋自明萬曆以後，東皋錢氏一門，奇節偉行，靡所不有。而先生當喪亂之後，克溯流風，獨殿一軍。顧惜其以有用之才，不肯出而施之，而隱約於東廬以老。

先生生於明崇禎庚辰六月十二日，卒於康熙戊寅五月初八日。娶陳氏，副使紹英之女；繼翁氏，知縣叔朗之女；繼陳氏，經師同亮先生妹也。葬於太白山之吴公嶴。子三：中盛、際盛、德盛，皆能承其家風。際盛先卒。〔嚴注〕際盛死於父後，何云先卒？女二：一適萬編修經，一適黄户部廷銘。孫男十，孫女四。所著東廬集若干卷，又輯錢氏詩文在兹集若干卷，蓋紀善以來之文獻也。予文於高州無能爲役，顧以通家子弟之誼，頗悉先生之學術風節，是爲表。

南嶽和尚退翁第二碑〔嚴注〕必有第一而後有第二，文中並不申明，何也。

南嶽和上退翁者，名洪儲，字繼起，揚之興化縣人也，其姓李氏。早歲出家，師事三峰爲高弟，其後十坐道場，而蘇之靈巖最久。

退翁父嘉兆，志士也，甲申之變，貽書其子曰：『吾始祖咎繇爲理官，子孫因氏理，其後以音同亦氏李。今先皇帝死社稷，而賊乃李氏，吾忍與賊同姓乎？吾子孫尚〔校〕楊本作『當』。復姓理氏。』先是中州李嵒和寒石恥與賊同姓，上書請改理氏，嘉兆未之知也，而適與之合，天下傳爲『二理』。退翁雖出家，然感其父之大節，時時思所以繼之。丙戌以後，東南之士，濡首没頂於焦原，相尋無已，而吴中爲最衝，退翁皆相結納，從之者如市。

退翁才厚重不洩，其爲人排大難最多，世不盡知也。辛卯，竟被連染，諸義士争救之，久而得脱，好事如故。或以前事戒之，則曰：『吾苟自反無愧，即有意外風波，久當自定。』又曰：『道人家〔校〕楊本無上字。得力，正於不如意中求之。』又曰：『使憂患得其宜，湯火亦樂國。』〔校〕楊本下有『矣』字。吴中高士徐枋歎曰：『是真以忠孝作佛事者也！』枋所居澗上草堂，正當靈岩之麓。生平少所可，寧耐寒餓，不肯納人一絲一粟之餽，顧獨於退翁有深契，自稱『白衣弟子』。退翁時其急而周之，無不受，嘗曰：『退翁是竺國中所謂大人者也。』故儀部郎周之璵〔嚴注〕字玉鳧，長洲人，崇禎甲戌進士，禮部員外郎。亦吴之良也，臨終，脱然談笑而逝，退翁獨沉吟曰：『是恐非故國遺臣所宜。』聞者瞿然。禾人吴鉏〔嚴注〕字稽然，吏部昌時之子也。雅有大志，一見退翁，嘆曰：『軍持中有此老，吾輩寧不媿死！』一日登堂説法，忽發問曰：『今日山河大地，又是一度否？』衆莫敢對，退翁潸然而下。

退翁既久居吴，明發之慕，老而不衰，乃築報慈堂於堯峯，以祀其父，同人爲上私謚曰孝敏。晚以南嶽之請，主講福嚴寺，吴人惟恐失之，復迎以歸。壬子卒於靈岩，年六十九，其出家年四十。所著有靈岩樹泉集、孝經箋説。

退翁之在沙門，闓暢宗風，篤好人物，大類三峯，海内皆能道之。而徐枋曰：『是非退翁心之精微，但觀其每年三月十九日，素服焚香，北面揮涕，二十八年如一日，是何爲者！』年來，靈岩香火日微，吾友長洲陸錫疇每爲予嘆之，因請重爲之碑，以表其塔。文獻脱落弗能詳，然略爲言其大節，則瑣屑可置也。易姓之交，諸遺民多隱於浮屠，其人不肯以浮屠自待，宜也。退翁本國難以前之浮屠，而耿耿别有至性，遂爲浮屠中之遺民，以收拾殘山剩水之局，不亦奇乎？故予之爲斯文也，不言退翁之禪，而言其大節，仍附之諸遺民之後，以爲足比宋之杲公，殆庶幾焉。

退翁法嗣滿天下，而最賢者，曰故大學士嘉魚熊公開元，從亡不遂，自蠻中歸，聞退翁名，往依之，爲執爨。退翁一見曰：『是非常人也。』既而有識之者，曰：『是熊公也。』其後居華山，名正志。曰故監司宣城沈公壽嶽子麟生，監司死節，深抱王裒之痛，依退翁説法。其後居姚江，名大瓠。曰歸安故諸生董説。經學極博，隱居潯溪。辛卯之難，寺中星散，説獨負書杖策入山，以是尤爲時所重。其後居堯峯，名南潛。

鮚埼亭集卷第十五

〔楊注〕此卷神道銘一首。集中碑銘計十九卷：一之九皆勝國殉難之臣及遺民；十之十七皆國朝人，謝山編次。亦微寓通鑑綱目書法；十八、九兩卷則祠廟碑也。

碑銘十

太子少保兵部尚書兼都察院右都御史總督福建世襲輕車都尉會稽姚公神道第二碑銘

康熙二十二年六月，閩督姚公用密計授水師提督施烺下臺灣，七日破之。詔封烺爲靖海侯，而公自陳無功，故賞亦不及。是年十有一月，公疽發背薨，歸葬於越。

嗚呼！蔿子馮爲楚畫平舒之策，及其身後，屈建成之，而曰『是先大夫蔿子之功也』，歸封邑於其子。羊叔子畫平吳之策於晉，及其身後，杜預、王濬成之，而武帝曰『是羊太傅之功也』，告之於其廟。

古人旂常之公論，如此其覈也，唐裴晉公之平淮，則李涼公不免有慙德矣。然涼公之有憾於碑，非敢以掩晉公也，特欲軒之顏允、古通之上耳，且所争亦不過在文字，而酬庸之典，則自晉公而下，顏允、古通固無不及也。今公以航海數千里之提封，濱海數百城之巨患，三世不賓之餘孽，累年籌運，一旦而廓清之，又並非蔦、羊二公不及其身者之比，而彤弓信圭移之別將，溘然長逝，并不蒙秬鬯黄腸之澤，雖在勞臣報國，豈敢有言，而彼偃〔楊校〕一本作『晏』。然開五等之封者，吾不知其何以自安矣？

臺灣自生民以來，不通上國，〔案〕臺灣自古爲中華土地，三國時即與大陸交通，全氏之言與史未合，他處亦有此等語，皆未合。前明崇禎時鄭芝龍爲海盜，嘗屯聚焉。芝龍既受招撫之命而棄之。丙戌，芝龍降於世祖，其子成功不從，聚其故部，據有厦門、金門二島，以侵軼我中土。己亥，大舉窺江寧，敗去，始取臺灣，定爲老巢，而往來二島間爲窺釁計。壬寅，成功没，其諸將如施烺、黄梧等，先已降於我，至是以兵平二島。其子經遁入臺灣，兵不及萬，船不滿百，勢稍衰。

康熙十有二年，三藩難作，〔嚴注〕三藩非同時並起者。靖南王耿精忠反於福建，次年始乞師於鄭氏。臺人大喜，亟渡海而西。閩中故皆鄭氏恩舊，精忠之海澄，總兵趙得勝首約同官劉國軒等，皆附于經，精忠始懼。經遣人説精忠，借漳、泉二府以治兵，精忠難之。經怒，遽取泉州，南取廣之潮州，次年又取漳州，精忠大懼。吴三桂累爲精忠請，令畫楓亭之界守之，然不獲成。次年，三桂令尚之信割惠州賂經，重申盟，〔校〕楊本作『命』。然經兵不旋踵取汀州，鄭氏復大振。其時，和碩康親王討精忠，自浙江入。

而公以前知香山縣罷官，向與王有舊，乃令其長子儀募兵帥之，赴王請自效。王喜，即令公以知諸暨縣從征，進擊紫狼山賊破之，又擊楓橋賊破之，而甌人之謀應精忠者俱殪。王即軍中遷公温處分巡道僉事駐吹臺，益募兵自爲一軍，進破石塘，奪楊梅岡。精忠之驍將曾養性〔校〕楊本下有『之』字。至温州，公使儀逆擊，大破之。精忠方震於鄭氏汀州之逼，而大兵已奪仙霞關而入。公爲前鋒，乃遣人説之曰：『鄭氏害日深，而延、建又失，跋前疐後，其誰與守？何不束身歸於天子以求生，〔校〕楊本作『全』，注一作『生』。而反貽鄭禽乎？』精忠狐疑，公單騎至其營説之。精忠享公，其賓客皆列侍，公飲啖醉飽，指畫伉爽。享罷，長揖徑出曰：『王自裁之。』精忠曰：『是殆李抱真之流，定不欺我。』遂降。論功，即以公爲福建布政司，〔校〕楊本作『使』。仍從征，進勦鄭氏。

精忠之降也，其諸將多畏罪歸經，經遂乘虚盡取興化、邵武。而吴三桂驍將韓大任者，世所稱『小淮陰』也，爲三桂度嶺取吉安，被圍久，援兵不接，突圍由贛入汀，將與經合。公曰：『是雄兒也，不可棄以資賊。』復單騎至其營説降之。簡其兵，得死士三千〔校〕楊本下有『人』字。厚養之，即〔校〕楊本無此字。以爲親軍；汀州平。〔校〕楊本無上三字。自大任降，而公之威名益盛。

十有六年，隨親王收邵武，復收興化，尋盡收漳、泉之地。經遁入厦門。公復挾大任以臨潮，説其守將劉進忠，亦降，鄭氏棄惠州而去。七府既定，或謂南荒其乂矣，公曰：『二島未平，莫高枕而卧也。』明年，鄭氏果復出，二月連下玉洲、三汊河、福河、下湝諸堡，取石馬，入鎮門，又陷灣腰樹、馬洲、丹洲、壁爐諸堡。其驍將曰劉國軒、吴淑、何祐，而國軒尤競。〔校〕楊本作『勁』。楊云：刊本譌作『競』，非。於是總督郎廷相、嗣海澄公黄芳世、副都統胡克〔校〕楊本作『免』，下同。合軍漳州以攻之；檄會寧海將軍喇哈達、都〔督〕〔統〕從楊本改。伯穆黑林之軍於福州，平南將軍賴塔之軍於潮州，提督段應舉之軍於泉州，畢至。公以所部敗臺人於壁爐。俄而黄芳世、穆黑林遇之灣腰樹而敗，胡克邀之鎮北山麓，又敗，公子儀自三汊河援之亦敗，段應舉戰於祖山大敗，奔入海澄。國軒取平和，還圍海澄，斷塹環樁，飛鳥莫能度，沿海無賴輩從之如雲。

于是天子震怒，將逮督臣，諭王求其代者，王及將軍以下合辭薦公。六月，乃即〔校〕楊本作『就』。軍中不次拜公兵部右侍郎兼都察院右副都御史，總督福建，且令節制諸軍，急援海澄，而以按察司使吴公興祚爲巡撫助公。公馳督諸軍至葛布山，謀解圍，而海澄食盡已陷，應舉投繯死之，總兵黄藍巷戰死之，官兵失陷三萬餘，馬萬餘。國軒下漳平、長泰、同安，旁略取南安、惠安、安谿、永春、德化諸邑。七月，圍泉州，號稱十萬，實六萬。公分兵救泉，亟令諸將扼險要，廣儲峙，并繕治諸城堡，而密陳於天子曰：『賊之所以豨突而無前者，蓋閩人爲之用也。閩人自成功以來，積爲所脅，故其餘孽之來，靡然從之。閩人絀，而臺人張矣。今必有以壯閩人之勢，當先有以固閩人之心，而後賊可退。又必出奇計，使臺人反爲吾〔校〕楊本作『我』。用，而後賊可亡。是固非但争衡於一勝一負之間者也。』天子是之，降璽書褒勞，盡委以軍事，且謂閣部諸公曰：『閩督今得人，賊且平矣。』

公乃大布方略，令平南將軍以下分道出綴之，輕兵抄其餉道，乘間復平和、漳平。而總兵林賢等敗其水軍於定海。九月，國軒乃解泉州之圍，并力攻漳州，大會二十八鎮兵爲十九寨，列烽相望。國軒以十七鎮精兵三萬，軍於西；吳淑、何祐以十一鎮精兵二萬，軍於南，請與大軍決戰於龍虎、蜈蚣二山之間。公五檄泉州兵未至，而城中惟平南將軍兵及耿精忠歸正兵。漳人憂〔校〕楊本作兇，楊云刊本作『憂』。懼，公曰：『賊恃勝而驕，謂我兵弱不敢出。若出不意奮擊之，必敗，敗則不復能軍，平海在此役矣。』每日春容飲博自如，而胡都統以騎至，合之，亦僅〔校〕楊本下有『得』字。八千人。公即以胡爲前軍，自以所部繼之，分賴、耿之兵爲後二軍。前軍接戰不利，中軍繼之亦不利，耿兵繼之稍勝，賴兵復出，國軒〔校〕楊本下有『遂』字。不支。前軍、中軍還而攻之，連破十六營，斬其將鄭英、劉正璽、吳潛等，生擒一千二百餘人，斬首四千級，溺死者萬數。國軒泅水而遁，奔海澄。官軍乘勝復長泰、同安。是冬，公遣客中書舍人張雄入廈門撫經，不從。

十有八年，公念海澄負險，與廈門、金門、海壇相首尾，不可猝下，乃請復設水師提督。而大開修來館於漳州，不愛官爵、資財、玩好，凡言自鄭氏來者，皆延致之，使以華轂鮮衣，炫於漳、泉之郊，供帳恣其所求。漳、泉之人爭相喧述，公時掀髯笑曰：『昔人捐金施間，雖信陵君之親而才，廉頗、李牧之武，亞夫、龍且、鍾離昧、周殷之骨鯁，可坐而盡也，況豎子之游魂乎？』於是不終歲，其五鎮大將廖琠、黄靖、賴祖、金福、廖興以所部降，鄭奇烈、陳士愷等繼之，林翰、許毅等皆被用。鄭氏始上下相猜阻。而簡練諸降將之卒，驟充水師，驟益二萬餘人，乃令巡撫吴公與水師提督萬正色攻二島。明年正月，官兵逼海壇，鄭氏戈船將朱天貴故受公約，首以所部五樓船三百卒降，遂復海壇。公待天貴厚，以爲親將，竟用其兵，盡破十九寨。國軒茫然失恃，棄海澄，入厦門，正色進兵逼之。國軒棄厦門、金門，奉經入臺灣。其時，成功之妻董氏尚在堂，數經曰：『汝父之業衰矣，汝輩不才子，吾聞姚公天人也，其更無往。』

閩士既平，吏、兵二部列上公功，應加者四百餘級，天子晉公太子少〔校〕楊本作『太』。保、兵部尚書兼都察院右都御史，世襲輕車都尉，公子儀都督僉事、總兵，世襲騎都尉。

初，閩人當成功之世，内輸官賦，外又竊應成功之餉，以求免劫掠；奸民乘之，日以生事，而民之供億亦困甚。於是遷界之議起，定沿海之界而遷之域内，出界者死。成功雖以餉不接，不復能跳梁，而被遷之民，流離蕩析，又盡失海上魚蜃之利，而閩益貧。及耿精忠至，封山圈地，莫敢裁量，且日益耗。已〔校〕楊本作『亡』，屬上句。而耿、鄭之亂交作，殺掠所至，不知誰兵。閩中駐一王、一貝子、一公、一伯，將軍、都統以下，各開幕府。所將皆禁旅，無所得居，則以民屋居之；無所得器械，則即以屋中之器械供之；無所得役，則即以屋中之民役之；朋淫其妻女，繫其老幼，喑啞叱咤，稍不如意，箠楚横至，日有死者，加以飢饉，而民之存者寡矣。公自入閩，蒿目傷心，謀所以拯疲民者，無所不用其極：如除□（卒）〔率〕，從楊本改。革排夫舖甲，減芻役，時與悍將驕兵，悉力相持。及鄭氏奔入海澄，公言於王曰：『今陸地已無賊，材官蹶張，必不能秣馬而驅之波浪之間，則所重在舟楫，不在轠轕鞅靽也。而軍需乏〔校〕

楊本作『又』。匱，禁旅所養馬且三萬，一馬日費穀斗有六升，計一馬可支十人之食，是撤馬一食，足養水師三十萬人，非但爲民，實爲國也。且禁旅久暴露矣，胡不奏愾告閑乎？』王曰：『極知公言是，然今耿精忠在軍，居然靖南王也。苟精忠不肯還京，其奈之何？』故公連上三疏，朝臣莫敢主者。及厦門平，請益力，且令客婉説精忠令入朝。天子乃允公，詔王班師，但留吳、喇二將以善後。既而盡撤之，而禁旅將驅男婦二萬餘人去。公流涕力請於王，令軍中敢有私攜良民者殺無赦。而公則贖之以金，臨發盡取以還民，禁旅得金，亦各欣然而歸。于是始請開界，公言：『南海一帶，俱有阸塞城寨可以列戍，俱有田可耕，而魚鹽蜃蛤之利尤大。若分屯設衛，令之開墾，得與鮫人蜑户參錯而居，所以安内而攘外也。由福清而南，臣已相度經營，了然可措。將開商市，給牛種，爲國家恤流亡而收甌脱，自然之利，保無患焉。』天子遣一侍郎勘視，亦弗敢主也，公連章任之，乃報可。自撤兵，而閩人出湯火之阸；更開界，而閩人得耕魚衣食之資；相與狂號喜躍曰：『姚公活我！』

公乃大造八槳船、艆船、雙篷船，并請招紅夷夾板船，以圖臺灣。初，鄭經有嬖人施亥者，公密招之，令禽經以自歸。亥諾公而事洩。會經死，其嗣子克塽少，公又結其行人傅爲霖，將用我故臣續順公沈瑞以覆鄭氏。續順公者，其先明將沈志祥，自遼左即歸於我。時已有恭順、懷順、智順三王，皆降將，故以續順爲〔校〕楊本下有『之』字。名。其後出鎮閩，尋移粤，耿逆之反，并其軍遷之饒平。鄭氏攻饒平而獲之，遂以入臺。至是，公密約之，糾合十一鎮，刻日將發。事泄，瑞等死。公又購死士入臺，令縛國軒者再，雖皆不克，然鄭氏益以此崩剥，不知所爲。

方施烺之叛成功而歸附也，世祖即以爲水師提督，駐海澄。成功没，烺以平臺自任，出兵不克，頗疑其貳，召入京〔校〕楊本下有『師』字。不復用，而水師亦罷。公之以布政使奏軍事也，即薦用烺，不報。及爲總督，乃以萬正色任之。至是，請改正色爲陸路，仍以水師用烺，且曰：『臣願以百口保烺必無他。』天子始遣之。既至，厚資給之。是時，閩人皆知鄭氏亡在漏刻。公之入臺，特過師枕席之上耳，其必用烺者，特以其爲成功故將，欲借之以爲先驅，而不虞烺之輒思攘功也。烺至，即密疏請以公駐厦門，而己獨以師進。時公已率師出海，見烺疏不懌，自陳請行。詔召公還厦門。

二十一年五月，將由銅山出師下澎湖，公主乘北風以十月攻湖北，烺主乘南風及時攻湖南。公曰：『澎湖之南，可泊舟者，惟娘媽宫耳，使賊固守，未能猝下，我軍進退且失據。若其北，澳甚多，進退皆可依。澎湖下，而臺灣潰矣。且盛夏多颶〔母〕〔風〕，〔校〕從楊本改。尤宜擇地。』諸大將吴英、林賢、陳龍等皆曰：『姚公言是。』烺諾之，而頗不以爲然。是年不果出師。次年六月乙亥，烺竟以師行，公又戒之如初。烺竟南行，國軒果守娘媽宫，不可入。丁丑，颶風與潮俱發，我軍前鋒皆爲急流飄散。國軒以精兵二萬自牛心灣出，其將林陞以精兵萬自雞籠嶼出，夾攻我軍，集矢於烺之目，烺懼。時官兵泊八罩，其地甚惡，公遣使譙之曰：『不用吾言，竟何如矣。雖然，勝敗兵家之常，颶風亦當止，吾前所約諸賊將必有至者，汝速赴之。』烺得書，且慙且喜，而賊將吕韜等間使果至。烺復進澎湖，水亦驟長。

癸未，朱天貴先進，大敗國軒軍，其衆争降，天貴亦死，而國軒由吼門逸去。公遣吏卒以大艍運金繒貨米，旁午來軍，且諭烺曰：『凡降卒皆大賚而遣之歸，以攜臺人之心。』烺如言行之。

先是，漳浦道士黄性震自臺來降，公以爲千户。性震自言能得國軒要領，公遣之。國軒曾以書密報公，然猶〔校〕楊本無此字。未肯遽降也。至是，性震故洩之。于是國軒君臣自相猜，既敗，欲更出鬭，其下莫爲用。大兵遂由鹿耳門平行而入。七月甲午，國軒以鄭氏降，繳上成功所遺『延平郡王』、『漳國公』、『招討大將軍』、『忠孝伯』、『御營都督』等印信，除道出迎。八月癸亥，大兵前歌後舞，悉入臺灣。

自公以布政使隨征，即自膳部兵，不資國帑。及築修來館於漳浦，所捐招撫金三四十萬；及贖難民，所捐金亦如之；至是策勳大賚，又十餘萬，而又未嘗絲毫取之百姓，莫知其經營所自出也。公笑曰：『臺灣則既平矣，然亦銷金一大鍋子矣。』

于是北風正利，烺乃遣其子弟由海道自津門先告捷，而後上露布於公。而公之告捷也，使者由驛道行，及至，則後烺已二十餘日。天子既得烺疏，大喜，軒之在平滇諸勛之上，而怪公疏之久而至也。閩士之仕乎京者，亦皆先入烺之説，〔校〕楊本下有『左祖烺』三字。莫有爲公言其故者，乃以首功封烺，將以次及公，公疏言：『此廟謨天定，微臣無力。』天子疑以爲有懟焉。未幾有召掌中樞之命，而公已不起。

前明故太僕沈公光文，鄞人也，從亡海上，由浙而粤而閩者廿年，避地於臺灣，其依鄭氏者亦廿年。成功没，太僕以經不克負荷，頗有風刺，幾爲所殺，乃削髮爲頭陀。至是，老矣，公遣人首致問曰：『管寧無恙？』將具扉屨送之還。公薨，太僕亦竟野死於臺。

鄭氏之初起也，厦門有浮石，或視其文曰：『生女滅雞，十億相倚，丁庚小熙。』莫能解也，至是而乃知十億者，兆也。兆倚女〔校〕楊本下有『者』字。姚也。酉者，雞也，成功之賜姓也，蓋歲在酉，天定之矣。雖然，公之勛業，豫徵於六十年易代之先，而不見白於平成之日；公之才，足使海外之窮奇、貳負，革面洗心以向化，而不能使共事之寮，不負恩而背德；公之智，能豫定大荒風信、軍行利鈍之期，而不及料捷奏之居人後。亦何莫非天阨之哉！姑無論平臺之謀盡出於公，平臺之軍器、軍餉、軍裝盡出於公，而烺不過一將之力，且幾以方命違制，致誤軍機，卒之死戰克敵者，皆公部下之士，即令竟出於烺，而亦思以百口保烺者，誰乎？是公亦宜受魏無知之賞矣。則甚矣烺之忮也。雖然，公之薨也，百城驚悼，羣聚而哭於都亭，春不相，降卒有私爲持服者，而漳、泉二府之民，争乞公之遺衣冠葬之其鄉。福州之民，乞留葬於城外之東山，既不得請，麻衣執紼號咷送者，直過仙霞，〔校〕楊本下有『嶺』字。歸而各以私錢爲之建祠，甚且有肖公之影，祀之家者。訖今將七十年，閩人語及公，莫不太息，以爲功之未酧，不以靖海爲里人而右之也，則亦可以見公論之有在矣。予又聞公之病疽也，始於平厦門之歲，時有鼓山異僧者善醫，延之既至，曰：『疾不足憂也，天之生公，將爲閩疆奏蕩平也。〔校〕楊本作『焉』。今事尚有待，公未死也。』果不踰時而愈。及臺灣既定，疽復發，仍延之，則辭曰：『疾不可爲矣。〔校〕楊本作『也』。夫閩疆盡定，公將死矣，老僧雖往，無益也。』嗚呼！孰意天責公以閩事，既成而即翦其命，天亦謂之何哉？

公諱啟聖，字熙止，晚字憂菴，世爲浙之紹興府會稽縣人。三世皆以公貴，贈如公官，其三世妣亦如其階。〔嚴評〕以『三世』字敘述家世，是謝山創例。初娶何氏，其後再娶俱沈氏，享年六十。〔楊注〕憂菴生天啓四年甲子。

公生而膂力過人，廣顙長髯，目有芒如洩電，閃閃逼人。嘗游於松江守趙君署中，午睡鼾聲甚厲，僮僕窺之，則雕虎也，大驚。性豪蕩，其使金錢如泥沙。甫冠，以諸生遊通州，〔校〕楊本下有『受侮於土豪，公怒，請自效於大軍之下金陵者，求官通州』二十二字。竟得知州事。既至，立杖土豪殺之。尋棄官去，歸而遊於蕭山之郊，有二健卒佩刀驅二女行，一老翁隨哭之，則其父也。公陽呼二卒與之語，且勸以稍與翁金。卒許諾，公出不意，奪其刀，連斃二卒，謂老翁曰：『速以而〔校〕楊本作『二』。女去。』然所殺者，乃〔□〕〔北〕從楊本補。來兵，跡捕急，遂變姓名，亡命江湖間。不得已，籍於奉天鑲紅〔校〕楊本作『黃』，注：一作『紅』。旗下。康熙二年，公疏請旗下開科試士，聖祖曰：『可。』公以第一人薦，遂知香山縣。甫下車，澳門賊霍侶成披猖甚，督撫不能制。公以計擒之。俄而逃去，公又以兵縛之，澳門始平。論功應得上賞，督撫惡之，反以通海〔校〕楊本下有『盜』字。誣之，且將置之死。公夜見平南王尚可喜而訴之。可喜上疏言其枉，督撫皆以是自殺，而公亦罷官，客粵中，且無以爲生。時公年五十，見者多歎其拓落，而公之志浩然。軍事起，五年而建節，五年而成平海之殊勳，幕下士自上客元從，〔校〕楊本作『隨』，楊云：刊本作『從』，非。健兒走卒，因之以取高官者，項背相望，亦盛矣哉。曁其薨，蕭然無儲蓄，諸子賣田以葬，貧如故。予則謂公之歿而猶視者，正别有在，而不在乎賞之有無。古人功成辭爵，公亦何必不然，而反以觖望怏怏，公肯之乎？獨是公拔身疏逖之中，驟致登庸，大小六十餘戰，皆親臨之，遂以元樞持節，計功雖足以上報，而未嘗得一入長安見天子。荷蘭一片土，〔案〕『荷蘭一片土』謂臺灣。然臺灣本中華土地，明末始爲荷占，旋爲鄭氏所復。全氏用語未合。夙夜魂魄所經營，既已牛酒夾道，望見元老顔色，而未得一履其地，以觀魋結之同風。累年金革，欲以角巾歸第之後，稽首天子，賜歸剡湖，而竟死於官，是則勞臣之所耿耿者爾。

初，何夫人絶有力，不止舉臼而已，公聞而奇之，因娶焉。是生長子儀，高七尺，雄偉魁岸，千夫辟易。嘗驅駟馬駕奔車，自後掣之，馬躑躅前卻，不能自由；挽弓四鈞，百步之外洞數札。畜壯士張黑子、鍾寶、王三癡等十人，嘗置左右，令募兵而教之，酒酣出鬭，無不一當百，閩人望見先鋒曰：『是姚公子之旗也。』以從征，授知縣，未上，再晉秩，累官尚書刑部郎，〔嚴評〕國朝官銜也，何必加『尚書』字。改知河南開封府，詔以京堂用。儀以少長軍間，請效力從戎，許之。不次授江南狼山總兵官，尋改湖廣辰沅總兵官，終於雲南鶴慶總兵官。平臺之役，儀已去閩，論者謂其與烺同行必有所以制之，而惜公之計不出此也。支子三：曰某，知江南廬州府；曰某，未仕；曰某，知四川石泉縣。其出爲人後子一，曰陶，累官直隸分巡霸昌副使，實第二。四子皆從公籍於旗，而陶以爲人後故，留居會稽。陶亦能吏，以守淮安時，得罪於淮之達官，卒爲所中而罷。今知膠州述祖，其子也，伉爽稱其家兒，於予爲同年生，方詮次公奏疏文移，爲平海録如干卷，而請列公祠於命祀，許之。公之歸葬於越，禮文一切未具，更二十餘年，而蕭山毛檢討奇齡，始銘其埏道之石，然嗛嗛有未盡者。及考之北平王孝廉源之傳，稍詳矣，然於事多舛焉。夫光烈如公，國史所取徵也，若之何不備，乃因述祖之請，更爲文一通貽之。異日嗣天子討論先世勛臣，以光典禮，必有以公之事上聞者，予文或可采也。其銘曰：

有嬀之後，河嶽降精；其噓爲風，其唾爲霆。東寧小腆，化爲長鯨；藉口故國，以希横行；濤狂霧毒，祝融厭腥；遠竄未僵，終待觀兵。公笑而起，不震不驚；麾以黄鉞，縶以朱纓；舵樓閑閑，風帆盈盈；佽飛桓桓，水犀薨薨；〔校〕楊本作『甍甍』。楊注：刊本作『薨薨』爲是。間使繹繹，降幡〔校〕楊本作『旛』。繩繩。所鬬者知，豈事力征；天時地利，不爽神明。誰違公言，幾喪其旌。危關失險，一夜潮平；『甲螺』稽首，百輩來廷。甲螺，紅夷頭目之名。奠彼南極，浮石早徵；功成身賓，君子無争。其不朽者，三受降城；宛委山頭，想見英靈。

鮚埼亭集卷第十六

〔楊注〕此卷墓表一，神道碑銘二，計三首。姜湛園，慈谿人；陳悔廬、萬九沙，鄞人；皆四明學者，謝山之前輩也，故合爲一卷。

碑銘十一

翰林院編修湛園姜先生墓表

〔楊注〕戊午，年三十四。

湛園姜先生卒四十年，其家零落。會有詔修國史，臨川李先生〔楊注〕名紱。曰：『四明之合〔校〕楊本無此字。登文苑者，非先生乎？不可無行實以移館中。』予乃摭拾所聞而詮次之。而鄭義門曰：『先生墓前石表未具，曷即以此文爲之，而移其副於史局。』予從之。

先生諱宸英，字西溟，〔校〕楊本注：『一作西銘。』學者稱爲湛園先生，浙之寧波府慈谿縣人也。少工詩古文詞。其論文，以爲周、秦之際，莫衰於左傳，而盛於國策，聞者駴而莫之信也。及見其所作，洋洋纚纚，〔校〕楊本作『泊泊』。隨意出之，無不合於律度，始皆心折。寧都魏叔子謂：『侯朝宗肆而不醇，汪苕文醇而不肆，惟先生文兼乎醇肆之間』，蓋實録也。詩以少陵爲宗，而參之蘇氏以盡其變。

當是時，聖祖仁皇帝潤色鴻業，留心文學，先生之名，遂達宸聽，〔校〕楊本作『聰』，注，一作『聽』。一日謂侍臣曰：『聞江南有三布衣，尚未仕耶？』三布衣者，秀水朱先生竹垞，無錫嚴先生藕漁〔楊注〕名繩孫。及先生也。又嘗呼先生之字曰：『姜西溟古文，當今作者。』於是京師之人來求文者，户外〔校〕楊本下有『之屨』二字。恒滿。會徵博學鴻儒，東南人望，首及先生。掌院學士崑山葉公與長洲韓公相約連名上薦，而葉公適以宣召入禁中，浹月既出，則已無及矣。於是三布衣者取其二，而先生不豫。翰林新城王公歎曰：『其命也夫！』已而葉公總修明史，薦之入局，以翰林院纂修官，食七品俸，仍許與試，尋兼豫一統志事。凡先生入闈，同考官無不急欲得先生者，顧佹得佹失，而先生亦疏縱，累以醉後〔校〕楊本下有『誤』字。違科場格，致斥。又嘗於謝表中，用義山『點竄堯典舜典』二語，〔嚴評〕此處不應出『義山』二字。受卷官見而問曰：『是語甚麤，其有出乎？』先生曰：『義山詩未讀耶？』受卷官怒，高閣其卷，不復發謄。顧先生所以連蹇，正不止此。常熟翁尚書〔楊注〕名叔元。者，先生之故人也，最重先生。是時枋臣〔楊注〕枋臣，太傅明珠也。方排睢州湯文正公，而尚書爲祭酒，受枋臣旨，劾睢州爲僞學，枋臣因擢之〔校〕楊本下有『爲』字。副詹事，以逼〔校〕楊本作『排』。睢州，以睢州故兼詹事也。先生以文頭〔校〕楊本作『顯』。責之，一日而其文遍傳京師，尚書恨甚。顧枋臣有長子，〔紹聲注〕所謂枋臣長子者，當爲納蘭容若，觀於投杯之後，而始終執禮，亦非容若不能。多才，求學於先生，枋臣以此頗欲援先生登朝。枋臣有幸僕曰安三，勢傾京師，内外官寮多事之，如舊史之萼山先生者，欲先生一假借之而不得。枋臣之子乘間言於先生曰：『家君待先生厚，然而卒不得大有佽助，某以父子之間，亦不能爲力者，何也？蓋有人焉，願先生少施顔色，則事可立諧。某亦知斯言非可以加之先生，然念先生老，宜降意焉。』先生投盃而起曰：『吾以汝爲佳兒也，不料其無恥至此。』絶不與通。〔沈曾桐注〕此事失實，投筆而起，係查初白事，枋臣之子，其及門也。於是枋臣之子，百計〔校〕楊本作『輩』，楊云刊本作『計』，誤。請罪於先生，始終執禮。而安三知之恨甚，枋臣遂與尚書同沮先生。

崑山徐尚書罷官，猶領一統志事，即家置局，先生從之南歸。時貴〔楊注〕時貴乃王司農弘緒也。之搆崑山者，亦惡先生。顧崑山雖退居，其氣力尚健，惓惓爲先生通榜，卒不倦，則亦古人之遺也。〔嚴評〕以通榜爲古人之遺，似乎失言。康熙丁丑，年七十矣，〔嚴注〕西溟成進士年七十三。先生入闈復違格，受卷官見之歎曰：『此老今年不第，將絶望而歸耳。』爲改正之，遂成進士。及奉大對，〔嚴評〕殿試之後，始成進士，未有成進士而奉大對者。謝山身爲翰林，而於此猶懵然耶？亦足以見其心粗。聖祖識其手書，特拔置第三人，賜及第，授編修。先生以雄文碩學，困頓一生，姓名爲天子所知者二十年，至能鑒別其墨跡，雖有忌之者，而亦有大老吹噓，不遺餘力，〔嚴評〕『大老吹噓』，不足爲先生重。此文一出，則先生爲徐尚書私人矣。乃篤老始登一第，其遭遇之奇，蓋世間所希。既登中秘，神明未衰，論者以爲當膺廟堂大著作之任，以昌其文，乃甫二年，而以己卯試事，同官不飭簠簋，牽連下吏。〔嚴評〕己卯西溟爲順天副主考，宜提清一句。同官即其同年狀元李蟠也。滿朝臣寮，皆知先生之無罪，顧以其事涇渭各具，當自白，而不意先生遽病死。〔楊注〕康熙三十八年己卯，西溟與李殿撰蟠主順天鄉試，時有『老姜全無辣味，小李大有甜頭』之謡，因下詔獄，李論戍，姜以老，卒於請室。新城方爲刑部，歎曰：『吾在西曹，顧使湛園以非罪死獄中，媿如何矣！』嗚呼！桑榆雖晚，爲霞尚足滿天，而奇禍臨之，是則大造之所以厄之者毒也。〔楊注〕西溟生于崇禎元年戊辰。

先生居家孝友之行，粹然無間，與人交，悃愊不立城府；論文則娓娓不倦，書法尤入神，直追唐以前風格。生平無纖毫失德，故既死，而惜之者，非徒以其文也。所著有湛園未定稿、葦間集，皆行世。先生之文最知名者，爲明史稿刑法志，極言明中葉廠衛之害，淋漓痛切，以爲後王殷鑒。一統志中諸論序，亦經世之文也。晚年尤嗜經學，始多説經之作，未及編入集中而卒。予生也晚，不及接先生之履絇，顧世人所知者但先生之文，而茫然於其大節。豈知常熟一事，則歐陽兖公之於高若訥不足奇也；枋臣一事，則陳少南之於秦熺殆有遜之。若始終不負崑山，則又其小焉者矣，區區徒以其文乎哉！其銘曰：

吾鄮文雄，樓宣獻公。誰其嗣之？剡源、清容。易世而起，有湛園翁；白頭一第，亦已儱涷。
何辜於天，竟以凶終；茫茫黄土，冥冥太空。

大理悔廬陳公神道碑銘

〔楊校〕銘，一本作文。〔嚴評〕謝山墓誌之題太忽略，亦非古法，如陳公乃大理寺少卿，故文云副大理，題中當明著少卿字樣。

公姓陳氏，諱汝咸，字莘學，別字悔廬，浙之寧波府鄞縣人也。曾祖某，祖某，父則翰林怡亭先生錫嘏也。翰林於梨洲爲高弟，而其論格物〔校〕楊本作『致』。之學不甚合，故梨洲所作翰林墓銘有微辭。然梨洲每屈指門下，必首推翰林之篤行。公少隨父講學於證人社中，心領神悟，多所自得。梨洲嘗謂人曰：『此程門之楊迪，朱門之蔡〔沉〕〔沈〕從嚴改。也。』目無流視，耳無妄聽，和平端慤。於星緯、律曆、方輿之説，無所不究，而尤得力於慎獨之旨，驗其功於修己治人之間，然公未嘗以道學之名自居。成康熙辛未進士，改庶常。座主安溪相公方以講學招來後進，同年江陰楊文定公名時，最先服膺，招公同往，公曰：『梨洲黄子之教人，頗泛溢諸家，然其意在乎博學詳説，以集其成，而其究歸於蕺山慎獨之旨。乍聽之似駁，而實未嘗不醇。相公步趨朱子，其言粹矣，然未知其躬行若何也？』江陰爲之瞿然。

出知漳浦縣。漳浦最健訟，胥吏能以一訟破中人産。公下車著令：凡户婚田土，皆委家督、宗親、地保議之，議成，息訟於官。其大者酌其地之遠近而定其期。被告人應拘者即交原告人呼之；被告人聞控即具訴，訴至即訊，不令稽延時日，胥吏無所施〔校〕楊本作『肆』，注：一本作『施』。其奸。縣民輕生，每以小忿輒服斷腸草及諸毒以自戕，奸人因之煽訟。公嚴禁之，〔校〕楊本下有『而猶恐斷腸草之多』八字。乃倣古法，令有罪者貢此草以自贖，又捐金募民致〔嚴校〕作『誅』。草，以絶其種。俗尚巫，民有病舁諸妖師，狂祈謬祝，費不貲；藥食皆卜之，食其吉者，食而死，則曰『神所不佑也』。公開陳曉諭，巫風以息。其爲漳浦立百世之利，尤在編審一事。舊例，世家有盈數〔嚴校〕作『四』。千畝爲一户者，下姓有數十畝爲一户者，每族置户長，地丁籍〔嚴校〕作『藉』。以徵納，强後弱先，小頑大黠；乃定三百畝爲一户，令民親供實産，糧多者爲户長，以次輪僱，〔嚴校〕作『催』。丁亦如之，催科自此不擾。以都鄙之民，其分保有大小不一，則奸匪易匿，而公務不均；乃定二百家爲一保，無所頗焉。閩之丁口，以明初户籍爲據，有遷居百年，而原籍丁糧未除者，官吏關移甚苦。公援國制，令入籍二十年以上者收之，遷籍二十年以上者除之，各縣皆以爲便。又盡清屯産、寺産。鹽法則漳浦歲額六百餘，舊例，食鹽與曬鹽者皆得供課，不盡歸商也；其後派引配賣，〔嚴校〕作『引』。悉歸於商，於是添設四場十六館，巡丁四出，顆粒盡征，給價短額，頒發亦愆期。公請復舊例，有徽商銷引之議，而大吏難之。公曰：『法即不可更，不難行仁於法中。』即革去場差，免認保，杜包納，寬餘鹽之禁。漳浦農商積弊，皆爲之肅然一洗。公恂恂文弱儒者，氣體羸甚，視日而行，擇地而履。顧其在海上，方略四出，令各鄉練鄉兵，日則瞭望，夜則巡邏。壬午夏，有賊黨數百，潛伏縣之七星洞，公急檄官兵擊之，賊遁去。已而又聚於丹竈山中，公發鄉兵擊之，賊又遁去。已而又聚於平和山中，公以計掩其魁曾睦，賊徒始散。已而又以計擒海中大盜徐容，六大頭目之一也，公細訊之，因并悉五賊巢穴及勦撫機宜，請於督府，願身任其事。督府以公書生，未敢遽付之兵，但以事密聞。於是聖祖遣大臣自閩入粵，即攜徐容以往。五賊之中，勦撫者四，則皆公發縱之功，而賞弗及。

海上自鄭氏騷擾以後，不復知有學術。公下車見學宮有伽藍祠，大駴，立毀之。東嶽行祠中有淫祀，〔校〕楊本作『祠』。香火甚盛，焚其像。朔望爲諸生講明經史，遡漳之學者，自高公東溪、陳公剩夫、〔嚴注〕名真晟。周公翠渠，而尤表章黄公石齋之學，謂其貫義理象數而一之，如武庫之無不備，乃重修朱子祠之在銅山者，而以石齋侑食。石齋故有明誠書院，爲浮屠所據，則理而出之。又修朱子祠之在雲霄〔校〕楊本下有『山』字。者，與銅山皆贍以祭祀之田。自東溪至石齋諸公書，皆輯之。何公元子有經學，購之以示學者。莆田鄭奚仲精於易，并梓其書。當時安溪以朱子之後一人自任，欲學者皆尊其學，不名他師，而公以爲諸儒之躬行，各有宗傳，旁搜遠紹，不徒爲雷同之口。縣有無爲教，又有天主教，公至盡逐之，而崇祀明殉難忠臣都御史陳公士奇、巡道陳公瓆，高尚遺臣御史張公若化、長史張公若仲於學宮。鄞故大學士錢忠介公墓在古田之黄蘗山，公清釐其墓田之爲人所〔校〕楊本無此字。據者，繪圖以貽其後人。不數年，漳浦遂成鄒、魯之俗。

公知漳浦六年，督撫已交章薦公，輒爲部議所格，及更一紀尚未調。蓋公既以講學不甚當於安溪，而安溪子弟在家以吏事請託遍於閩中，公爲安溪主試所得士，其子弟益復旁午而前。公致書安溪，謂

『公〔校〕楊本作『相公』。方以講學居鈞輔，當防閑子弟』。安溪以是大愠。公既無相門之援，而選郎索公賂不可得，遂共尼之。

會南靖山賊陸梁，大吏以公在漳浦，而境内無盜，乃調之。漳浦父老相率請留於憲府不可得，乃相與運耰耡、桔槔、薪木，横陳縣門以塞路，晨夕守之。已而公束裝出，父老邀湧而前，奪輿人之擔而擔之，以公還署。公乃徒步出，紿父老曰：『吾今日飲酒於李秀才家，未去也。』夜半，變服呼守城卒開門而去，父老及旦而知之，追送數十里，雨泣而别，乃裒公在縣時告約、諭條、文移，輯爲漳浦政略一書梓之。又建月湖書院以祀公。月湖，公所居也。其治南靖如漳浦，招降歐山逋盜，有來而復叛者，以計擒之。大興境内河渠。未期，内召爲刑部福建司主事，黜舞文之吏，以正法紀。

尋遷廣西道御史，巡視西城，逐白蓮教之在道觀者。尋疏言：『臺灣白糖之利，遠及三江兩浙，沿海居民多前往者，日久不能保無奸人。各縣給照，不能辨其奸否，泉廳於出口一驗，更無從辨。臣在海上，未嘗輕給一照者，此也。宜嚴防〔校〕楊本作『盤』。楊云刊本作『防』，非。詰之法。』又言：『駐防營伍，例用内地兵更番迭換。今當及瓜之際，有私相冒襲者，名存實亡，恐兵以老而漸驕。宜杜頂替之習。』次年聞海賊突燒營汛船隻，疏言：『歹船出海，非掛號所能查，而徒增其害。海上歹民，其始皆坐小船竊出。及出，奪大船而行，則大船之關牌縣照盡已歸之，原不必掛號也。商船利走大洋，無礁嶼以隔之，風迅帆急，歹〔校〕楊本作『賊』。船難以攔劫。今以掛號之故，不得不沿澳迂行於礁嶼之間，而歹〔校〕楊本作『賊』。船乘之。是掛號反爲商船之累也。』又言：『巡哨之船，當以南北風信爲準。春夏多南，哨船各聚本汛之南；秋冬多北，即各聚本汛之北。船聚則兵强，風順則船利。若分汛各澳，則力既分，而風或阻，雖見商船被劫，而莫能前矣。』又言：『海賊雖終年波蕩，入冬必返其家。故其既下海之劫掠，當責之巡哨官弁；而未下海之蹤跡，當責之本籍縣令。誠能力行，各澳保甲何不可窮治之有。』疏上，聖祖嘉納，温旨賞賚食物，始有大用公之意。而沿海遂罷掛號之例，商船至今感其德。

是年，海賊陳尚義乞降。尚義即故盜徐容等六人之一也。前招撫時，獨尚義不至，横行海上者多年。公言當因其來而亟納之，乃自請行，且薦江西舉人阮蔡文。得旨，許攜蔡文等前往金州衛鐵山之隍城島招撫。〔校〕楊本作『降』。陛辭，聖祖謂公曰：『汝乃近御之臣，不可下海，風濤不測，所當懼也。但令蔡文往足矣。』又曰：『山海關外崎嶇，汝不善騎，當以肩輿往。』公感泣謝。蔡文入海，舟果壞，易其副以行，卒撫尚義等。復命，聖祖又謂公曰：『汝若同入海，不受驚耶？』公因〔校〕楊本作『益』。頓首感泣謝，因爲上言隍城島在登州金山之中，宜撥登州汛兵駐之；其筒子溝、〔校〕楊本作『港』。天橋廠亦宜巡哨。又言金州荒地宜闢。遷通政參議。會有閩中裨將請改易商船之制，公力争以爲不可，安溪雖不喜公，然不能不主公議也。尋奉使至湖廣，祭告諸陵，兼賚駐防士卒。湖北之險峻，莫如施州衛竹溪、竹山等處；湖南，莫如九谿、永定、辰州等處；或以爲可調官代領代給，公不可。由九谿之鎮筸，歷鳳凰營至乾州，進山箐岔口，入楓木坪，皆紅苗界也。公熟視情形，以籌撫苗久安之策。施州登〔校〕疑應作『登施州』。天樓山絶頂，以溯當日伏莽故址。傜洞長官有出迎者，歌其土音，公爲竹枝詞，宣布太平威德之盛，使習之。

返命，遷鴻臚寺卿。次年，遷副大理，而陝、甘〔校〕楊本作『西』。以荒告，復奉使出。公之爲學，以萬物一體爲心，而隨事周詳，以求其中之所安。顧素病喘洩，〔校〕楊本作『息』。楊云刊本作『洩』，非。不堪受勞瘁，乃連年萬里，力圖報答，不肯稍自暇逸。其西行也，聖祖謂曰：『窮邊恐不得食，彼所出肉蓯蓉、土參，朕亦曾嘗之，頗美，可啖也。』公頓首謝。入境，野有餓莩，即不復御酒肉。山路甚蹇，下馬徒行，一日而踰九嶺，沿途撫慰饑民，流涕沾襟。甫抵固原，疾動，不以爲意，猶日馳百里。凡五日而卒，其地曰海喇都，棺衾皆率略，饑民聚而哭之。是時聖祖方欲用公爲甘撫，而公卒矣。公之訃至閩，漳浦人聚而哭之書院，南靖人亦聚而哭之於社；至京，鄞人之在京者聚而哭之城西之都亭；而漳浦農商置祀田以奉公焉。生於順治十五年八月初五日，卒於康熙五十五年四月二十五日。娶張氏，贈恭人。子本醇，蔭生。公家庭之孝謹，里黨之任卹，均無閒言，而所以待其從弟汝登尤篤，嘗語之曰：『古人大功同財，吾尚與弟在同財之例，所恐者易世而衰，吾子與若子功服雖減，而同財之限可展也。』又約以宦成之後，買宅合居。汝登或介紹後輩以見公，公推弟之愛以愛之。訖今二十餘年，汝登亦老矣，語及公，未嘗不掩面而泣也。

方公謝安溪之學，或疑其以師傳之異，不肯苟爲授受。及當湖陸清獻公稼書所著出，公亟喜而梓之。當湖亦與梨洲有異同者，乃知公之非墨守也。公之學未見所止，其見於世者，亦僅僅小試其一二，斯則可爲太息者也。所著有心齋集。公之卒也，蔡文勤公世遠志之。汝登與公子本醇更令予銘其麗牲之石，予何敢辭。其銘曰：

南雷諸子，大都早逝。再傳有〔嚴校〕作『及』。公，始見行事。亦復不年，厲而小試。東西萬里，弗辭盡瘁。其施未竟，可爲長喟。但有棠陰，閩疆蔽沛。

提督貴州學政翰林院編修九沙萬公神道碑銘

乾隆六年正月二十四日，前提督貴陽〔嚴校〕作『州』。學使翰林九沙萬公卒於家。先是，公嘗自葺年譜，謙詞令身後不必求志表之文。至是，公之婦弟錢君中盛謂終不可廢也，長君承天屬予序次之。余於公爲十世通家子弟，少陪杖履，又叨同館後進，況生平知己之感，至深且重，其曷敢辭。但考之今制，墓道之禮，五品以上用碑，五品以下用碣，此唐宋以來故制，莫之易也。而館閣諸臣，自明以來，資望最隆，五品以上其儀視尚書，五品以下其儀視侍郎；而今制，直省學臣，其儀視督撫稱三院，則其得用碑無可疑者，故予於公麗牲之石，特令準五品以上之儀。

按公諱經，字授一，別署九沙。先世爲鳳陽府定遠縣人。明初從龍〔嚴校〕乙去此二字。功臣斌之後。斌之子鍾，以世襲，始爲寧波衛人。鍾子武，武弟文，相繼襲指揮，死王事，世所稱『四忠』者也。又四世，而爲中府都督同知、淮安總兵表，以儒將私淑新建之學，世所稱鹿園先生者也。又二世，而爲左府都督僉事、福建總兵邦孚，是爲公曾祖，生户部主事泰，是爲公祖，始喪其世職，爲寧波府鄞縣人。户部八子並有名，而殊尤者三人：其一爲公擇先生斯選，其一爲充宗先生斯大，其一爲季野先生斯同。公爲充宗先生子。初，鹿園先生二世葬於杭之西谿，及充宗先生開講於杭，遂以守墓定居，故公長於杭。少隨諸父讀書。南雷黄子方移證人書院於鄞，申明蕺山之學，公擇先生兄弟最稱高座，公劍負侍於席末，豫聞格物傳心之教。諸父著書滿屋，公不假外求，耳濡目染，已成學海，一切世俗之佔畢，不得至前，此固非下户小生之所能望也。於是受三禮説數十萬言、春秋説數十萬言於充宗先生，又受三禮説數十萬言於季野先生，受易説數十萬言於世父正符先生斯禎，受尚書説數千言於從兄言，又受闢佛之説數萬言於公擇先生，此其經學也。受明史紀傳三百卷及列代史表數十種於季野先生，受明史綱目及崇禎長編於從兄言，此其史學也。而公又叩性理之學於應徵士嗣寅，求漢隸原委於鄭君谷口，參考通鑑地里箋釋〔嚴校〕『里』作『理』。於閻徵士百詩，〔校〕楊本有『此』字。其博且精也。

公成康熙癸未進士，選入翰林。是年，公高弟、今大學士海寧陳公亦同與省試，且同館，〔嚴校〕作『榜』。衣冠以爲盛事。尋授編修。前侍郎桐城方公時以株連之禍被禁，莫敢保出之者，公奮然送狀西曹，遂釋之，此其友朋急難之義也。尋主山西試事。〔楊注〕康熙五十年，先生爲山西副主考。今尚書太原孫公嘉淦從公問學，公一見推挹，卒成魁儒，此其知人也。尋視學黔中，廪奉稍優，九宗五族之中，隨分施之，此其仁也。及報政還京，忌者中之，遂有通州修城之役，此其不因人熱因以取戾者也。

公之歸也，家既罄，蕭然如布衣，賣所作隸字，得錢給朝夕。於是，增補充宗先生禮祀集解又數萬言；春秋定、哀二公未畢，又續纂數萬言；少嘗取從兄尚書説輯成一編，至是又整頓之，以成萬氏經學。從兄明史舉要未畢，續纂二十餘卷；又重修季野先生列代紀年，以成萬氏史學。又輯九沙分隸偶存，此其晚年著述之目也。公雖布衣疏食，而見義必爲，未嘗少衰。蒼水張公墓道將圮，公竭力修之；蒼水固充宗先生所葬，公於上巳、重九必爲設祭，此其繼志之孝也。雪竇山人之集爲人所得，冒以爲其先人之作，公購而正之，并訪其南屏埋骨之所，此其表章先正之苦心也。嗚呼！公之立身本末如此，而吾讀年譜所載，嗛嗛不肯〔校〕楊本作『敢』。盡及也。此非予表而出之，其誰更表而出之。

公年七十有八，而其同年户部侍郎仁和趙公殿最，以公應辭科之辟，格於部議，然公亦本無意出山。已而三禮開局，宫詹臨川李公又欲薦公，使之成其父書，予知公必不能〔校〕楊本作『肯』。就，代爲止之。顧公之抱恨以卒，則予更有大痛者。公雖篤老，而神明清吉，步履康强，飲酒尚可數斗，猶時時爲人作隸字。自去冬家遭大火，靡有剩遺，充宗先生未刻之書，如禮記集解、春秋明辨皆燼焉，其他秘抄之本不可數也。公於是終日涕洟，眠食俱減，自以爲負罪先人，擬之夷伯之震，而馴至大病不可起。生於順治十有六年正月十有三日，得年八十有三。娶錢氏，封安人，明山東學使啟忠孫女也。子：承天，選拔貢生，山西盂縣知縣；承式，舉人，四川萬縣知縣；承烈，尚幼。孫六人，曾孫三人。葬於西谿祖墓之旁。

公爲人春容大雅，不激不隨，尤喜引掖後進：其於杭人，物色今編修杭君世駿於髫年，以爲鄭漁仲之流；荒落如予，公引爲忘分忘年之契，吹噓不啻口出。晚年大火之後，家無儋石，而故人沈峙公之死，貧無以殮，公爲之遍告於有力者以賻之，其古道若此。嗚呼！老成凋謝，枌社黯然，又豈僅哭其私而已哉！其銘曰：

西溪之渚，萬樹古梅。昔年從公，秦亭徘徊。今年哭公，古梅同哀。鄒、施、〔校〕楊本作『相』。秦、〔楊校〕一本作『鄭』。許，半已蒿萊。皆西谿耆宿也。先塋八葉，世澤未衰。暗香疏影，舊德所培。

鮚埼亭集卷第十七

〔楊注〕此卷神道碑銘二，墓碑銘一，計三首。方、何、李三公，經術文章，足以相埒，一代之冠冕也。而皆不得行道于時，同困於箕口，故合爲一卷。

碑銘十二

前侍郎桐城方〔贈〕公神道碑銘

〔嚴評〕當書翰林院侍講銜前禮部侍郎。〔楊注〕庚午，年四十六。從嚴校補。

古今宿儒，有經術者或未必兼文章，有文章〔者〕從楊本補。或未必本經術，所以申、毛、服、鄭之於遷、固，各有溝澮。唯是經術文章之兼固難，而其用之足爲斯世斯民之重，則難之尤難者。前侍郎桐城方公，庶幾不媿於此。然世稱公之文章，萬口無異辭，而于經術〔校〕楊本下有『則』字。已不過皮相〔嚴評〕方公實無所謂經術，非皮相也。之，若其惓惓爲〔校〕楊本作『于』。斯世斯民之故，而不得一遂其志者，則非惟不足以知之，且從而掊擊之，其亦悕矣。

公成進士七年，〔嚴評〕方公是康熙幾年進士，當書。以奉母未釋褐，已有盛名。會遭奇禍論死，安溪方傾倒於公，力救之。幸荷聖祖如天之仁，宥死隸旗下，以白衣直禁廷，共豫校讎，〔校〕楊本下有『且』字。令與諸皇子遊，自和碩誠親王下皆呼之曰『先生』。事出破格，固無復用世之望矣。然公雖朝不坐，燕不與，而密勿機務，多得聞之。當是時，安溪在閣，徐文靖公〔校〕楊本『靖』作『定』。元夢以總憲兼院長，公時時以所見敷陳，某事當行，某事害於民當去，其説多見施行，雖或未能盡得之諸老而能容之，故公之苦口不一而足，〔楊評〕『不一而足』，語出公羊襄二十九年傳，言不以一事之美，而遽足之，見待之嚴也。謝山何以仍習俗之謬耶？不自知其數也。或欲薦公，則曰：『僕本罪臣，不死已爲非望，公休矣。但有所見，必爲公言之，倘得行，拜賜多矣。』

世宗即位，首免公旗籍，尋欲用公爲司業，以老病力辭。九年，竟以爲中允，許扶杖上殿以優之。再遷爲侍讀學士。孫公嘉淦以刑部侍郎尹京兆兼祭酒，勁挺不爲和碩果親王所喜，有客自朱邸來，傳王意授公急奏令劾之，當即以公代之。公拒不可，其人以禍怵之。公以死力辭。不數日，竟有應募上劾者，孫公下獄。公謂大學士鄂公曰：『孫侍郎以非罪死，公亦何顔坐中書矣。』於是孫公卒得免，人多爲公危之，而王亦不以是有加於公也。尋遷内閣學士，公以不任行走爲辭。詔許免上直，有大議得即家上之。公感激流涕，以爲不世之恩，當思所以爲不世之報，然日益不諧於衆矣。

今上即位，有意大用公。時方議行三年之喪，禮部尚書魏公廷珍，公石交也，以諮公。公平日最講喪禮，以此乃人倫之本，喪禮不行，世道人心所以日趨苟簡，諄諄爲學者言之。而是時皇上大孝，方欲追踐古禮，公因欲復古人以次變除之制，隨時降殺，定爲程度，内外臣工亦各分等差，以爲除服之期。此説本之桴亭陸氏，最爲有見。魏公上之，聞者大駭，共格其議，魏公亦以此不安其位。尋遷禮部侍郎，公又辭，詔許數日一赴部，平決大事。公雖不甚入部，而時奉獨對，一切大除授并大政，往往諮公，多所密陳，盈庭側目於公。

初，公嘗董蒙養齋，河督高君方在齋中，公頗言其必貴，故河督最向往公。及其違衆議開毛城舖，舉朝争之不能得，外而督撫争之亦不能得，而臺省二臣以是下獄。公言於徐公元夢，令爲上言〔校〕楊本下有『國家』二字。不應以言罪諫官，〔校〕上句，楊校作『不應以非罪誅諫官』。上即日出之。于是公獨具疏力陳河督之愎，上頗心動。河督自請入面對，上以其平日素向往公也，以疏示之，河督大恨，亦思傾公。會禮部共議薦一貲郎入曹，和碩履親王莅部，已許之矣。公以故事禮部必用甲科，不肯平署，王亦怒。會新拜泰安〔楊注〕趙國麟。爲輔臣，而召河間魏尚書〔楊注〕廷珍。爲總憲，朝廷争相告曰：『是皆方侍郎所爲，若不共排之，將吾輩無地可置身矣。』是後，凡公有疏下部，九列皆合口梗之，雖以睢州湯文正公天下之人皆以爲當從祀者，以其議出於公，必阻之。公嘗陳酒誥之戒欲禁酒，而復古人大酺之制，以爲民節用；又言淡巴菰出外番，近日中原遍種之，耗沃土以資無益之産，宜禁之。其言頗近於迂闊，益爲九列中口實。于是河督言公有門生在河上，嘗以書託之，上稍不直公，而禮部中遂有挺身爲公難者。公自知孤立，密陳其狀，且以病爲請，許以原官致仕，仍涖書局。衆以上意未置公也，適庶常散館，又以公有所私，發之，遂被削奪，仍在書局行走。而荆谿人吴紱者，公所卵翼〔嚴評〕『勝如卵予，翼而長之』，今云『卵翼』，不可通矣。以入書局，至是遂與公爲抗，盡竄改公之所述，力加排詆，聞者駭之。然上終思公。一日吏部推用祭酒，上沉吟曰：『是官應使方苞爲之，方稱其任。』旁無應者。嗚呼！温公退居留臺，神宗方改官制，以爲御史大夫非光不可，其亦古今所同慨也夫。於是公自以精力倍衰，求解書局，許之，特賜侍講銜。歸里，杜門不接賓客，江督尹公踵門求見，三至，以病辭。〔校〕楊本下有『之』字。乾隆十有四年八月十有八日卒，春秋八十有二。〔楊注〕望溪生于康熙七年戊申。

公諱苞，字靈皋，學者稱爲望谿先生，江南安慶之桐城人。桐城方氏爲右族，自明初先斷事公以遜志高弟與于革除之難，三百年中，世濟其美。明季密之先生尤以博學稱，近始多居江寧者，公亦家焉。三世皆以公貴，贈閣學。〔嚴評〕以三世二字，爲敘述家世，自古以來，無此法門。公之成進士也，宗人方孝標者，故翰林，失職遊滇中，陷賊而歸，怨望，語多不遜。里人戴名世日記多采其言，姓而不名。事發，吏遂以爲公也，及訊，得知爲孝標。吏議以其已死，取其五服宗人將行房誅之刑，長繫公以待命，賴安溪而免難。故公自謂宦情素絶，非有心於仕進，每得一推擢必固辭，而三朝之遭遇，實爲殊絶，不得不求報稱，豈知勢有所不能也。伯兄舟以高才而不壽，公傷之，推恩其子道永，得官順天府通判，而道永之罷官，頗遭羅織，亦以公故。公又于故相〔楊注〕指張廷玉。爲同籍，公子道章亦得罪於故相之子，故累上計車，卒不得一售。

公少而讀書，能見其大，及遊京師，吾鄉萬徵君季野最奇之，因告之曰：『勿讀無益之書，勿爲無益之文。』公終身誦以爲名言。自是一意窮經，其于通志堂徐氏所雕九經，〔嚴評〕九經解係納喇（蘭）容若出資託徐尚書刻者，通志堂乃容若堂名，不可云『通志堂徐氏』，『九經解』三字，不可缺。凡三度芟薙之，取其粹言而會通之。不喜觀雜書，以爲徒費目〔校〕楊本作『日』。力，玩物喪志，而無所得。其文尤峻潔，未第時，吾鄉姜編修湛園見之曰：『此人吾輩當讓之出一頭地者也。』然公論文，最不喜班史、柳集，嘗條舉其所短而力詆之，世之人或以爲過，而公守其說彌篤。諸經之中尤精者爲三禮，晚年七治儀禮，〔嚴評〕靈皋之說儀禮，可謂經之蝨矣。已登八秩，而日坐城北湄園中，屹屹不置；次之爲春秋，皆有成書。間讀諸子，於荀、管二家，別有删定本，皆行于世。其在京師，後進之士挾温卷以求見者，户外之履，昕夕恒滿。然公必扣以所治何經，所得何説，所學者誰氏之文，蓋有虚名甚盛，而答問之下舌橋口噤、汗流盈頰不能對一詞者，公輒愀然不樂，戒其徒事于馳鶩。故不特同列惡公，即館閣年少以及場屋之徒，多不得志于公，百口謗之，是則古道所以不行於今日也。

公享名最早，立朝最晚，生平心知之契，自徐文靖公後，曰江陰楊文定公，曰漳浦蔡文勤公，曰西林鄂文端公，曰河間魏公，曰今相國海寧陳公，曰前直督臨川李公，曰今總憲宣城梅公，曰今河督顧公。

其與臨川，每以議論不合有所争，然退而未嘗不交相許也。雅稱太原孫尚書曰：『殆今世第一流也。』及太原進冢臣，而公稍疑之，嘗歎曰：『知人之難，諒哉！』履邸雖惡公，而知公未嘗不深。一日，鄂文端公侍坐，論近世人物，文端歎曰：『以陳尚書之賢也，而自閩撫入京，聞其進羡餘金六萬，人固未易知也。』王曰：『其方侍郎乎？其强聒令人厭，然其堯舜君民之志，〔校〕楊本作『意』。殊可原也。』而前此力扼睢州從祀之尚書，垂死悔恨，自以爲疚心。嗚呼！大江以南，近日老成日謝，經術文章之望，〔校〕楊本有『則』字。公與臨川實尸之，雖高卧江鄉，猶爲天下之望。去年公卒，今年臨川繼之，蓋無復憖遺矣，豈不悲夫！

予之受知于公，猶公之受知於萬、姜二先生也。其後，又與道章爲同年，且重之以婚姻。予之罷官也，公豫見其兆，諷予以早去。及予歸，而公又以爲惜，欲留予，而不知公亦從此被撼矣。公之密章祕牘，世所未見，唯道章知之，而道章先公卒，故予亦不能舉其十一也。西州之痛，言不敢私，亦不敢諱，安得以銘爲辭。其銘曰：

經説在笧，文編在笥；雖登九列，依然賫志。强聒而言，何補於事；適招多口，成兹顛〔校〕楊本作『跋』。疐。懸知耿耿，百年長視。老成凋喪，嗣子又逝；孰知公者，青蠅僅至。墓門片石，秦淮之涘。

〔嚴評〕喪服經傳，最爲禮經之精詣，方氏説之則殊無難，凡所不解，悉歸罪于王莽、劉歆，以爲二人所竄改也，而鄭注、賈疏不足言矣。予嘗謂方氏之侮經，罪過于毛大可。

翰林院編修贈學士長洲何公墓碑銘

〔校〕楊本作『墓表』。〔楊注〕丙寅，年四十二。

國初多稽古洽聞之士，至康熙中葉而衰，士之不欲以帖括自竟者，稍廓之爲詞章之學已耳。〔校〕楊本作『而止』。求其原原本本，確有所折衷而心得之者，未之有也。長洲何公，生於三吴聲氣之場，顧獨篤志於學。其讀書，繭絲牛毛，旁推而交通之，必審必覈，凡所持論，考之先正，無一語無根據。吴下多書估，公從之訪購宋、元舊槧，及故家抄本，細讎正之，一卷或積〔校〕楊本下有『至』字。數十過，丹黄稠疊，而後知近世之書，脱漏譌謬，讀者沈迷於其中，而終身未曉也。公少嘗選定坊社時文以行世，是以薄海之内，五尺童子皆道之，而不知其爲劉道原、洪野盧〔嚴校〕作『景盧』。一輩。及其晚歲，益有見於儒者之大原，嘗歎王厚齋雖魁宿，尚未洗盡詞科習氣爲可惜，而深自欲然，以爲特不賢者識小之徒，而公之所得自此益遠，則世固未之能盡知也。

顧公一生遭遇之蹇，則人世之所絶少者。公天性最耿介，取與尤廉，苟其胸中所不可，雖千金不屑，晨炊未具，不計也。每面斥人過，其一往厄窮，蓋由於此。初，受知於崑山徐尚書。崑山之門，舉世以爲青雲之藉，所以待公者甚沃，而爲忌者所中，失歡。戊辰校文之役，至訟之於大府，遂有下石欲殺之者。崑山謂：『何生狂士，不過欲少懲之耳，夫何甚！』事乃得解。已而常熟翁尚書亦延致之。翁之子，妄人也，公又忤之，大爲所窘。及尚書受要人指，劾睢州湯文正公，滿朝憤之，莫敢訟言其罪，獨慈谿姜徵君西溟移文譏之，而公上書請削門生之籍，天下快焉。然公竟以是潦倒場屋，不得邀一薦，最後始爲安溪李相所知，相與發明大義，脱落枝葉，醇如也。於是聖祖仁皇帝聞其姓名，召見，侍直南書房，尋特賜甲乙科，入翰林，兼侍直皇八子〔楊注〕允禩。府中。然忌者滋多，三年散館，置之下等而斥之，天下之人駭焉。尋得恩旨留，浮沉庶常間；洊歷内外艱，又十年始復以安谿薦，得召授編脩，然不復直南書房。忌者終無已時，箕斗交搆，幾陷大禍，幸賴聖祖如天之仁，兼以知人之哲，得始終曲全，然亦悕矣。方事之殷，校尉縛公馬上，馳送獄，家人皇怖，公入獄，眠食如故。及所司盡籍其邸中書籍以進，聖祖乙夜覽之，曰：『是固讀書種子也。』而其中曾無失職觖望之語；又見其草稿，有辭吴縣令餽金札，而異之，乃盡以其書還之，罪止解官，仍參書局。公出獄，即趨局校書如故。是時諸王皆右文，朱邸所聚册府，多資公校之。世宗憲皇帝在潛藩，亦以困學紀聞屬公箋疏。康熙六十一年六月九日，病卒。〔楊注〕義門生于順治十八年辛丑，年六十有二。時聖祖方有用公之意，聞之軫悼，特贈超坊局諸階，爲侍讀學士。

公之卒踰二十餘年，而其門人陸君錫疇謂予曰：『吾師遭遇之詳，子既熟知之矣；其身後之蹇，亦知之乎？』予曰：『未之聞也。』曰：『吾師最矜慎，不肯輕著書，苟有所得，再三詳定，以爲可者，則約言以記之，積久遂成道古録如干卷，〔楊注〕按沈杲堂何先生行狀云是語古齋識小録，非道古録也。蓋亦厚齋困學紀聞之流。乃同門有荷吾師噓拂之力而晚背之者，竊其書去，因乾没焉，今遂不可得，是一恨也。年來頗有嗜吾師之學者，兼金以購其所閲經史諸本，吴下估人多冒其跡以求售，於是有何氏僞書，而人莫之疑，又一恨也。吾師之殁時，值諸王多獲戾者，風波之下，麗牲之石未具，近幸得常熟陶稺中太常許爲之，而太常遽死，又一恨也。子能爲補太常之一恨否？』予曰：『諾。』乃綜述其門人沈彤所爲行狀而序之。

公諱焯，字屺瞻，晚字茶仙，江南蘇州府長洲縣人也。先世曾以『義門』旌，學者因稱爲義門先生。康熙癸未進士。曾祖思佐，祖應登，父棟，皆諸生。娶王氏，卒年六十有二。子一，壽餘，諸生。葬於某鄉之某原。其所著惟困學紀聞箋行世，而書法尤爲時所傳云。公與桐城方侍郎望谿論文不甚合，望谿最惡(□□)〔牧齋〕從楊本補，下同。之文，而公頗右之，謂自(□□)〔牧齋〕後，更無人矣。蓋公少學於邵僧彌，僧彌出自(□□)〔牧齋〕故也。望谿争之力。然望谿有作必問其友曰：『義門見之否？如有言，乞以告我。義門能糾吾文之短者。』嗚呼！前輩直諒之風遠矣。其銘曰：

天子知之，宰相知之；而竟坎壈，以〔校〕楊本下有『見』字。尼於時。穹窿山上，帶草絲絲。

閣學臨川李公神道碑銘

〔嚴評〕當書前直隸總督字樣。〔楊注〕庚午，年四十六。

乾隆十有五年，閣學臨川李公卒於家。公以病退已十年，然海内士大夫猶時時探公起居，以爲斯道之重。公卒，而東南之宿德盡矣。嗚呼！公揚歷三朝，負重望者四十餘年，以爲不遇，則亦嘗受特達之知，荷非常之寵，内而槐棘，外而節旄，至再至三，有具臣所不敢望者；以爲遇，則乍前而遽卻，甫合而已離，磨蝎蒼蠅，旁午中之，何造物之顛倒斯人，一至此也！累蹶累起，卒不得志，終於骯髒以没，是則可謂痛心者矣。

公以己丑〔嚴評〕李公，康熙四十七年本省五經解元。『康熙』二字可省耶？進士入詞館，授編修，即受聖祖不次之擢，超五階爲庶子，自來詞館所未有也。主試滇中、浙中，凡再遷而至閣學，攝吏部侍郎兼副都，且大用矣，以辛丑校士之役，〔嚴注〕主試兩次，敘得太略，所謂『辛丑校士之役』，讀者將疑之爲滇、爲浙矣。考李公於康熙五十六年丁酉典試雲南，庚子典試浙江，辛丑會試副考官，乾隆六年辛酉典試江南。被論罷官，視永定河工，蓋未及一年而已黜。世宗在潛藩雅知公，既嗣位，召還，盡復其官，時時賜獨對，參豫大議。時有密勿重臣二人，禮絶百僚，親王亦折節致敬，而公平揖之。重臣〔嚴注〕或指科隆多。言公賦性剛愎，難共事，乃解閣部二官，但領副都。尋復以爲兵部侍郎，直講筵。視漕歸，稱旨，旋令填〔校〕楊本作『巡』。撫廣西。

重臣終心忌之，因作四巡撫論，皆加醜詆，以爲亂政之魁。四巡撫者，江撫楊文定公，時爲滇撫；今大學士海寧陳公，時爲東撫；其一則公；而蔡尚書爲川撫，亦豫焉。重臣又令其私人汙公以贓，卒不得。不二年，世宗思公，召爲直隸總督，眄睞倍隆。公力言河東總督田文鏡之殃民，既面奏之，漏三下猶未退，又連章糾之。河督亦劾公以朋黨，袒護屬吏之出自科第者，且舉動乖張。世宗始頗直公言，將斥河督，已而稍猶豫，于是封事狎至，公雖互有所持而不勝。當是時世宗方痛懲廟堂朋比之習，蔡尚書者，素負才而專己，顧獨傾心於公。會其失眷，忌公者因譖之，以爲是其死友，歷指其蹤跡，公益詘。召入爲工部侍郎，其在事方九月也，則新任直督及廣撫交章劾公。初，公在廣撫任中，嘗安插一罪苗，至是逃去，新廣撫不自引咎，追劾公從前措置不善。詔使公隻身前往捕賊自贖，不得攜廣中一吏卒，人皆危之。公至，而叛苗束身自歸，有司訊之，曰：『吾不可以負李公。』其事得解。時公已削奪官爵，既歸，下刑部聽訊。大臣議公罪應絞者十有七，應斬者六，共應得死罪二十有四；凡屬吏于官項有虧者，皆令公代賠。籍其家，取其夫人之簪釧，視之，皆銅器也。獄成，世益爲公危，顧公處之泰然，在囚中日讀書，晝飽啖，夜熟眠，若不知有憂患者。時故甘撫胡君期恒亦以事在繫，歎曰：『真鐵漢也！』内外諸臣，方以全力羅織公，必欲置之死。世宗始終念公，特以其性剛，意欲痛有所摧折，而後湔洗之，而復用之，乃大召廷臣，并召公親詰責之。公正色無所撓，但言臣罪當誅，乞即正法，以爲人臣不忠之戒，無乞憐語。〔嚴評〕四字可省。是日也，天威甚厲，近臣皆驚悸，汗出浹背，恐有大處分，而公自若。鄭侍講筸谷在班中，最爲予詳言之。尋奉詔恩〔校〕楊本作『恩旨』，是。赦公，令纂脩八旗志書，敝車羸馬，即日赴局，杜門不接賓客，重葺平生所著書，如是者八年。今上即位，召見，諭曰：『先帝固欲用汝。』即日授户部三庫侍郎，尋改左侍郎。時頗有〔校〕楊本下有『欲』字。阻公之起而不得者，顧不一年竟左遷詹事。

公平生以行道濟時爲急，用世之心最殷，故〔校〕楊本下有『雖』字。三黜而其志未嘗少〔校〕楊本作『稍』。衰，而浩然之氣亦未嘗少減，然而霜雪侵尋，日以剥落，菁華亦漸耗矣。會以丁太夫人憂歸，服除，又左遷光禄，尋遷閣學。時方主試江寧，一旦忽大病，神氣遂支離，與人語健忘，一飯之頃，重述其言，絮絮數十度不止。扶疾還朝，詔在京調治，竟不痊，許以原官致仕，賜詩以寵其行。歸而稍愈，優游里社，曾一至黄山，蓋公先世自王父以上皆休寧産也，然非復前此之伉壯矣。

嗚呼！公自釋褐時，新城王尚書稱其有萬夫之禀，及中年百鍊，芒彩愈出，豈知血肉之軀，終非金石，竟以是蕉萃殆盡，而要其耿耿賫志以終者，世人亦或未能盡知也。世之論公者，謂公之生平，良蹇於遇，顧亦頗咎公之不能善用其才。公以博聞强識之學，朝章國故，如肉貫弗，抵掌而談，如決潰隄而東注，不學之徒，已望風不敢前席，而公揚休山立，左顧右盼，千人皆廢，未嘗肯少接以温言。故不特同事者惡之，即班行中亦多畏之。嘗有中州一巨公，自負能昌明朱子之學，一日謂公曰：『陸氏之學，〔校〕楊本作『言』。非不岸然，特返之吾心，兀兀多未安者。以是知其於聖人之道未合也。』公曰：『君方總督倉場，而進羨餘，不知於心安否？是在陸門，五尺童子唾之矣。』其人失色而去，終身不復與公接。

〔嚴評〕李公歷三朝，兩任督撫，屢主文衡，豈無一言一行可書者。其文集具在，可以覆按。此文既不加採擇，乃于此等口頭刻薄語，斤斤書之，豈不可笑。蓋謝山性好譏評，故每每於他人譏評人倫之言，亦樂得而稱述之。此恐非儒者謹厚之風也。然其實公之虛懷善下，未嘗以我見自是。予以晚進，叨公宏獎，其在講座，每各持一說，與公力爭，有時公亦竟舍其説以從予。即其終不合者，亦曰：『各尊所聞可矣。』故累語客，賞予之不阿。而世方以閉眉合眼，喔咿嚅唲，伺察廟堂意旨，隨聲附和，是爲不傳之祕，則公之道，宜其所往輒窮也。計公在九列共事者，曰年大將軍羹堯，曰隆太保科多，曰桐城、常熟二相公；及爲直督勷營田之役，曰和碩怡親王，公皆一無所附麗，而卒困於河督。然其終得保全者，則聖天子〔校〕楊本下有『默』字。有以呵護〔校〕楊本作『深察』。之也。西崦暮齒，尚遭側目，可悲也夫！

公之好士，出自天性，故校士則蒙關節之謗，察吏則又遭鉤黨之誣，然而詞科之役，公方待罪書局，猶諄諄問予以天下才俊，各取其所長，登之簿録，是以丙辰復受薦舉過多之罰。偶取放翁詩〔校〕楊本下有『句』字。題楹曰：『遠聞佳士輒心許，老見異書猶眼明。』蓋實録也。予之罷官也，徐相國言于朝曰：『今日李詹事必大作惡。』或問之，張尚書從旁答曰：『此乃具體而微之李詹事也。』嗚呼！予亦何足以望公，而辱諸君之推轂乎？〔嚴評〕此一段亦不宜闌之。其經術皆足以經世務，指揮所至，迎刃而解。曾一出視漕，即爲清運丁積年之害，至今遵行，而惜其所至，皆未有三年淹也。生平學道，宗旨在先立乎其大者，陸子之教也。間謂予曰：『吾苟内省不疚，生死且不足動其心，何況禍福？禍福且不足動其心，何況得失？以此處境不難矣。』予於諸生請業，多述公此言以告之，則泰山巖巖之氣象，如在目前，一念及之，足使頑廉而懦立。今老成徂謝，後學其安所依歸乎？

公諱紱，字巨來，學者稱爲穆堂先生。其居臨川僅二世。少貧甚，讀書五行並下，落筆滚滚數千言，而無以爲生，嘗自其家徒步負襆被之徽，又之吴。吴人或異其才，然未能振也。或言之江撫郎君，一見曰：『非凡人也！』始資給之，遂魁其曹。三世皆以公貴，累贈户部侍郎。娶某氏，封夫人。子四：孝源、孝泳、孝游、孝洋，並登鄉薦，而孝源爲縣令。孫友棠，進士，翰林，今改御史。公春秋七十有八，〔楊注〕穆堂生于康熙十二年癸丑。葬於某山之某原。所著有穆堂類稿五十卷，續稿五十卷，〔沈注〕未見。别稿五十卷，春秋一是二十卷，〔沈注〕祇一卷。陸子學譜二十卷，朱子晚年全論二十卷，陽明學録若干卷，八旗志書若干卷，皆行於世。〔嚴注〕案别稿應作雜著，據别稿卷三十五再與龐副使書，公所著初稿、别稿、雜著，共一百五十卷。初稿亦曰類稿，又曰正稿；别稿亦曰續稿；無所謂續稿也。子才傳作穆堂類稿一百五十卷，合并言之，亦未是。春秋一是二十卷，按顧棟高春秋朔閏表序『臨川師有春秋年譜一卷，殆即其子目之一。朱子晚年全論二十卷，應作八卷。

公于雍正癸丑之冬，見予文而許之，遂招予同居，時萬學士孺廬亦寓焉，紫藤軒下，無日不奉明誨，諄諄于義利之戒。公以丁憂歸，予以罷官歸，學士亦以丁憂歸。是後，一見公于江寧，則公已病甚，猶惓惓以予出處爲念，既歸，不復相聞矣。公之歷官事迹，不能悉述，且亦有事祕不能直陳者，然而予苟不言，世且無知者，乃略陳其梗概，然終不能百一也。嘗謂公之生平盡得江西諸先正之裘冶，學術則文達、文安，經術則盱江，博物則道原、原父，好賢下士則兗公，文章高處逼南豐，下亦不失爲道園，而堯舜君民之志不下荆公，剛腸勁氣大類楊文節，所謂大而非夸者，吾言是也。其銘曰：

用則大受，否則卷懷；曰亨曰屯，我何有哉！所可惜者，用世之才；困頓而死，志士所哀。名山大川，千古昭回；英靈之氣，長表劵臺。

〔嚴評〕古文於詩間有自注之例，而於文則無之。文之自注，不知昉於何人。予見梨洲爲魏子一誌墓，中述子一之言云云，特下一注云：『此言聞諸魯季粟。』蓋子一降賊四十日而死，不可謂之殉國，而梨洲之文，力爲回護，述其臨死之言，特援佐證之人，以爲分謗之地耳，非文之正例也。謝山俎豆梨洲，此文與姚薏田、厲樊榭墓誌，皆有自注，殊可不必。〔又評〕穆堂先生，大臣之有學問文章者，其文當典麗矞皇，如皇甫持正之於韓文公，始不負耳，豈可如謝山之漫然下筆哉！

鮚埼亭集卷第十八

〔楊注〕此卷神道碑銘四，墓碑銘二，墓碣銘一，計七首。工書趙公，大科之舉主也。刑侍王公，明經之薦主也。吏侍邵公，南宫之座主也。侍讀鄭公，同館之前輩也。甘撫胡公、太常陶公，忘年之交也。皆謝山師友之知己，故合爲一卷。

碑銘十三

工部尚書仁和趙公神道碑銘

〔楊注〕甲子，年四十。

乾隆四年，工部尚書仁和趙公以祀太廟慶成燈，不當上意，左遷。計公所應降之階，猶得回翔宗正、奉常之間，以需休復。而公不告於寮屬，不謀於戚友，蹇驢一乘，竟出國門。公卿聞之，追送莫有及者。既抵浙西，小舟竟向湖上，謁先墓，遂居丙舍不入城，子弟固請，勵一造影堂，絶不與當路達人相還往，有來見者，盡以疾辭。已而竟入山幽居，五年而薨。遺命不用赴狀，不備儀物，聞者以爲近世大臣所未有也。公之諸從弟，於予爲文字交最篤。公嘗薦予應詞科，屬在門下。諸從弟以埏道之文爲屬，義不敢辭。

公由康熙癸未進士授禮部膳曹郎，遷儀曹郎，再遷刑部郎，三遷爲刑科給事中，四遷爲湖南按察使，五遷爲少詹事，六遷而至内閣學士。其在掌科也，奉命使盛京寧古塔，督視船廠；其在詹尹也，奉命使四川打箭爐之噶達，督視廟工兼塘汛。東西車馬萬里，口不言勞。東行則劾奏勛衛駐防之爲士卒害者，積年盤根錯節之巨蠹，一旦拔去，三軍〔校〕楊本下有『之樂』二字。如挾纊焉；西行則直陳撫臣徇蔽〔校〕楊本作『情弊』，楊改作『徇庇』。私人，阻撓興築之失，而後大工〔校〕楊本作『功』。以集，諸番以之大和。於是世宗憲皇帝始有意大用公，貳工部，遷貳户部。其時政事尚綜核，和碩果親王尤凜不可犯，百寮習爲駿厲。公以朴誠自矢，循分守職，在班行中粥粥斷斷，不求赫赫〔校〕楊本下有『之』字。名，又孤立無津援，退食杜門委蛇，時對一尊自斟酌，雖有附熱之徒，不得至前，或未能無望焉。世宗憲皇帝獨深知之，嘗有薦公足任銓衡者，則曰：『三司重地，朕方倚之。』晝日三接，恩寵日渥，然公之自守泊如也。一日燕見，〔校〕楊本作『閒』。九卿侍坐，競進談禪。世宗顧而問曰：『汝亦能之否？』對曰：『臣未之學也。』世宗笑曰：『曷試之。』即拈一語，公以儒言對。世宗顧謂諸臣曰：『真〔校〕楊本『真』上有『此』字。鈍根也。』臨川李公早貴，不甚悉公之爲人，已而今上特起之，與公同官，因問予曰：『右農何如人也？』予曰：『其人厚重，如漢丙吉，如唐婁師德，如宋杜衍，蓋庶幾焉。』臨川訝曰：『其然，豈其然乎？』不數日，謂予曰：『子之言然。』明年，由吏部侍郎長工部。故事，内務府有營造，率資經費於工部，然府員濫支冒銷，以爲習慣，工部莫敢誰何也，公獨正色裁抑之。會重築郊壇馳道，公庀材數工，核減府員所估之十九，而事集。内務府諸郎羣聚而謀所以去公者，始有慶成燈之譴；又以舊尚書詿誤之案加公而并罪之，故工部大小官吏俱被議，乃獨解公任。

方公之被眷也，上嘗問公年，以七十對。公齒髮甚豐而澤，望之神明盎然，甚且有以爲未及艾者，上亦意以爲避事，而故增之，以冀引年之澤。於是忌者得中之。或勸公自白於上，公曰：『七十老翁又〔校〕楊本作『亦』。何所求？吾歸已夫。且吾昔官湖臬，總藩徐聚倫百方排我而不克；及官户部，亦累見厄於長沙陳侍郎而無恙，命也。今日之罷，亦命也。』蓋未嘗有幾微之〔校〕楊本下有『憾』字。見於辭色焉。予雖與公諸弟善，然在京時未始一通謁，及詞科之役，公枉車騎見過，予皇恐謝曰：『昔伊川入汴，吕申公爲中丞先過之，伊川報箋，以爲後世絶無之禮。顧末學不足充伊川灑埽之役，何以副公之盛意乎？』公曰：『士有因舉主而重者，舉主亦有因士而重者，子何讓焉。』予爲之悚不自安者久之。然予疏慢性成，雖銜知己之感，而過從甚簡。既免官歸甬上，更不能時通候問，而公之惓惓於予者無間焉。〔校〕楊本作『也』。嗚呼！沖襟雅度，其可及哉。凡公服官之詳，其事甚繁，具詳行狀、墓志，〔校〕楊本下有『予』字。不能盡録，但取其大者，著之於篇。

公諱殿最，字奏公，〔校〕楊本作『功』，一字鐵巖。先世故宋宗子，居紹興之上虞，遷杭之仁和者三世。

曾祖某，〔楊注〕燮英。祖某，〔楊注〕鶴。父某，〔楊注〕汝楫。皆以公貴，累贈光禄大夫、經筵講官、吏部侍郎。其三世妣，贈如階。夫人陳氏。公之喪偶蓋三十年，而旁無媵侍，〔校〕楊本作『妾』。其清静乃天性也。嘗渡江展先墓，小肩輿行蕭山道中，與縣尉遇，呵之避道，從者怒，公遽下輿避之，頗似魏文靖公故事。子二：長清，〔校〕楊本作奕清。國子生；次世玉，丁酉舉人。孫六，長復元，以任子恩補工部主事。公生於康熙某年某月某日，卒於乾隆某年某月某日，春秋七十有七。葬于西湖五老峰之陽。所著詩集如干卷，奏議如干卷。其銘曰：

三朝之完人，歷試之勞臣。知足知止，翩然引身。他年國史，視予此文。

刑部侍郎管禮部侍郎事坦齋王公神道碑銘

〔楊注〕丁巳，年三十三。

公諱蘭生，字振聲，别字坦齋，直隸河間府交河縣人。安谿〔校〕楊本作『溪』，下同。相國督學畿輔，公時方試童子，安谿一見奇之，拔冠其曹，教以窮經。已而文貞以吏部尚書兼撫直隸，檄公入保陽書院爲都講。及入正揆席，招公入京。安谿之學，留心律吕、曆算、音韻，有發前人所未及〔校〕楊本作『發』，注一作『及』。者，公皆得其傳。

時廟堂方開書局，旁求哲士。聖祖仁皇帝神明天縱，自六經外，於諸家皆能洞探其窔奥，疏決其障礙，而安谿之學適與有合。然以閣務繁，不能任編纂，乃薦三人：其一今禮部尚書景州魏公，其一即公，其一今順天府丞寧國梅公，同入直，晝日三接，以膺顧問，遂得時受天語指示，校審周易折衷，以至纂輯律吕正義、數理精藴、卜筮精藴、音韻闡微諸種，又編朱子遺書，公皆與焉。而律吕、音韻二者，公之力尤多。

公於律吕，少有夙悟，安谿嘗以朱子琴律圖説雕本流傳多誤，令公正之，公爲之抉發證明，遂可推據。既得承聖祖所授御製律管、風琴諸解，乃本明道程子之説，以人之中聲定黄鐘之管，積黍以驗之，展轉生十二律，皆與古法相應。又至郊壇親驗樂器，而後知管音有長短巨細之差，故有黄鐘積八倍者，或四倍者，而匏笙之管，反有黄鐘積八分之一者，至塤篪之數，亦皆以黄鐘積實加減而得；其應聲至弦音，則但争長短，或用倍，或用半，其聲已應；蓋立方者用體，平方者用面，〔校〕楊本「有」上有「而」字。有不同也。其説弗盡符於朱、蔡，而與管子、淮南合。音韻則公得之安谿之説者，大略與崑山顧氏同，而較密。

又承聖祖之誨，知國書與古法合，并外蕃諸國韻書亦有合者。今人皆疑歌、麻、支、齊、微、魚、虞七韻無頭，不知七韻乃聲氣之元，能生諸部，切諸部，而不爲諸部之所生所切，宜居部首，即國書第一頭喉音五字也。等韻之易錯，皆由清濁之不分，乃即用國書五字頭爲聲音之元以定韻，又用連音爲紐切之法以定等。皇極經世韻圖詳等而略韻，顧氏則詳韻而略等，互有異同。是書出，較若列眉，而萬音畢舉矣。是時翰詹宿老容有未盡通其義者，公以布衣諸生，親接君相之緒言，披卻導窾，釐爲一代石渠大制作，誠遭際之極隆也。

聖祖以癸巳秋特賜公同與禮闈試，尋丁外艱，許以所纂書自隨。辛丑春，特賜公同與殿試，改翰林院庶吉士。世宗憲皇帝嗣位，授編修。乙巳，遷司業。丙午，主廣東秋試事，還京，詔督學浙江。浙中素稱多士，公未嘗稍徇物望也，而高材生俱列甲選。在浙三遷至侍讀學士，移節安徽，得士如浙中，晉閣學。是秋，即主江南試事。以學臣而主試，亦前此所未有也。再移節陝西，得士如初。會所貢舉士挂吏議，連及，左遷需代。吏部推翰詹諸人入見，世宗熟視良久曰：『恐皆非舊學臣之繼也。』乃留公俟期滿，而以少詹涖事。

今上嗣位，仍晉閣學，還京。公以浙江銅政大壞，長吏之任事者輒困，請變通其舊例；陝中流民，舊皆令土人養之，宜令有司別爲安插，皆仁心仁術也。適詔修三禮，以公同總其局。是冬，晉刑部侍郎，尋調管禮部。

公之治事，縝密而周詳，毫髪未至，不敢即安，漸以積勞致病，顧〔校〕楊本下有『謂』字。爲受恩重，不敢言。世宗梓宮發引，公扈從出，行次涿州，從者前有所白，則危坐卒於肩輿中。上聞軫悼，賜帑金五百，督臣爲治喪，賜祭一壇。論者惜以爲未竟其用焉。生於康熙十有八年正月初六日，卒於乾隆二年二月二十三日，得年五十有八。曾祖某，祖某，父某，皆以公貴，贈閣學。娶何氏，封淑人。無子，以族子誠爲後蔭。生女三。予追隨幕下，公所以陶鑄疏野者甚至，及入京，又以邸舍相近，得時見，今而後，歎撰杖之無從矣。誠於是年十月大葬公於東原，而以埏道之文爲請，又曷敢辭。銘曰：

扶風布算，康成登樓；建安定律，季通其尤。峩峩先生，孤詣清脩；爰登虎觀，以襄校讎。乃以冰心，而持玉鏡；人物權衡，文章司命。乃以清卿，而佐新政；夙夜惟寅，典禮攸定。橋山在望，有號其弓；凡在百爾，其孰不恫；胡公之出，遽以告終？穹碑八尺，長護幽宮。

故甘撫復翁胡公墓碑銘

復翁登秋賦之年，而予始生，及其自甘撫罷官，以宥出獄，于是識予，行輩闊絶，然甚相契，遂爲忘年交。臨川李公不甚許可人，語及復翁，則曰：『斯其爲督撫之選矣。』桐城方公亦曰：『幹〔校〕楊本『幹』上有『此』字。才也。』然而世之不甚知其本末者，總以爲年大將軍之黨而疑之。復翁之卒五年，耆老日喪，誰爲發其沈屈者。江都閔君華以詩社之舊，乞予爲銘，予何敢辭。

復翁爲湖廣之武陵人，一遷而無錫，再〔校〕楊本下有『遷』字。而江都。前院長、侍郎統虞之孫，江蘇布政〔校〕楊本下有『使』字。獻徵之子，家世膴仕，而方伯故與年都憲遐齡爲異姓兄弟，故復翁少而于大將軍相親昵也。而復翁之才亦殊絶。其通曉朝章國故，諳悉流品，此巨室子弟所優，尚不足怪。〔嚴評〕是何等句法。至於酬應世事，如理繭絲而不棼，挽決河而不駛，此則天賦之奇耳，目中所未易遇也。大將軍故才高，少當意，乃獨善復翁。初，復翁困於孝廉，滯於翰林典籍之任，蕉萃甚。海寧陳文簡公〔楊注〕元龍。爲院長，而君以屬吏走庭下，因投以詩，有『春容絳帳橫經日，辛苦青衫執簡時』之句，聞者悲之。會大將軍出爲川撫，而君以久次，出判〔校〕楊本下有『于』字。夔州，甫半年，遷知重慶，踰年而分守川東。大將軍兼督關中，移之分守陝東。又踰年而爲布政使，未幾遂躋甘撫。計君揚歷西陲，其席皆未暖。大將軍用人素揮霍，不免以所好驟進之，而當時幕府之才，亦未有抗手者，無惑乎其日益傾倒也；乃一旦失勢，何能以黨自解矣。然復翁在大將軍寮客中，正自有不可没者。大將軍挾貴而汰，又其才足以凌厲人，故見之者，輒自膽落，而復翁處之坦然，每能以約言挽其失。大將軍之豪奴，挫辱咸陽令于轅下，君爲巡道，嘗面〔校〕楊本作『廷』。斥而扑之。奴哭訴於大將軍，而大將軍勿問也。自是諸奴稍稍畏君，守令仗之得自振刷。又嘗微言勸大將軍以持盈，向使能用其言，可以免禍，而無如其日亢而不返也。然〔則〕從楊本補。君之周旋其間，固非唯阿咳唾之流所可同年而語者矣。迨大將軍事〔校〕楊本下有『且』字。敗，門下蝟起攻之，以求免禍。世宗憲皇帝尚未遽罷君，密敕累有所詢，而君唯連章引咎，自甘逮訊，是則尤可以見君之不負故舊，爲末俗所難能者。

今上登極，得歸，且令給還田宅，逍遥里社，與予輩爲吟伴，凡十年而始卒，享年七十有八。方君荷世宗眷睞時，嘗令薦士以爲鶴禁之用。時蔡文勤公家居，力薦之，遂得召〔一〕，甘盤舊學，遂〔校〕楊本無此字，有『因以』二字。成今上嗣統之盛，斯其功在天下而人不知，予不言之，不幾湮没？爰銓次之，以復閔君，蓋不敢有一語之阿私也。

復翁諱期恒，〔楊注〕其恒。字元方，一字復齋，累官甘撫、侍郎、都御史。夫人汪氏，無子，以其從子爲後。復翁嘗曰：『謝山有用之才，今置之荒江寂寞之濱，而渠亦遂不肯一出，不能不爲國家惜。』每逢所知官浙中，必語之曰：『謝山固窮甚矣，諸君幸勿恝置之。』嗚呼！是則復翁之於予可感者也。〔校〕楊本無『復翁嘗曰』至此七十一字，楊寫補。其銘曰：

與君忘年，而克知心；酹君楚些，故國之音。

〔一〕〔嚴注〕郎潛紀聞卷七云：『文勤以庶常入都，賓應喬教諭遇諸逆旅，見其舉止而異之，聞諸外舅甘撫胡期恒。胡聞年大將軍，遂薦諸上，至大用。然文勤不知也。見姚椿晚聞堂集。』顧廣譽云：『年薦文勤，與方苞作蔡誌，雷鋐序三希堂集云「奉旨入都」者，不合。』案年薦而奉特召，並無不合。方、雷以年罹嚴法，删去之。姚所云與全氏合。

翰林院學士南昌萬公墓碑銘〔校〕楊本作『墓碣』。〔嚴校〕當著明或讀，或講。國初翰林院曾設學士一員，班在講讀學士之上，未幾裁去。

予以雍正癸丑春試報罷，束裝欲歸，前侍郎臨川李公固留予，〔校〕楊本有『將』字。使之應詞科。其時侍郎居宣武門南，故合肥李相國邸也，西有紫藤軒，割以居萬公孺廬，又割其東以居予。每日高春，必相聚一室，或講學，或考據史事，或分韻賦詩，蔥湯麥飯，互爲主賓。臨川嘗曰：『是楊誠齋所謂「三三徑」者也。』顧二公皆宿老，爲予丈人行，而略儕輩以下交，予竊媿之。臨川性剛毅，其所持辨，萬夫環而攻之莫能屈，嘗主張陸文安公之學過甚，遂於朱子有深文。公生平亦主陸學，然其論戒偏重，多從容以解臨川連環之結。臨川下筆千言，睥睨一時，罕有當其意者，公之詩文出，臨川未嘗不心折也。予嘗謂江西文統，自歐陽兗公後，如平園，如邵菴，如東里，皆以和平雅潔嗣其瓣香，而公其世適也。臨川以爲知言。臨川最愛士，士之赴之者如百谷之趨海，門户既大，不無飾詐之徒，夤緣以入，故甲乙之目，必待公而定。蓋二公之交好，其道同，其志同，間有輪攻墨守之不諧者，未移時而水乳卒合。顧臨川荷三朝特達之知，以伉直不容，累蹶累起，計其所居九列重地，久者不滿二年，或僅數月淹。公則浮沉詞館，累遭憂患，垂老始以文章見知，得殊遷，而終不得有所發紓，〔楊校〕作『抒』。何其窮也。

按公諱承蒼，其字曰宇光，〔嚴校〕作宇兆。江西南昌府之東埂人也。〔嚴評〕略縣名而書小地名，自來無此文例。當改『府』字爲『縣』字。刑部侍郎虞愷六世孫，光禄卿汝言五世孫，再世皆講學於陽明、念菴之門，稱碩儒。祖象師，父興主，再世贈翰林。〔嚴評〕翰林院有學士，有讀、講，有編、檢，有庶吉士。『贈翰林』，究是何品級。太宜人李氏，賢母也，方孕公時，每嘿祝於影堂曰：『不願生兒爲高官，但願負荷先世之學統。』故公少而喜讀〔校〕楊本作『善談』。宋人講學之書，論者以爲得之胎教。公以康熙癸巳進士入翰林，益與臨川講學相淬厲。臨川驟貴，左右要人畏其芒角，百計擠之，以公爲臨川所厚，恐其援之爲助，因并側目焉。臨川辛丑主試之謫，廟堂流言，藉藉及公，以爲梁肅之有韓愈，皆其所通榜也。百口同詞，幾莫能白，僅而得免。

世宗即位，雅知公，而臨川亦賜環，將引公，未及施行，則臨川已出爲廣西巡撫。忽奉嚴旨，追舉辛丑流言以罪公，罷其官，并左遷其弟，蓋當局者皆以臨川之故。然臨川特以學術厚公，而公實未嘗藉〔校〕楊本下有『之』字。以求進，及其因之以謫，則亦恬然受之。於是歸而杜門，益講學，無復出山之志。世宗徐察公之誣，特召入京，補原官。嘗與同院旅見，見其鬚髮盡白，曰：『汝老矣。』然終不見用。

今上嗣位，有薦公者，稍委以制誥，置之講筵。又七年，臨川已病廢，始超五階爲學士。是時三館諸臣，苟以文章邀聖眷者，類得取不次之擢，立至槐棘間。天下争爲公喜，謂公之足以報國者，不僅在文章，殆自此得大受。乃不三年，而公卒矣。〔嚴注〕乾隆元年，公爲廣西主考官。九年甲子，爲福建副主考。生於康熙某年某月某日，卒於乾隆某年某月某日。子四，皆以鄉貢進士薦。葬於某鄉之某原。所著有萬學士易傳，其論互體，最精妙，自漢儒荀、虞以來，未有如此之覈者，而一掃宋、元林、吴諸子言互之謬。又有萬學士集如干卷。

予之别公也，歲在丁巳，臨川與公先後以奔喪歸，予以罷官歸，亦居憂。辛酉，臨川主試江南畢，病甚，由水道還京，過揚，予亦適在揚，而公至，以臨川之疾〔校〕楊本作『病』。也，相向攢眉。踰年，公有學士之擢。又踰年，公主試閩中歸，故人有見之〔校〕楊本無上三字，作『相見』。於杭，於蘇，於揚者，皆言公念予不置。未幾公貽書曰：『穆堂歸里門，子又不來，老生孤另何如矣。』豈意是書遂成死别，紫藤花下舊雨，更無再聚之期，其可恫也。諸子以臨川所作墓志來，屬予以窆石之文，〔嚴評〕墓志與窆石之文，豈兩體耶？爲流涕而序之。其銘曰：

嗟承明之耆舊，從此不憖遺兮。況予生之知己，更舍公其誰兮？上以爲斯文慟，下以哭其私兮。

鄭侍讀篔谷先生墓碑銘〔校〕龍尾本作『墓碣』。

篔谷先生鄭氏，諱江，字璣尺，浙之杭州府錢塘縣人。由康熙戊戌進士，改庶常，授檢討，同脩明史，再參一統志局事，遷贊善，提督江安學政，〔楊注〕雍正十三年乙卯，以贊善典試山東。遷侍讀，以足疾乞解官。

先生讀書務心得，不從事於辭華。貌寢，又不喜事威儀，望之無足動人。然胸中粹然醇然，不設城府，待人以忠信，有一得之善，好之不啻自其口出。三館儲材之地，多皈依當路，以求速化；先生淡然無求，回翔書局〔校〕楊本有『中』字。者廿年，未嘗有積薪之憾見於詞色。門巷蕭然，客至烹茶相對而已。和碩果親王嘗欲延賓客，〔校〕楊本作『西賓』。同官求之者如雲。桐城方學士望谿以先生薦，力辭不赴。及持節江介歸，方將進用，而蹇不任行，韓大夫之患墮車，蓋有命焉。初，先生官京師，嘗欲纂注春秋，至是遂成之，矻矻不舍。時扶杖出與諸故人爲詩社，倡酬極盛，不謂其遂〔校〕楊本作『遽』。卒也。

先生平日自視欿然，其在儕輩，似不能言者。故未嘗輕與人言學，然而知學者莫如先生；未嘗輕與人出其詩古文詞，然而知詩古文詞者莫若先生。嘗與予私論諸儒之學，謂『康節實出老、莊之緒餘，飾之以焦、京之術數，世特以二程推之，遂列之「六先生」之目，宋史登之道學，可一笑也』。謂『陸、王宗旨，豈可妄詆？世之擁戴朱子者攻之耳。東萊尚不敢斥陸；涇陽非王，而未嘗不有取於王，而蚍蜉之撼何爲乎？不謂顧亭林亦蹈此習』。又謂『蔡虛齋固善人，然惜其學之陋也。因文見道，已屬膚廓，豈有因帖括講章之文而見道者。使今世橫目二足之徒，挾兔園冊以論學，則蔡氏爲之厲也』。先生向從義門何公游，義門墨守朱學者，予意其不出師席之儲胥，不料其嶽嶽不肯苟同如此。其所作詩古文詞，稱情而出，一任時風衆勢之上下，確然莫能溷其本色。然細讀之，正不輕下一字，大類宋范正獻公淳夫，而世之以險語僻文相尚者所弗知也。臨川學士穆堂嘗謂予曰：『今館閣人物渺然，如質谷者真正始之遺。』蓋確論也。〔校〕楊本作『云』。予陪先生杖履之末幾二十年，辱待以忘年之契，嘗一日數過予，引爲畏友。及里居，貽書告予，約同事於春秋。辛酉之秋，予至杭，開樽話舊，自是不復再見矣。

生於康熙某年月日，卒於乾隆某年月日。〔楊注〕質谷生於康熙二十一年壬戌二月二十六日，卒於乾隆十年乙丑二月廿九日，年六十有四。曾祖某，祖某，父某，〔楊注〕小南、應科、茂坤。累贈贊善。〔嚴評〕似乎三代皆受贈矣。宜人某氏。〔楊注〕按堇浦鄭公行狀云『娶于陳，封孺人』，非宜人。二子，長爲鄉貢進士。所著有〔校〕楊本無『爲』字至『有』字八字，作『之翀，鄉貢進士，次之莊。所著有春秋集義、詩經集詁、禮記集注，惟』數字。質谷詩集已行世。葬于西湖之某峰。予之爲斯文也，以所獨知於先生者序之，逝者如可作也，其許我乎？其銘曰：

予於同館前輩之交，方、李、謝、萬〔楊注〕苞、紱、濟世、承蒼。暨先生而五。年來睽隔，强半〔校〕楊本無『强半』二字，作『嗟予放廢，諸公』。老病，山河道阻。生者不可見，死者已矣，鬱鬱予懷，其誰與吐。

吏部侍郎兼翰林院掌院學士巡撫江蘇思蓼邵公神道碑銘

同里吏部侍郎邵公，與予家相隔僅一湖水，其贈公兄弟〔校〕楊本無上二字。與先君兄弟爲文字交，予十四歲爲諸生，猶及肩隨公。未幾公貴。丙辰南宮之役，爲予座主，然公仍以故人之禮待予。初，公嘗欲薦予入詞館，尋爲今太傅相國福公所先而止。後有讒予於太傅者，公急以告予，令釋言焉。予卒不自白，太傅亦未嘗信其讒，而公之爲予則盡矣。是年公即出（填）〔鎮〕從楊本改。撫江蘇，未及期而卒。公子鐸於大葬時，屬予以埏道之文，予以在憂中廢業，請俟除服爲之，而公子又卒，其可悲也夫。

公以康熙辛丑進士〔嚴注〕康熙五十九年庚子科解元，出李穆堂先生門下。改庶常，授編脩；再改御史，巡視京西；復入爲御史，改給事中，侍直皇子書房，副鴻臚，遂參匭司；改祭酒，侍經筵，仍副匭司；再遷副〔嚴校〕無『副』字。都御史，侍直南書房爲少宰，兼院長，累主文字之任。〔嚴注〕雍正十年壬子江西正主考。十三年乙卯江南正主考。乾隆元年丙辰會試副總裁。本年恩科鄉試順天副主考。公素小心謹畏，雅不喜馳騖聲氣，及其出入禁廷，尤凜凜以温室之樹爲諱。而世之趨公者，累及門而被辭，以是遭衆怨；即有諒公者，要不過以爲漢石建一流耳。及其持節（填）〔鎮〕撫，讜言三上，毅然義形於色，雖古之稱骨鯁者，莫能加焉，則甚矣知人之難也。

公之將赴江蘇也，所部方祲，於是樂善好施之例出，公力争之，以爲天下方傳皇上新政，首罷捐例，今之所請，是開蠲而巧更其名也。此例一開，罷捐成虛論矣。周官荒政十二，未聞乞靈於貲郎以振之也。上瞿然是之，亟命停止，而計臣深不以爲然，乃復行。予竊歎以爲公自是失内援矣。

河督議開毛城鋪以洩水，淮、揚士大夫官於京者，公疏争之不得；臺省争之〔校〕楊本下有『不得』二字。則下吏；九卿亦有争之者，不得；最後直督彭城李敏達公力争之，幾勝而復絀。公陛辭，詔與江督、漕督共相視，會議以聞。江督等皆與河督議合，獨公以爲不可，江左大吏遂莫與公諧者。會劾蘇州守白嶸，已下吏，河督反請釋而用之，而公益不自得。公又言蘇俗汰侈無度，請禁止伶人之宣淫者，勿令流播上國，世皆迂而莫之是也。公自以累年侍直，素得豫親臣之列，實心報效，而不知事之難徑行。

未幾，竟奉嚴旨，以所薦吏非同年則〔嚴校〕作『即』。同鄉，爲有阿私。公之平昔以不肯徇其故舊，得罪於人，天下莫不聞。及既爲大府，屬城守令相望，不能揀其同年、同鄉之善者，亦勢也，而乃坐是得咎，公亦不敢辨也。公素羸，至是積勞乃得疾，天子終眷公，馳令太醫診視，并令公子南歸侍疾，而公已不起。遺奏至京，賜卹如制，并諭江左大吏助其喪。

公之在蘇日淺，既爲同事者所牽制，跋前疐後，有戒心，故其所設施不能十一。昔人之論姚崇，以爲不過積穀作米，把纜放船之人，嗚呼！是不知任事之苦者也。方公盛時，妻不衣帛，旁無姬侍，客至魚菽蕭然，多擬之三公布被之故習。及諭祭使者至門，隘巷不足容肩輿，則步以入；矮屋不足以容廣筵，則畢事於簷溜〔校〕楊本作霤。之下；人始信之。公子既不永年，煢煢一孫，王夫人親抱持之。夫人向予速前諾，予不敢有溢詞，亦不敢没其實也。

公諱基，其字學址，世爲浙之寧波府鄞縣南社壇人。生於康熙某年某月某日，卒於乾隆某年某月某日。曾祖某，祖某，父某，三世皆以公貴，贈如公官。娶王氏，封夫人。子鐸，予同年生，翰林院檢討。

孫某〔楊注〕名洪。葬於西山之某峯。其銘曰：

曾是魯男子，目爲登徒；三人一口，市虎非誣。我作斯文，足以慰冥魂。

太常晚聞陶公神道碑銘 〔楊注〕戊辰，年四十四。

乾隆四年，工部尚書景州魏公罷官，已而天旱。四月十有二日，新授太常寺卿陶公入謝，上特召見，問以時政，得無有闕失者，當陳之，以爲脩省之助，其無有所諱〔嚴校〕鈔本無上五字，較善，因下有『據實』字也。公猝未及有所陳。上曰：『爾尚有直氣，試據實言之。』公言：『近日庶政脩舉，惟魏廷珍負清望，無大過，近日放還，天語峻厲，非所以優老臣，尚望申求舊之禮。』上霽顔聽之，且曰：『爾，朕所特簡，尚當進用。』公辭謝出。相去再旬，突奉嚴旨申飭，下部議。部議左遷，公遂南歸，貧甚，無以爲生，則授徒自給。

先是，上之罪公也，獨申前諭，謂：『朕方欲用正靖以侍郎、學士之選，〔校〕楊本作『任』。不料其妄言至此。』世乃知公邀上眷尚未衰，勸入京補官，公笑而不答。凡六年，以病卒，其家未及赴予也。逾年予至吳，始知而哭之。又踰年，其故人長洲陸君茶塢屬予以表闕之文。又踰年，始克詮次其事。

嗚呼！予序公父子兄弟，〔校〕楊本有『之遇』二字。而更重悲之。公之烈考元淳，學者所稱紫笥先生者也，以古文雄於吴下，時論比之范蔚宗。崑山徐尚書雅重之，延之書局。其後以奡兀致失歡，而同里翁尚書排之尤烈。及成進士，不能入詞館，知廣東之昌化縣，孤羈窮島，竟卒於官。公之兄正一亦以古文世其家，成進士，爲翰林矣，顧落落莫莫，不見知於世，竟未獲遷一階以老。公承其父兄之傳，晚而得第，浮沉中祕者八年，改爲御史。以進經史講義稱旨，再賜對，不一年累遷至左僉都御史，改長奉常。然公生平坦夷性成，不屑與時逐逐，又〔校〕楊本作『而』。疏略不治威儀，古心古貌，蓋父兄之餘風，當路者素不喜，而事出意外，忽膺盻睞，無如之何。

公嘗上言：『學校科舉之壞，爲方今世道人心所關第一，在官者既無昌明正誼之心，在下者遂無淬厲束脩之志。時風衆勢，不過僥倖進取，以爲富貴利達之地，斯其可憂不少，〔校〕楊本作『小』。急宜有所振起。』上是之。又言：『近日在廷諸臣，似寬裕而實縱弛，似詳密而無關體要；至樂因循而畏改遷，尤其膏肓之病。如一切條奏下部議者，其説在可否之間，行之無益，不行亦無所害，而一紙空文可以塞責，則姑議行，以稱上求言之心，以示不拒人言之意。若稍難行者，則置之矣。夫事但論是非，豈論難易。今之便文自營，朱子所謂架漏牽補過日者也。』上以公言宣付閣臣知之。此論出，聞者以爲切中時弊，而公之不安其位始於此。又嘗言：『設官太多則案牘文移日煩，足以耗任事者之氣，不獨廩禄之難周也。宜詳爲合并而沙汰之。』又嘗草諫開捐疏，力言貲郎之進，先自居於貨取，安能潔身以報主。下以貨投，上以貨授，美其樂善好施之名，而實則懷利以相接。其弊也，至有貸倍稱之息，期以到任而還。

斯其心爲何如心，其俗爲何如俗，豈可以漢有張釋之、卜式，漫思解嘲乎？會去國不果上，然竟屬其門生奏之。〔勞注〕盧云，門生當是王峻次山。

嗚呼！以公之揚歷，雖亦嘗登三品，陪獨座，簽書柏臺，賡次對，校〔校〕楊本作『較』。之父兄，似足稍吐鹽車之氣，而豈知其不得少有發舒，齎志以死，則固多此揚歷者爲也。

公諱正靖，字稺中，一字晚聞，江南蘇州府常熟縣人也。生於康熙某年月日，卒於乾隆某年月日，春秋六十有四。〔楊注〕晚聞，生于康熙二十一年壬戌，卒于乾隆十年乙丑。娶某氏。葬於某鄉之某原。子四。所著有晚聞集如〔校〕楊本作『若』。干卷。公於經術，最喜説詩，其獨到處，范逸齋、嚴華谷不能過也。古文淡簡有法，尤熟於明史。予之交公也，其初相賞以文辭，既而以予之疏略有相近者，遂成莫逆。乃十年去國，竟無再見之期，諒亦重泉之所同悵也。惟茶塢爲故人之篤於存没者。其銘曰：

吾近接東狩之邸抄兮，天子詔魏公而復之官。言竟行於身後兮，孤臣定欣然於九原。海虞之山蒼蒼兮，以表茲遺直之阡。